昭和二十年

第９巻　国力の現状と民心の動向

鳥居 民

JN152286

草思社文庫

昭和二十年　第9巻　国力の現状と民心の動向　目次

第26章 「国力ノ現状」アルミの生産は、航空機はどれだけ（五月三十一日〜六月四日）

第27章　「国力ノ現状」毎日なにを食べているのか。大豆が頼りなのだが（六月五日）

第28章　梅津、米内、鈴木、木戸はなにを考えるのか（六月六日～八日）

第26章

「国力ノ現状」
アルミの生産は、航空機はどれだけ

（五月三十一日〜六月四日）

「国力ノ現状」　北海道の石炭はいつまで

五月三十一日だ。午前九時になる。

迫水《さこみず》久常、美濃部洋次、毛里英於菟《ひでおと》が首相官邸にいる。

東京瓦斯の石炭課長を待っている。

国力の現状は石炭から見ることにしようということになり、だれから話を聞こうと相談したのが昨日のことだ。最初は石炭部のだれに来てもらうかということになった。

軍需省の燃料局石炭部は向こう数日中に独立し、石炭局に昇格する。

燃料局は昭和十二年に新設された。まだ商工省時代のことだ。「国策」という言葉が耳に心地よく響いた時代だった。「燃料国策」が叫ばれ、新局のプリマドンナとなったのがだれの目にもまぶしく映る人造石油課だった。膨大な資金を投じ、二十に近い企業が新たに大工場を建設し、人造石油を製造して、六年さきには、その時点での石油の需要量の半分を人造石油によって自給する計画を立てた。

人造石油工業の計画はそのあとさらに野心的なものとなるのだが、なにもかも思うようにいかず、各社は膨大な累積赤字を抱え、人造石油はできないまま、人造石油局に昇格する夢などとっくに消え失せ、哀れな人造石油課は舞台の端に隠れるようになってしまっている。

トラックやバスを動かしているのは、ガソリンではなく木炭だ。山村の国民学校の高学年の児童は木炭を背負って山道をくだり、鉄道駅まで運んでいる。国民学校一校で木炭千俵を生産せよと命じている県が軒並みだ。トラックを持つ陸軍、海軍の部隊は炭焼きの人員を遠くの山に送り込んで当たり前という顔をしている。

昨年の夏には、全化学工場がロケット燃料の生産を開始し、全国の農村では航空揮発油の代わりになるという松根油《しょうこんゆ》の生産をはじめることにもなったが、どちらも燃料局の所管とはならなかった。

さて、燃料の主役は依然として石炭なのだが、大陸から石炭を運ぶ余裕はまったくない。河北省の開灤《かいらん》、井陘《せいけい》の石炭は入らない。満洲の密山《みつざん》の石炭も入らない。

樺太の石炭もとっくに本州には来ない。樺太と北海道、本州を結ぶ輸送船が少なくなり、昭和十八年春には、大泊《おおどまり》、敷香《しすか》、塔路《とうろ》の港には石炭の山ができるようになった。内地向けの石炭を掘っていた炭鉱は、すべて昨年の八月に閉鎖が決まった。王子製紙専属の炭鉱、三菱鉱業、三井鉱山の炭鉱、あわせて八つの炭鉱で働いていた九千六百人[1]は、家族を残し、手まわり用具を持っただけで九州と常磐の炭鉱で働くために宗谷海峡を渡った[2]。

いまや北海道と九州の石炭が命綱だ。

ところで、石炭部の部員のなかには、同盟通信が配布した海外ニュースのなかのある記事に注意を払った者がいたはずだ。この五月はじめに、アメリカ大統領法律顧問という肩書のサミュエル・ローゼンマンという人が大統領に宛てた報告書の概略である。

これを読みおえ、このローゼンマンとは何者かと新聞社のアメリカに詳しい友人に尋ねた者もいたにちがいない。

ローゼンマンは前大統領ルーズベルトの右腕だった。ニューディール派と呼ばれるひとりだ。かれはルーズベルトがニューヨーク州知事となったときに法律顧問となり、そのときからずっとルーズベルトに協力してきた。ルーズベルトのもうひとりの側近のハリー・ホプキンズとともに、ルーズベルトの議会での演説から全国民向けのラジオ講演、同盟国向けの声明の草稿を書き、全世界に注目される言葉、国民の士気をふるいたたせる文句をはめ込むすべを見せた。ルーズベルトの名台詞と言われ、われわれに不吉な文字と映った「アーサナル・オブ・デモクラシー」、民主主義の兵器廠という言葉をつくったのがローゼンマンだ。こんな説明を受けたのではないか。

ローゼンマンはヨーロッパの惨憺たる経済破壊の状況を説明し、ヨーロッパの平和が恒久的に確立されるかどうかは、これらの国々の経済復興がうまくいくかどうか、適切な生活水準と雇用が維持できるかにかかっており、アメリカの責任は大きいと力説し、なによりもさきにしなければならないことは、ドイツの炭鉱の復旧のために必要な資材をいまただちにドイツに送ることだと説き、ドイツの鉄道輸送網の修復が必要であり、

ドイツ人炭鉱夫に食糧、衣料、靴を配給し、石炭生産に必要な電力を供給しなければならない、このように主張していた。(3)

戦いがどのように終わるにせよ、日本人が生きていくためにはなにをしなければならないのかを、ぼんやりとではあっても考える人がいるなら、敗北したドイツがなにからしなければならないかをはっきりと示しているアメリカ高官のこの提言は忘れることができなかったにちがいない。

木炭、松根油に頼る現状で、なにが燃料局だ、石炭部を局に昇格すべきだ、このさきは石炭局の時代になると主張する人たちのあいだで、この記事はまわし読みされたことは間違いない。

さて、美濃部や毛里は、石炭局の局長になる予定の赤間文三から話を聞くつもりが、出張中と聞いて、石炭統制会の理事にしようかということになり、鉄鋼業の現状をこのあとだれかに聞くとなればこれにも石炭が絡むだろう、海上輸送の話を聞いても石炭のことになるだろう、目先を変えて、東京瓦斯の石炭担当者の話を聞くのはどうだろうということになったのかもしれない。

東京瓦斯の石炭課長が部屋に入ってきた。挨拶を済ませるや、かれはすぐに喋りだす。「ガスの原料はご承知のように石炭です。東京瓦斯はこの原料炭を北海道の夕張炭に頼ってきています。九州からの石炭はわずかです。

石炭の消費は、アメリカとの戦争がはじまる前、東京だけで一日に八千トンの原料炭を使いました。消費量の多いのが川崎です。ガス炉を三十、四十と持っている大工場が使うガス量は地方の一都市に匹敵しますからね。それに横浜と横須賀を加えれば、総計一万六千トンぐらいだったと思います。十六年、十七年、石炭の供給量は増えませんでした。

昭和十八年には、石炭不足が理由でガスの生産が伸びず、アルミナの生産が低迷し、飛行機の生産に影響し、大騒ぎとなったこともあります。その年の十一月から十二月までを航空機増産大採炭期間と定め、石炭増産運動をおこないました。昨年は、それこそ一年じゅう石炭増産運動をつづけ、『掘って掘って掘りまくれ』と叫びつづけました。ところが、ご承知のように、昨年の石炭の生産は一昨年より少なかったのです。

不足する石炭の足をさらに引っ張るのが輸送の問題です。

石炭の輸送にはずっと泣かされてきました。石炭はちゃんと来るのか、配給切符がカラ切符になるのではないかと心配しながら、船を探し、貨車を求め、荷降ろしの人集めに駆けずりまわります。貨車が不足しているから、その日のうちに貨車を返さねば、罰金を取られます。こうして夜の八時、九時まで働いてもらうことになり、夜食をだしてもらうためにまたも駆けずりまわる。

召集されて横須賀の武山《たけやま》の海兵団に入った同僚が、カッター訓練や陸上の戦闘訓練なんかなんでもない、ビンタを張られるのもへいちゃらだ、申し訳ないが石炭の苦労から解放されたのだと思うとつい顔がほころぶのだと言っておりましたが、ほんとうにそのとおりだろうと思います。疲れ切っているのに不安で眠れない夜がどれほどあったかわかりません。

アメリカと戦う以前は、東京瓦斯の原料炭はすべて海上輸送でした。夕張から鉄道で室蘭、小樽まで運び、そこから船積みされました。川崎港の三井埠頭まで運び、そこで艀《はしけ》に移し、川崎と東京の四つの工場に運んでいました。横浜の鶴見工場には一万トンの石炭船を接岸できる岸壁がありました。

昭和十八年になって、船の不足に悩むようになって、石炭は陸上輸送を命じられました。東京瓦斯は青函連絡船経由で夕張炭を運ぶことになりました。

ついでに言えば、軍が華北と満洲の石炭や銑鉄《せんてつ》、大豆を鉄道で釜山まで運ぶように求めてきたのが、それより前の昭和十七年の末でした。大連航路と青島航路の船を南方で使おうとしてのことでした。

青函連絡船で貨車はそのまま青森に渡る。この連絡船が隘路《あいろ》となります。アメリカとの戦いがはじまるまで、いわゆる車輌渡船《とせん》、車輌を運ぶだけの純貨物船は三隻しかありませんでした。

これでは、京浜の火力発電所、化学工場のすべての需要に応じることができません。

車輛渡船の建造を急ぐことになります。この連絡船はすべて浦賀ドックでつくりました。第四青函連絡船が昭和十七年に、第五青函連絡船が昭和十八年に、第六青函連絡船、第七青函連絡船、第八青函連絡船が昭和十九年に就航しました[4]。

船を増やせば、岸壁を増やさなければならなくなります。青森に二つの岸壁、函館に二つの岸壁があるだけでした。青森側の第三岸壁は昨年の五月に完成しました。函館の側は、第三岸壁が昭和十八年十二月、第四岸壁が昨年十月に使用できるようになりました[5]。

十三トン積み、十五トン積みの無蓋車を四十輛ほど引っ張った機関車が夕張市の夕張駅をでて隅田川駅に着きます。ご承知のように東京向けの石炭や砂利、木材はこの駅で降ろし、隅田川を利用して各需要地に運ぶのがふつうです。

三月十日未明の空襲で隅田川駅の本屋から上屋までがすべて焼かれてしまいましたが、そのあとも使われています。隅田川駅から艀で千住工場、芝工場、大森工場、砂町工場まで運びます。

じつは新潟、秋田の船川を中継する石炭も隅田川駅に到着します。青函連絡船と東北本線を使っただけでは、東京、川崎、横浜、横須賀の工場が必要とする石炭を運びきれません。室蘭、小樽から船積みし、津軽海峡を渡り、新潟、船川、酒田へ輸送する。陸揚げして、上越線経由で隅田川駅まで運ぶというわけです。

港には直接荷卸しできるグラフバケットがありません。船のデリックで空《から》もっこを船艙内に吊り下ろします。石炭の粉が船艙内一杯に散るなか、手拭いで鼻と口を覆った人たちがシャベルでもっこに石炭を入れます。

石炭の輸送の最大の問題は積み替えを繰り返すことです。起重機がないし、一輪車もないから、艀から降ろす、貨車に積み込む、すべて人の肩だから、大勢の人が必要になり、時間もかかります。

パイスケと呼ばれる竹籠二個を天秤棒で担ぐ。一回に六十キロです。十六回の往復で石炭一トンを運ぶ勘定になります。十三トン積みの貨車一輛を空にするためには、二百回以上往復しなければなりません。一列車、四十輛の貨車だったら八千回を超すことになります。

石炭をかますに詰めて背中に担ぐほうは六十キロよりすこし少ない。どちらにしてもこれは玄人《くろうと》の仕事で、素人《しろうと》の寄せ集めではとても天秤棒など担げないし、六十キロの石炭入りのかますを背負って歩くこともできません。

酒田でのことですが、人手不足でどうにもならず、女学校に頼み込み、上級生徒に石炭運びをやってもらったこともあります。石炭を入れた木の箱を背中に担ぎ、百メートルほどを運んでもらいました。一回に十五キロが精いっぱいです[6]。

隅田川駅から都内の各工場に艀で石炭を運ぶとさきほど申しましたが、東京瓦斯が荷役に人手を必要としないのは、たったひとつ横浜の鶴見工場です。せっかくの岸壁が無用の長物となってしまってから、鶴見臨港線の安善駅から工場の石炭置場まで五百メートルの線路を突貫工事でつくりました[7]。

同じ横浜の神奈川区にある神奈川工場、鶴見区の末広工場はそうはいきません。浜川崎埠頭まで貨車で運んだ石炭は、これまた艀に積みなおし、神奈川工場、末広工場まで運ばなければなりません。大森工場の原料炭は鶴見工場からこれまた艀で運びます。

一日一万トンの石炭を送るとなれば、十七から二十本の石炭列車が必要です。東北本線と上越線の東京瓦斯向けの石炭列車を数え、新潟に駐在員を置いて、東京からの命令を受けて、浜川崎埠頭へ送る、隅田川駅に向けさせるというぐあいで、毎日が綱渡りです。

昨年は頑張りました。原料炭は増えないにもかかわらず、ガスの売上量は、戦前、戦中を通じて最高でした。昭和十八年の三三パーセント増でした[8]。もちろん、家庭用のガスの消費量が増えたのではありません。ご承知のように家庭向け、商業用のガスの供給は昭和十四年以来ずっと抑えつづけてきましたし、減らしてもいました。売上げの増加はもっぱら軍需工業向けでした。

中島飛行機の武蔵製作所とその周辺の飛行機工場にガスを供給する北多摩郡保谷《ほうや》町にある保谷供給所の供給量はめざましいものがありました。及ばずながら昨年の航空機の増産に貢献したと思います。

ですが、今年はすべてが思うようにいっていません。

青函連絡船の車輛渡船は昨年の七月には二十一往復までになりましたが、これがつづきません。停泊時間の短縮が原因の船の機関の不手入れで、機関の故障が続発しました。(9)燃料、資材の不足が加わり、今年に入って一日十三運航が精いっぱいとなりました。

そしてこの冬の豪雪です。貨車が青森駅の操車場で立ち往生を繰り返し、東北本線も奥羽本線も雪かきでたいへんでした。(10)

輸送されてくる石炭は減少をつづけています。ガスの製造量がじりじりと減っていきます。東京、川崎、横浜へのガスの供給量は昨年三月が最高でした。四千九百万立方メートルでした。ところが、今年の二月には三千六百万立方メートルに落ちました。昨年三月の供給量の七割となりました。(11)そして空襲がはじまります。低圧管と供給管が壊されます。二、三日内には復旧しなければなりません。

さらにけちがつきます。第九青函丸が竣工して、函館に回航しようとして千葉の勝浦で座礁してしまいました。敵の潜水艦を恐れて接岸航法をとったのですが、あまりに陸に近づきすぎたのです。今年二月のことです。三月六日には第五青函丸が青森港で岸壁にぶつかり、沈没しました。

運の悪いことがつづき、輸送されてくる石炭はさらに大きく減るのではないかと心配していたとき、今度は東京、川崎、横浜にたいする敵の本格的な焼夷弾攻撃がはじまりました。

三月十日の未明には砂町工場が全滅しました。深川の制圧所と千住工場のガス溜まり、高圧管が何カ所も破壊され、供給管がいたるところで壊されました。十カ所の派出所が全焼しました。

四月十五日の夜には、大森、鶴見工場が被害を受け、五月二十三日、二十五日の夜にはいくつもの供給所、派出所が焼失し、本管、支管、整圧器が壊れました。二十九日には、横浜の二つの工場が被害を受けました。ガスの製造量は今年二月の製造量の三分の一、四分の一に落ちることになりました。

ところがこの同じときに、東京、川崎、横浜のたいへんな数の住宅と工場が焼かれてしまいました。ガスの供給力は大きく落ちたのですが、需要も大きく減ってしまいました。消費量は二月はじめのこれまた三分の一、四分の一となってしまいました。あれよあれよという間の出来事です。

現在、そしてこのさきの予測について申しましょう。

じつは私の考えではありません。軍需省の関東甲信越地方軍需監理部に石炭の配給を担当している若い尉官がいます。東京商科大学をでて、海軍経理学校で短期教育を受けた海軍士官です。

関東甲信越全域の重工業、化学工業、火力発電所への石炭、コークス、ガスの配給の指揮をとっています。真面目な青年で、仕事熱心な男です。

石炭の入荷は減りつづけていますから、月次計画をしょっちゅう改訂しなければなりません。六十万トン分の割当切符がでていたのが、いまや一カ月の入荷は二十万トンを切ろうとしています。

一昨日、着荷を待っているあいだに、かれと話し合いました。戦災工場が増えていくので、着荷の報告を受け、炭種を調べてから、そのたびに引き取り工場を指示することになります。着荷の場所、日取りも予定どおりにいかないので、かれは新橋の東洋拓殖ビルにある事務室に坐っているわけにはいかないのです。

かれが語るのに、やがて敵は日向灘、相模湾に上陸する、防衛陣地をつくるために膨大なセメントが必要なはずだ、だから本土防衛を叫びだしてからは、セメント工場向けの石炭を最優先としなければいけないのではないか、ところがセメント工場に割り当てる石炭などないも同じなのだと言うのです。

セメントの生産に力を入れたところで、丸棒鋼がないのだからコンクリートの要塞なんかできないということなのでしょう、とかれは言っていました。

泣き笑いといった表情でかれが語ることですが、工場が一挙にいくつも焼けてしまうことで、そしてまた、焼かれないまでも原料や部品が届かないために工場の操業が止まってしまったことから、石炭の供給が大きく減ってしまってもごまかしつづけることができてきたのだというのです。

東京瓦斯の製造工場がいくつか焼けてしまって、かれはほっとすることになるのですが、私の場合は、東京、川崎、横浜の焼け野原が増えていくことで、ほっとすることになるのです。

かれが語るところから知ったのですが、かれは軍需省に配炭計画の指示を仰ぎにいくのですが、なんの指図もない。三カ月前、半年前だったら、こんなことはけっしてありませんでした。大声を上げ、腕まくりをしての交渉がつづく毎日でした。いまや、だれもが投げやりになっているのです。そこで、かれが心身をすり減らし、毎回、自分で計画を立て、軍需省の了解を求めに行くことになる。驚いたことに、かれが石炭のすべての配分を決め、そのとおりにいっているのです。

かれは石炭の配給はこのさきさらに減りつづけるだろうと言いましたから、私は青森と函館の港に機雷が投下されたらどうなるだろうかと心配していると言いました。

かれはうなずいて、これまでどおり、敵が工業地帯を爆撃することなく、市街地の爆撃をつづけ、日本鋼管の高炉が残ることになり、東京瓦斯の無傷の工場がこれまた残ることになれば、夕張炭の大口需要の二社、日本鋼管の高炉を止めるか、東京瓦斯の[12]ガス生産を止めるか、どちらにするか決断を迫られるときが七月か八月にはくるだろうと語りました」

迫水久常、美濃部洋次、毛里英於菟の三人は、黙ったままうなずいたのではないか。

東京瓦斯の石炭課長がもうしばらく語り、退席したあと、迫水はつぎのように書いた。

「石炭ノ供給ハ生産及輸送ノ減少ニ伴イ　著シク低下シ　空襲被害ノ増大ト相俟ッテ中枢地帯ノ工業生産ハ全面的ニ下降シツツアリ　中期以降ノ輸送ノ状況ニ依リテハ　中枢地帯ノ工業ハ　石炭供給ノ杜絶に依リ　相当部分運転休止トナルノ虞《おそれ》大ナリ」

米内光政と松平恒雄が木戸解任に動く

午後三時になる。

米内光政《よないみつまさ》が首相官邸へ来た。昨日につづいてのことだ。首相と五人の閣員の懇談会に出席するためだ。これは下村宏と左近司政三が相談して決めた。首相と陸海両相を招き、安井藤治、左近司、下村の三人の国務省がかれらを囲んで、「戦局の見通しと時局の将来」を話し合おうというのだ。

しっかりと胸を張っているのは阿南惟幾《あなみこれちか》である。本土決戦を前にして陸軍の責任者が弱気になっているなどとはだれにも思われてはならないと考えるからであろう。

米内と阿南の激しいやりとりとなる。五月十四日の構成員会議、そして昨日、首相をまじえて三人で話し合ったときと同じで、平行線の論議となる。今度こそ敵を本土へ引きつけて決戦するのだと阿南が言う。米内が反対する。もはやなんとしても見込みがない。一日も早く講和すべきだと言う。阿南が応酬し、そのためにこそ、いちどは勝利を収めねばならないのだと頑張る。

いや、ますます深みに陥るばかりだと米内が反論する。阿南が本心を洩らす。どうやって国民の気分を転回するのか、また講和をするにしてもかなり大きな譲歩を覚悟しなければならないが、陸軍の中堅層を制御することも難しい、とにかくいまは戦争を継続しなくてはならないと説く。米内が再び反駁し、阿南が反論し、議論はさらにつづくが、同じ主張の繰り返しだ。

阿南が苦虫をかみつぶしたような顔をして黙り込み、米内も阿南を説得することができないまま口を閉じる。三人の国務相が沈鬱な表情のまま、互いに視線を交わす。

なにか口出しをしようと下村は思い、ソ連にたいして打つ手はないのかを尋ねようと首相に顔を向ける。

そのとき米内が口を開いた。

「それならば思いきって申しましょう」

下村は息をのんだ。しばらく米内は黙っていた。ずいぶん長い時間のように思えた。

「いや、やめましょう。やっぱり申しますまい⑬」

左近司も、下村も、米内に話をつづけるようにとは言わなかった。米内が胸にしまい込んでしまった言葉は、出席者のそれぞれが自分の胸に聞くことになる。

流血と飢餓が九州全域に生じる前に、そして絶望的な苦難が本土全土にひろがる前に戦争を終結しなければならない。九州を沖縄の二の舞いにしてはならない。住民を置き去りにし、九州を無政府状態にすることは、陛下にたいしても申し訳ない。敵が九州に上陸する前に決断しなければならない。国民の大きなショックを鎮め、陸海軍の尖鋭分子を抑え、史上はじめての不名誉きわまる敗北を迎えるためにはどうしたらよいのか。勅断に頼る以外にない。そのためにはどうしたらよいのであろうか。

米内光政はそのように説くつもりははじめからなかったのであろう。

昨日の懇談会で重臣たちが口を開かないことは百も承知で、今後の大方針を論じられたらいかがかと言ったのと同じだった。米内は新内大臣登場のために道を掃き清めたのである。どうして木戸幸一が辞めなければならないか、新しい内大臣になにを望まなければならないかを国務大臣たちに考えてもらおうとしてのことだ。

これより三時間ほど前のことになる。同じ五月三十一日である。

松平恒雄が内大臣の執務室を訪ねた。宮殿焼失の責任をとって宮内大臣を辞任したいと松平は語り、後任には石渡《いしわた》荘太郎を推薦したいと一気につづけたのであろう。(14)

石渡が坐ることになるポストと木戸のポストを取り替えるという肝心な人事計画については、松平は木戸に明かすつもりはない。二段構えでやるつもりであることは、米内と石渡の二人に告げてあったのであろう。

木戸は松平のこの突然の申し出に驚いた。阿南陸軍大臣の辞任騒ぎが片づき、この宮殿焼失の責任問題は終わったとばかり思っていた。さらにかれは石渡荘太郎の名前を聞いて面くらった。

石渡は学習院で木戸の後輩である。政界に入ってからのつきあいも長いが、正直、いやな相手だ。しょっちゅう顔を合わせるようになるポストに坐られることになるのはまっぴらだ。

それというのも、石渡は米内内閣の書記官長、東条内閣の蔵相、そしてまた小磯内閣の書記官長の地位にいたから、それぞれの内閣が総辞職に追い込まれたほんとうの理由と、米内内閣の退陣はべつとしても、東条内閣、小磯内閣の倒閣の主役が内大臣であったという事実を、口にはだささないながら、石渡はしっかり承知していると思うからだ。木戸にとっては、なんとも煙たい存在である。

だが、ほかの人が推すのなら、宮中と無縁な石渡はだめだと突き放すこともできるが、宮内大臣の松平が石渡を推すのであれば、これに反対はできない。木戸は松平に向かって、宮殿焼失の責任などないのではないかと重ねて言い、再考をうながしたが、松平は聞き入れようとしない。

このあと木戸は午後一時半に宮内省次官の白根松介《まつすけ》を招き、二時には秘書官長の松平康昌《やすまさ》を呼び、さらに三時すぎには侍従長の藤田尚徳《ひさのり》を訪ねて、松平辞任の問題を検討した。松平宮相は省内で不人気なようだから、この機会に交代されるのがいいのではないかとだれもが語った。

松平恒雄については前に述べた⑮。

もう少し述べよう。堂々たる体軀の元駐英大使は外務省きっての酒豪として知られ、剣道、乗馬、ゴルフ、水泳、釣り、なんでもござれのスポーツマンだった。ところが、見かけとはちがい、たいへんに細心である。いや、小心なのだと侍従のひとり、入江相政《すけまさ》は思っている。

松平が宮相になったはじめのころの話だが、かれの車が坂下門に入り、革手袋にステッキを持った宮相が宮内省玄関に降りたつと、庁舎内にはピリピリと緊張の気がみなぎったものだった。戦々兢々と言った者がいた。宮相はエレベーターで三階の大臣室へ向かった。もちろん、かれは英国流にリフトと言った。そして三度に一度は正面階段をゆっくりと下り、壁のペンキを調べ、廊下のすみずみを見てまわり、ダクトを覗き込んだ。そのあと建築部門の責任者である工匠頭《たくみがしら》や担当課長を呼びだし、ガラスが汚れている、絨毯の手入れが悪いと小言を言い、下から上がってくる課員が階段の途中で私に挨拶したが、こうした場合、急いで下におり、階段の下で私を待たねばならないと訓戒した。

さらに部下たちに冷や汗をかかせたのが、宮相がさだめたエチケット万端だった。宮中の大小の宴会、会食のテーブル・セッティングとサービス・マナーはかれが宮内大臣となってしっかりおこなわれるようになった。かれが与えたさまざまな注意や心得はゆうに一冊の本になるほどだった。

そして、かれに代わって電話をかける秘書官は、相手によって「松平」「宮内大臣の松平」「松濤《しょうとう》の松平」の使い分けをしなければならず、これを間違えるたびに雷を落とされた。かれがずっと顔をしかめながら、ついに口出しができなかったただひとつのことは、明治宮殿の廊下に敷かれたリノリウムの上を不愉快な音を立ててスリッパをはいて歩く習慣だった。

たしかに松平は口やかましいし、好き嫌いが激しい。外務省時代にも、かれは嫌いな者を徹底的に嫌った。そうしたところはいかにも会津の殿様だった。だが、かれは有能な者を愛し、つまらぬ連中を嫌ったのである。

ところで、五月二十六日未明の宮殿焼失は、すべての関係者にはかりしれない衝撃を与えた。焼夷弾二万発が落ちたのではない。燃え殻ひとつだ。延べ一万人が火を消そうとした。ところが、どうだ。表宮殿、奥宮殿、すべては灰になってしまい、しかも三十三人もが火と戦って犠牲になった。

近衛師団、警視庁、宮内省消防隊の幹部たちは、宮内省の退嬰主義が原因だと怒った。消防隊にすべてを任せようとせず、これはだめあれはだめとつまらぬことを言いつづけてきたからだ。いったいだれの責任だ。こうして松平宮相への憤懣となったのだった。

今夜、五月三十一日のことだが、木戸は日記につぎのように書く。

「省内の事情には是迄迂闊なりしが、其様な事情なれば代わらるる外なかるべし[16]」

木戸は日記を書きおえて、思案にふける。松平が宮相となって九年になる。この際、御所焼失の責任をとって辞めるというのを認めるしかあるまい。後任には石渡を認めるほかはなかろう。

だが、問題がひとつある。グルーやクレーギーといった、かつての米英の大使たちが旧友松平の辞任のニュースをどのように判断し、どのような結論をひきだすかということだ。現在、グルーはアメリカ国務次官だ。日本では徹底抗戦派が英米派を圧迫しているのだとグルーは思うかもしれない。まことに情けないかぎりだが、現在、このような誤解を敵国に与えるのは考えものだ。

チャーチルが「十対一だぞ」と警告したのだが

六月一日だ。午前十一時である。

今日は鉄鋼生産の見通しの話を聞く。

昨日、迫水久常、美濃部洋次、毛里英於菟はだれから話を聞こうかと相談したのであろう。だれかを呼んだりすることはない、機械局長だった美濃部君がよく知っているだろうと毛里が言い、美濃部が手を振り、鉄鋼局長の美奈川武保か、それとも鉄鋼統制会の理事がいいだろうと言い、理事の稲山嘉寛《よしひろ》をよく知っている、かれは八幡製鉄の出身だ、それとも課長だか次長だかに野田弥太郎という威勢のいいのがいる、稲山氏がいなかったら野田氏にしようということになったのかもしれない。

鉄鋼の生産といったことをとりあげるとなれば、ここで迫水久常、美濃部洋次、毛里英於菟が知らないことをまず語ろう。

四年五カ月前、一九四〇年に戻る。昭和十五年十二月、英国首相のチャーチルはルーズベルトに懇切丁寧な手紙を書いた。北海からジブラルタル、スエズ、シンガポールまでの軍事状況を詳しく書き綴り、アメリカの駆逐艦が欲しいと訴え、借款あるいは贈与の形にしてもらいたいと言った。

ルーズベルトは公の場でこれに答えた。その月の末、ラジオ放送で「われわれは民主主義の兵器廠であらねばならない」と説いた。「アーサナル・オブ・デモクラシー」については前に触れた。

そして翌一九四一年、昭和十六年の一月、ルーズベルトはもっとも信頼するハリー・ホプキンズを英国に派遣した。私設大使である。

一月の末、チャーチルは首相官邸にホプキンズを夕食に招いた。そのあと、チャーチルはマントルピースによりかかり、英国の、大西洋を挟む英米両国の、欧州の、そして全世界の過去、現在、未来を熱っぽく説き、喋った。

日本とアメリカのことが話題になった。ホプキンズはルーズベルトが考えていた最高機密の戦争計画をなんら警戒することなく同盟国の指導者に明かした。アメリカが参戦するときには、まず日本と戦うことになる、陸海軍の戦争準備が整えば、最後通牒を突きつける相手は日本になると語った。

チャーチルはびっくりしなかったのであろうか。いくつもある平凡な着想のひとつを耳にでもしたかのように平然とうなずいたのであろうか。それはともかく、かれはつぎのように言った。「英国がアメリカを同盟国とすることの利益と、日本を敵とすることの不利益を比べてみると、それは十対一になる」

チャーチルはその説明をした。「理由は明らかだ。鋼鉄の生産量を見ればわかる。近代戦争は鋼鉄の戦いである⑰」

迫水久常、美濃部洋次、毛里英於菟はチャーチルがこうしたことを語ったとは知らなかったと最初に言った。かれらが知るはずはなかろう。だが、かれらはチャーチルが十対一と語ったという話を、同じ昭和十六年に耳にしたことがあったのではないか。

重光葵前外務大臣が語った話を聞く機会があったのではないか。

重光がまだ英国大使だった昭和十六年の三月のことだ。チャーチルがホプキンズに「十対一」の話をして一カ月ばかりあとのことだった。外務大臣の松岡洋右がベルリンを訪問していた。重光が松岡と中立国のスイスで会うことにしているとチャーチルは聞き込み、かれは重光に松岡への伝言を頼んだ。

「だれでも知っている数字でまことに恐縮だが、日本の鉄鋼生産は七百万トン、これにたいし英国は千二百五十万トン、アメリカは七千五百万トン、英米の合計は九千万トンに近い。この数字を見れば、イギリスでは小学生でもこれでは戦争にならないと言うであろう。まして日本の賢明な政治家がこんな簡単な理屈がわからないはずがない」

松岡は重光と会わなかった。ベルリンからの帰路、モスクワに立ち寄った松岡に、チャーチルは重光に語った話を簡単な書面にして、イギリスの駐ソ大使から手渡させた(18)。

チャーチルがアメリカと戦争をするなと松岡に忠告することに一生懸命だったのはなぜだったのであろう。

チャーチルはアメリカを戦争に引き入れることに懸命だった。そして、前にも述べたとおり、かれはルーズベルトの懐刀のホプキンズから、日本の鼻面で赤い布を振ってみせる、日本に戦いを仕掛けさせるように最後通牒を突きつけるつもりだとルーズベルトの腹のうちを明かされていた。チャーチルはなにを考えて松岡に戦争をするなと言ったのであろうか。日本を利用しなくても、ドイツとの戦いにアメリカを引きずり込む自信がかれにはあったのか。

なにはともあれ、松岡と重光はチャーチルのこの不快な説教をどう思ったのか。かれらからこの話を聞いた人びとはどう考えたのか。

じつを言えば、同じとき、「十対二」というべつの報告書が参謀本部の幹部の手元にあった。米英両国と日本とのあいだの経済戦争力の比率をとりあげ、十対一と言ったのである。

鉄鋼の話から外れるが、つけ加えておこう。昭和十五年から翌十六年にかけて、陸軍省経理局員の秋丸次朗が外部の専門家三十人を集め、米英両国と戦った場合の抗戦力を調査したことがある。そのひとつに、起訴保釈中だった元東大教授の有沢広巳《ひろみ》が統括した報告書があった。昭和十六年の段階で、経済戦力の差は十対一だ、アメリカが参戦すれば、日本の経済戦力は下がり、米英の経済戦力は上昇し、一、二年のちには、その差は二十対一となり、とても日本は持久戦に耐えられないという内容だった。[19]

総長の杉山元はその結論に不満だった。焼却処分にしろと命じたのだという。退路の橋を焼かせたのである。

いまになれば、チャーチルの言葉を思いだし、有沢報告書を思い起こし、所詮、十対一では勝負にはならなかったのだとだれもが考えることになろう。昭和十六年の十月の末、年間四百五十万トンの鋼材生産能力を維持できれば戦争は遂行できるとしてしまったときでも、英国首相の脅し、九千万トンの数字を思い浮かべ、いやな胸騒ぎに襲われた者は当然ながらいたであろう。だが、不退転の決意を持って臨めば勝利を掌中にできると考え、だれもがあふれる不安を抑えたのである。美濃部、迫水、毛里が思ったことも同じだったのであろう。

ところで、チャーチルが語った日本の鉄鋼生産が七百万トン、そして企画院総裁の鈴木貞一が語った四百五十万トンの説明をしておこう。

日本は鉄鋼生産量と増産計画、こうした数字をすべて秘密にしてきた。たとえば昭和十六年の五月、鉄鋼統制会理事長の小日山直登《こびやまなおと》は日本倶楽部の講演で、つぎのように語った。なお、小日山は現在、運輸大臣だ。五十九歳になる。

「アメリカが大体五千万トンの生産をなし、戦前のドイツ、或いは殆ど戦争間際のドイツが二千万トン生産しております。それに次ぐものはソヴィエト連邦の千七百万トン、その次がイギリスでありまして最近は殆ど増産されず、長い間千三百万トン程度を持続しております。次がフランスで八百万トンであります。次に来るものが日本でありますが其の生産量はそこらあたりで御想像下さい」

関係者はいずれもこんな具合に語っていたから、日本の鉄鋼生産量を七百万トンとチャーチルは言ったのであろう。

チャーチルや小日山が語ったのは粗鋼の生産高であろう。

製鋼工場の平炉、電気炉、転炉から溶けた鋼を取瓶《とりべ》に入れる。それから鋳型に流しこんで固める。この鋼の塊が粗鋼だ。インゴット、鋼塊とも呼ばれる。これから特殊鋼を除いたのが、普通鋼となる。分塊、圧延、加工されて、プレートの厚板《あついた》、シートの薄板《うすいた》、ストリップの帯鋼、チューブ、パイプの管、バーの棒鋼となる。これらが鋼材だ。

陸海軍、企画院、のちの軍需省の幹部たちが鋼材という場合、ニッケル鋼、クロム鋼、ニッケルクロム鋼、ステンレス鋼といった特殊鋼を含めることなく、普通鋼の鋼材だけを指すのが一般である。当然、生産高はぐっと少なくなる。

昭和十六年十月末、陸海軍の政策決定者が「鋼材生産能力四百五十万瓲《トン》ヲ維持シテ、戦争ヲ遂行シウル」と意見の一致をみたのは[20]、普通鋼の鋼材のことであった。

「国力ノ現状」　溶鉱炉のバンキングがつづく

迫水久常、美濃部洋次、毛里英於菟がいる部屋に大阪の空襲が終わったと連絡が入る。午前九時半から一時間半の爆撃だった。三日前の横浜の空襲と同じだ。昼間の都市焼き討ちであり、四百五十機が来襲し、P51の護衛があった。だが、罹災者の数と焼失面積は一昨々日《さきおととい》の横浜の三十万人と十八平方キロメートルよりずっと少ないのではないか。

つけ加えるなら、大阪を襲った今朝の敵爆撃部隊のことになるが、護衛のP51は出撃の途中で巨大な雲に呑み込まれ、機首を戻そうとして、あとから来る編隊とぶつかり、二十七機が海に落ちた。救助された操縦士は一人だった[21]。残念ながら雷電や飛燕がこれだけの数のP51を一度に落としたことはない。

鉄鋼統制会理事の稲山嘉寛は出張中で、話し手は野田弥太郎だったのではないか。時間前に着いてしまったと野田が言い、三人に向かって、製鉄所を見学したことがあるかと尋ねたのであろう。

八幡製鉄の一番古い東田《ひがしだ》の製鉄所を見学したことがあるとだれかが答え、「コークス炉を見学していて、押出機に押されて出てくる真っ赤なコークスにびっくりしているうちに、ぼーっとなり、案内してくれた人に抱きかかえられたことがあります。コークス炉はたいへんなんですね。卒倒する熱さで、事実、働いていて卒倒する人が続出するんですってね」

野田がうなずき、「圧延工だってたいへんです。応召、応召で、いまはそうはいきませんが、立派な体格、並ではない力の持ち主を集めたのが圧延工場でした。所内で相撲大会をすれば、圧延工場が優勝するというのは、どこの製鉄所でも同じでした。ところが、真夏のこの作業場では、圧延工がぶっ倒れる、手足に痙攣《けいれん》を起こすことも珍しくありません。

コークス炉で目を回すといえば、アメリカではメキシコ人なら熱いのに慣れているだろうということで、コークス炉の職場にはメキシコ人を配置するんだそうです。

ついでに言えば、アメリカでは、どこの出身かで仕事が決まるといいます。ドイツ人は頭がいいから機械工、威勢はいいが怠け者のアイルランド人は保安係、ハンガリー人は頑健だから圧延工といった具合だそうです」

本題に入りましょうかと野田が言い、迫水がまずはつぎのように尋ねたのではないか。

「鋼材の生産は五百万トンまでいきませんでしたね」

「普通鋼の鋼材ですね。計画では昭和十七年、昭和十八年には、五百万トンに達する予定でしたが、四百二十五万トン、四百五十万トンまででした。昨年はひどいことになりました。三百万トンにとどきませんでした。二百七十四万トンです㉒」

「だけど、以前には五百万トンまでいった年があったでしょう」

「一度だけあります。昭和十三年です」

「どうして六百万トン、七百万トンとならなかったのです。せめて五百万トンに戻ることができなかったのは、なぜですか。

いまさら知ってもしょうがないが、教えてください」

「鉄屑の話からしましょう。鉄屑といいましたが、正確には鋼屑のことですが、めんどうだから鉄屑といいます。鉄屑は製鋼の主要な原料です。銑鉄《せんてつ》のなかの炭素を除くのが製鋼工場ですが、平炉や電気炉でおこないます。このときに、屑を加えないと生産の効率が落ちます。鉄屑の混入量は全体の二〇パーセントから六〇パーセントにのぼります㉓。

ご承知のとおり、日本では、機械をつくっている企業が輸入銑鉄と鉄屑を原料とする製鋼工場を経営してきました。川崎重工業、神戸製鋼、住友金属、どこもアメリカから安い鉄屑を輸入し、これまた安いインドの銑鉄を輸入し、製鋼してきました。わざわざ溶鉱炉をつくる必要はなかったのです。

昭和九年に鋼材の生産は三百十万トンだったのが、昭和十三年に五百万トンにまで膨張したのは、溶鉱炉を持たない単独の平炉工場、電気炉工場が増えたからです。

銑鉄を自分のところでつくる銑鋼一貫工場でも、当然ながら鉄屑は必要です。インゴットを分塊、圧延、加工する段階で、鑄屑《いくず》と剪断屑《せんだんくず》がでますが、これだけではとても足りませんから、輸入の鉄屑に頼りました。

こうして日本は世界最大の鉄屑の輸入国となりました。ところが、昭和十五年九月の末にアメリカは日本にたいして鉄屑の輸出を禁止しました。日本にたいする全面的な禁輸の九カ月前のことです。

鉄鉱石、銑鉄、合金鉄の輸出も禁止し、インド、オーストラリアも、あとにつづきました。フィリピン、マレーも、日本への鉄鉱石の輸出を禁止しました。

これはたいへんなことでした。年間百万トンにのぼる古レール、貨車や客車の車輪、自動車のボディがアメリカから入らなくなれば、鋼塊の生産量はたちどころに百万トンの減少となります。

もっとも、鉄屑が輸入禁止となるずっと以前から、鉄鋼増産の計画が立てられ、高炉の増設と大型化が進められてきたことはご承知のとおりです。

昭和九年に八幡、輪西《わにし》、釜石の三つの製鉄所が合同して、日本製鉄ができ、大型溶鉱炉をつぎつぎと建設しました。

高炉といったり、溶鉱炉といったり混乱しますが、ご了承ください。溶鉱炉は高さが二十四メートル、二十七メートルとありますから、高炉とよびます。

八幡製鉄所は洞岡《くきおか》ではじめて日産一千トンの高炉をつくりました。高炉を大型にし、出銑量を三百トンから五百トン、七百トン、一千トンと増やしていくことは、製鉄の歴史がはじまって以来、製鉄所の最大の目標です。

この一千トン高炉が洞岡の第三高炉です。火入れが昭和十二年。翌十三年には、洞岡第四高炉が火入れをします。これも日産一千トンの高炉です。こうして洞岡が日本を代表する製銑工場となります。

日本鋼管も設備を増強しました。川崎市扇町に昭和十一年に最初の三百五十トンの高炉を完成させました。四百トン高炉が昭和十二年に、翌十三年に六百トン高炉が火入れをしました。

日本製鉄はまた昭和十四年に兵庫県の飾磨《しかま》郡と揖保《いぼ》郡の境にある広畑に新製鉄所を建設します。第一号の高炉が火入れをします。洞岡と同じ一千トンの高炉です。つづいて第二高炉が完成します。

日本製鉄はさらに室蘭の仲町《なかまち》にも高炉を増設します。昭和十四年から、仲町第一溶鉱炉、第二溶鉱炉、第三溶鉱炉をつくりました。いずれも日産七百トンです。もともと室蘭には輪西溶鉱炉がありますから、これで第一から第四高炉までそろったことになります。

もちろん、製鉄所は高炉とコークス炉だけではどうにもなりません。製鋼設備、そして圧延工場が必要です。

ところが、この圧延工場の機械設備が日本でつくれませんでした。たとえば、広畑製鉄所の圧延機と裁断機はいずれもアメリカ製です。昭和十六年六月にアメリカが全面的な経済封鎖に踏み切ったとき、みなさんも同じだったと思いますが、私は寝耳に水の驚きでした。広畑と海軍艦政本部の幹部たちは顔色を変えました。圧延機と裁断機の最終部品を載せた船はすでにニューヨーク港を出ていると報告が入ったときには、万歳を叫んだものでした。

これで広畑は銑鉄から最終製品の鋼板まで一貫してつくれるようになりました。圧延機の据え付けを終わって、作業を開始したのは昭和十七年の十二月の末でした。

広畑に行って思ったことがあります。こんな最新鋭の設備の鋼板工場がもう三つあって、すべてがフルに稼働していたらどうだろう、軍艦と輸送船の鋼板を思いっきりつくることができるのだと考えたものでした。

輪西の分塊工場の主要設備がドイツの封鎖突破船によって神戸に到着したのが、昭和十七年三月です。神戸から室蘭まで運ぶのに三カ月かかるという重量物でした。分塊工場で連続ロールの作業がはじまったのは、昭和十八年二月になってです。

広畑製鉄所がドイツに製造を依頼した連続鋼片ロール機は、部品の到着がさらに遅れました。据え付けが終わり、操業をはじめたのは、いつのことだと思います。この一週間足らず前のこと、先月の末になってです[24]。

さらに重大な問題がありました。

洞岡の第三高炉と第四高炉と広畑の第一高炉と第二高炉が操業を開始すれば、それぞれが日産一千トンの高炉ですから、この四つの新設の高炉だけで年間百四十六万トンの銑鉄が生産できるはずです。

ところが、これら大型の新鋭高炉がどこも公称どおりの数字をだせませんでした。日産一千トンを謳う広畑の高炉の一日の出銑量が五百トン、六百トンどまりでした。洞岡の第三高炉、第四高炉も日産一千トンの公称能力を発揮できず、七百トンどまりでした。

昭和十六年、十七年と思うようにいきません、そして昭和十八年になって新たな壁にぶつかります。海外の鉄鉱石と石炭が入手困難になって、国内産の低品位の鉄鉱石を使い、これも国内産の石炭を使わなければならなくなりました」

聞いていたひとりが、これも初歩的な質問で申し訳ないがと言い、内地の石炭の欠点はなんですかと問うたのではないか。

「石炭をコークス炉でコークスにして、溶鉱炉に入れます。鉄鉱石とコークスとを交互に入れて、熱風炉で予熱した熱風を高炉の下部から送り込み、火入れをします。

このあと述べることになりますが、この送風を減らせば減風、送風を中断することを休風、完全に送風をやめることを吹き止めと呼びます。

溶鉱炉の操業で肝心なことは、コークスが溶鉱炉のなかで砕けてしまわないようにすることです。砕けると通風が止まり、出鉄率が落ちます。硬質コークスをつくるためには、堅牢緻密な強粘結炭《ねんけつたん》でなければなりません。

もうひとつ、灰分の少ない石炭でなければなりません。機関車が焚く石炭だって、灰が少ないほうがいいに決まっていますが、製鉄用の石炭はとりわけそうです。溶鉱炉のなかは七割がコークスで占めます。灰分が多いコークスは、炭素分が少ないということですから、それだけコークスを多量に投入しなければならず、鉱滓《こうさい》量が増え、出銑率が落ちます。

堅牢緻密な強粘結炭は、国内では、長崎の北松《ほくしよう》炭だけです。海外では、華北の開灤《かいらん》炭です。そして満洲の密山の石炭です。

こうした強粘結炭を国内の弱粘結炭と配合してコークスをつくります。この割合は、昭和十六年には、工場によって違いましたが、およそ半々でした。

この強粘結炭が充分に入らなくなりました。

海外からの鉄鉱石のことになりますが、ひとつだけとりあげましょう。海南島には田《でん》独《どく》という鉄山があります。銅の含有率が少ない鉄鉱石ですから、防弾鋼、弾丸の薬莢材、航空機鋼といった高級規格材の合格率の高い鋼材をつくることができます。

もうひとつ、海南島には石碌《せきろく》という鉄山があります。田独は楡林《ゆりん》の港に近いので、開発も、輸送も簡単です。ところが、山が小さい。石碌のほうは大きいが、海から遠い。八所《はっしょ》というところに港をつくりました。海岸は砂浜で、遠浅です。桟橋をつくりました。淡路島の造船所でつくった艀を運びました。艀荷役をすることにしました。総計二十五隻です。八所から石碌まで鉄道も敷きました。

昭和十七年から鉱石の積み出しをはじめました。ところが、海が荒れ、艀を本船に横付けできないのです。船が足りなくて困っているときに、いつまでも船を沖に待たせておくわけにはいきません。

こうして昭和十七年の秋から、本格的な港湾工事をはじめました。岸壁をつくる、積み込み機を設置する、そして昭和十八年五月に第一船が岸壁に着きました。㉕残念ながら、これがつづきません。船がありません。海南島の鉄鉱石はおしまいです。

マレーやフィリピンの鉄鉱石も輸送できないということになって、揚子江流域の大冶《だいや》と朝鮮の鉄鉱石、華北の石炭が頼りとなります。これを八幡製鉄所に集中することにしました。

ご記憶でしょう。昭和十八年四月から七月にかけて、藤原銀次郎氏が鉄鋼工場にたいする行政査察をおこないました。

そして、八幡集中生産を閣議で決めました。釜石製鉄所と室蘭の輪西製鉄所は、内地の鉱石と石炭を原料とする、鉱石と石炭の輸送は機帆船を使う、こういう指示です。

ご承知と思いますが、もう少し詳しく申しましょう。輪西は北海道の石炭と鉄鉱石を使う。華北の石炭を運ぶのに使っていた船腹は八幡製鉄所に集中使用する。釜石は釜石鉱山の鉄鉱石と北海道の石炭を使う。日本鋼管は関東、北陸の鉱山の鉄鉱石、北海道と華北の石炭を使う。広畑は朝鮮と華北の鉄鉱石、九州と華北の石炭を使う。それぞれ浮いた船腹は八幡の原料輸送に使う。こういうことでした。

ニューギニア、ソロモン諸島、マーシャル諸島で、アメリカ軍の反攻をくい止めなければならない、どうあっても五百万トン、六百万トンの鋼材を生産しなければならないというときに、こんな有様となりました。あれは昭和十八年九月のことでした」

聞いている三人がそんなことがあったなと思いだせば、同じそのとき、航空機大増産の計画を立て、海軍を空軍化する構想を描き、そのために駆けずりまわった日々のことが頭に浮かび、かれらの視線は宙をさまよったのかもしれない。

話し手は話題を変えたのではないか。

「八幡集中を決めたのと同じときのことですが、アメリカはどうかといえば、西部に新しい鉄鋼工場が完成して、たちまち西部だけで、日本の生産量に匹敵する鉄鋼が生産できるようになりました」

だれもがさらに話すように促したのであろう。

「アメリカの太平洋岸に造船所がいくつもつくられようとしていました。リバティー型の輸送船の大量生産を計画してのことです。十時間ごとに一隻を進水させているという自慢の輸送船です。この建造に大量の鋼材が必要です。

サンフランシスコ、シアトル、ロサンゼルスに鉄鋼工場があったのですが、それではとても足りないということで、政府は新たに西海岸に鉄鋼工場を建設することにしました。昭和十六年、一九四一年、日米関係が悪化するあいだのことです。

ユタ州のソルトレークシティーに近いところにあるジェネヴァ製鋼所です。西海岸といいましたが、実際にはサンフランシスコから一千キロの奥地の砂漠の真ん中、東京から鹿児島までの距離があります。日産一千百トンの高炉を三基つくりました。またカリフォルニア州のロサンゼルスの東にフォンタナ製鋼所をつくりました。こうしてアメリカ太平洋岸だけで、日本の生産量に匹敵する四百五十万トンを超す粗鋼を生産できるようになりました」

「アメリカ全土の生産量はどのくらいですか」

「昨年の粗鋼の生産が八千九百万トンだといっています」

「アメリカの太平洋岸の人口は、ロッキー山脈まで入れてどのくらいかな」

「戦争前、一千万ぐらいだったのではないでしょうか、九州の人口と同じだったと思います。戦争がはじまって、太平洋岸に住んでいた日系アメリカ人が収容所に入れられました。十万人以上です。しかし、アメリカのほかの地域から太平洋沿岸の造船所、航空機工場、その他の軍需工場に百五十万人以上が来ています。メキシコから来た十万人以上のメキシコ人がロサンゼルスの工場で働いているのだといいます」

首都がサンフランシスコ、西部だけが領土、アメリカがこのくらいの大きさの国だったら互角の勝負ができ、日本はいまごろ、サンフランシスコを占領しているのではないかとだれかが言えば、ほかの人たちは苦笑いして、つぎのような質問に移ったのであろう。

「満洲、華北、朝鮮の製鉄所はどうなんです。鞍山《あんざん》の昭和製鋼所はどうしてだめなんです」

「鞍山周辺の鉄鉱石の大部分は四〇パーセント以下の貧鉱で、しかも珪酸分が高い。原料炭の撫順炭もコークス用としてはよくない。苦労のしどおしでした。

それでも、鞍山と朝鮮の銑鉄は昭和十八年まではわずかながらも、内地への輸出を増やしていました。ところが、昨年七月に、Ｂ29がはじめて満洲を爆撃しました。昭和製鋼所をねらいました。七月末から九月末までに五回の爆撃です。しばらくは麻痺状態となりました。いずれもコークス炉を目標としたようです。

この空襲と輸送難で、日本向けの輸送はとるに足らなくなりました。そして正直な話、釜山までインゴットが運ばれてきても、もはやどうにもなりません。現在、優先的に運ぶのは、大豆と塩、大砲と弾薬でしょう。

朝鮮、華北、華中で小型溶鉱炉をつくろうとしている計画など、いまさら語ってもしようがないのですが、一応説明しましょう。

日本製鉄は朝鮮北部から華北で二十トンの高炉七十基をつくりました。昭和十八年末から昨年の末にかけてその一部が操業をはじめましたが、技術的欠陥があって、銑鉄はできませんでした。

日本鋼管は青島《チンタオ》に高炉を二基つくることになりました。それぞれ二十五万トンです。ところが火入れ式を済ませても、いつまでたっても湯がでません。コークスが悪く、第一高炉は失敗に終わり、昭和十八年に吹き止めにしました。炉の操業を中止したのです。第二高炉は昨年の三月に火入れしました。銑鉄はできましたが、青島の埠頭に積まれたままです。船がないのです。

朝鮮の元山《げんざん》の二十トン高炉は十基をつくる計画でした。資材不足で、行き詰まっています。うまくいったところで、コークスを内地から送るという計画ですから、どうにもなるはずがありません。

結局は国内の製鉄所だけが頼りなのです。ところが、国内の鉄鉱石と石炭を使うようになって、高炉の生産はがた落ちです。

室蘭の仲町溶鉱炉は第一溶鉱炉、第二溶鉱炉、第三溶鉱炉とあり、いずれも日産七百トンの公称能力だということは前に申しました。仲町は成績がよく、火入れをしてから一年足らずで日産六百トンとなり、公称能力の九〇パーセントに達したと得意だったのです。ところが、北海道炭に切り換えて、昭和十八年八月には仲町の高炉はいずれも二百五十トンにまで落ちました。懸命な努力で、秋から冬には、三百トンとなりました。(26)しかし、これが精いっぱいです。

こうして昨年はどこの製鉄工場も悪戦苦闘を重ね、後退をつづけることになりました。やっと今年の話をすることになります。

今年二月に、三月、四月、五月の八幡から室蘭まで、全国の製鉄所の鋼材生産目標を立てたときには、二十二万トン、二十三万トン、二十五万トンとしました。(27)いまが最低なのだ、みんなの努力で少しずつだが生産を上げていこうという、いつもながらのやり方です。

二十三万トン、二十五万トンというのは、昨年の月々の生産量です。とうてい無理です。

この五月の鋼材の生産目標を二十五万トンとしたのは、景気のいいことを言ってみただけのことです。二十五万トンには及ばなかったが、二十万トンを達成したと発表するつもりでしょう。だれもが数字を水増しするようになり、だれもが水増しした数字を求めるようになっています。

実際にはこの五月の生産量は十万トンを少し超すだけだと思います。

じつを言えば鋼材の生産量は水増ししていっこうにかまわなくなっています。どこの工場も、製鉄所と同じで、原料がない、部品がない、こんなわけで鋼材の需要は減るばかりだからです。艦政本部、海軍航空本部、陸軍航空本部、兵器行政本部の部課員たちは、昨日までは腕まくりをして、一トンでも多く確保しようと喧嘩腰で争ってきましたが、現在は、どこの工場がほんとうに鋼材を必要としているのか、だれにも皆目見当がつかなくなってしまっているのです。

それはともかく、日本の鉄鋼生産の現状を軍需大臣や陸軍大臣よりもよく知っているのは、アメリカなのかもしれません。

昨年六月に、成都を基地とするB29がはじめて日本を襲ったときには、八幡製鉄所を爆撃しました。被害はわずかでした。そして、翌月には鞍山の製鋼所を爆撃したことは前に申しました。つぎに八月二十日に再び八幡を爆撃しました。洞岡と東田のコークス炉がやられました。ねらいやすいからです。

ところが、B29の基地をサイパン、テニアンに移して、日本を本格的に爆撃するようになって、その爆撃回数は昨年十一月末の中島飛行機の武蔵製作所にはじまって今朝の大阪の市街地まで百八十回以上になります。おかしなことに、ただの一度も製鉄所をねらいません。

敵は撮った航空写真を丁寧に調べているのでしょう。洞岡、広畑、室蘭仲町、日本鋼管の扇町、これらの製鉄所はいずれも海に面してあります。岸壁には荷揚げ起重機が並び、鉱石置場がある。その隣には石炭置場がある。鉱石置場のすぐうしろには高炉が並び、石炭置場の背後にはコークス炉がある。専門家が見れば各工場の配置、その規模は簡単にわかります。岸壁に着いている船は鉄鉱石一千トンを積めるかといった小さな船です。石炭置場の石炭は数日分しかない、鉱石置場の鉄鉱石もこれまた数千トン程度しかない、さらには貯鉱場に鉄鉱石がまったくない。こうしたことは写真判定の士官が見てわかっているのでしょう」

だが、細々ではあっても操業をつづけてきている高炉とコークス炉があることは、これまた写真からわかるのではないか。敵は爆弾を節約する必要はないはずだ。なぜ、製鉄所を爆撃しないのだろうと考えて、聴き手の三人のなかには、待てよと思う者がいるかもしれない。

戦いが終わったあとに、電気炉、平炉、転炉、圧延工場を賠償としてフィリピンに送ろうとして、アメリカは製鉄所に手をつけないのではないか。考えてみれば、敵が爆撃してきたのは航空機工場と市街地だけだ。だが、そのふくらむ疑問を口にだすことなく、野田につづけるようにと言ったのではないか。

「西八幡と戸畑の貯鉱場には鉱石の山はありません。かつては三百万トンの貯鉱がありました。早くも昭和十七年下期からこの貯鉱に食い込むようになりました。百万トンになった、二十万トンになったといっているうちに、とうとうなくなってしまいました。

この三月には、揚子江流域の大冶鉱山の鉄鉱石の輸送をついに断念しました。鉱石を積んだ貨物船が揚子江を下る途中で、P51にねらわれるのです。最後の頼みの綱の朝鮮の茂山《もざん》からも鉄鉱石は入らなくなりました。国内の群馬、赤谷《あかや》、釜石の粗悪で少量の鉄鉱石をあてにすることになっています。

四月二十一日には洞岡第三溶鉱炉がバンキングし、東田第三溶鉱炉は五月七日にバンキングしました(28)。いずれも鉄鉱石がないのが理由です。

バンキングとは長期休風のことです。送風を中止し、炉の内部のコークスの燃焼を極力防ぎ、鉱石の溶解を防止します。前に言った吹き止めとはちがいます。溶鉱炉は火を入れると、炉の寿命が終わるまで、消すことができません。火を消して炉を冷やすと炉壁の耐火煉瓦が壊れてしまいます。ですから、吹き止めのあとは、炉の頂上から水を入れて火を消し、炉内の残留物を掻きだし、炉の取り壊し作業となります。休風は火を消しません。

もともとバンキングは、鉄の価格の下落に対抗し、銑鉄の生産量を減らそうとする操短のための手段です。ところが、現在のバンキングは、いってみれば、火砲は残りわずか、弾薬も不足しているから、決戦はできない、だが、吹き止めという玉砕をしてはならない、後退する、持久の戦いをするということなのです。ですが、持久の戦いも、バンキングも、ずっとつづけることはできません。

広畑製鉄所は昨年は三十九万トンの粗鋼を生産しました。今年に入って、この五月はじめから広島水域、下関海峡に敵が機雷を投下するようになって、石炭の輸送ができなくなりました。コークスが足りず、高炉は減風をするようになっています。製鋼工場の出鋼は急激に減り、五月には軍から弾丸鋼をつくるようにと矢の催促をされたようですが、作業は再三中断しています[29]。やがては二つの高炉の操業は困難になるでしょう。

日本鋼管では、二月に川崎製鉄所の第三高炉、四月に第二高炉がバンキングしました。第五高炉は昨年完成していたのですが、火入れはしないままです。扇町の第一高炉はほぼできあがっていますが、これも操業できません。鶴見製鉄所は、五月二十九日の横浜の空襲の余波で、停電と断水から、第一高炉が操業不能です。第二高炉は昨年の三月に改修のために吹き止めし、修理中ということになっています。

室蘭では、この二月に仲町第三高炉が崩壊するという珍しい事故が起きました。原因はわからないようですが、国内の石炭と鉄鉱石を使っていることが原因でしょう。すぐに炉を修復しようということになり、八幡からも応援が行きました。先月に完成したのですが、鉄鉱石も、石炭もなく、ここも火入れをしていません(30)。

八幡では東田に小型の高炉が六基、戸畑に二基、洞岡に四基あります。いまさっき申しましたように、このうち五月に東田が一基、四月に洞岡が一基バンキングしました。操業をつづけている高炉も減風、休風を繰り返しながら、やっとつづけているという状況で、コークス炉、分塊工場も半分以上が作業をやめています。あらかたの高炉が向こう二、三カ月のうちにはバンキングすることになるでしょう。

そして九州に敵が上陸することになると考えて、八幡は疎開計画を立てています。第一ブリキ工場の製造設備を十一月末までに釜石に移転するといった指示(31)がでているのも、そのひとつです。釜石なら安全だというのではないのでしょう。ブリキ原板がないために工場はずっと前から操業していない。そんな計画を立てることで、士気の低下を防ごうとしているのでしょう。

昔の話をながながとしてしまいましたが、現在の話はこれだけです」

迫水久常、美濃部洋次、毛里英於莬は黙ったまま、うなずいたのであろう。

「国力ノ現状」　アルミナもアルミニウムもつくっていない

六月二日だ。

小雨が降りつづける。朝から警戒警報はでていない。警戒警報は昨日の昼前の十一時四十分にあり、十二時十分に解除になった。そのあとB29の偵察飛行、気象観測飛行はない。

アルミニウムの生産はどうなっているのか。

だれから実情を聞くことにするかは、これも昨日のうちに決めた。軍需省航空兵器総局資材局長の多田力三の名前があがり、昭和電工、日本軽金属、軽金属統制会のだれかれの名がでて、だれかが陸軍省の佐藤裕雄大佐にしようと言ったのではないか。

佐藤裕雄は昭和十八年三月から戦備課長だ。戦備課は以前は動員課と呼ばれた。この四月に軍事課長となった荒尾興功《おきかつ》と同じく陸軍士官学校の三十五期である。迫水や毛里と同じように明治三十五年の生まれであろう。東京帝大に派遣された。秋永月三や池田純久のように経済学部ではない。砲工学校をでて、工学部電気科で学んだ。

毛里英於菟や美濃部洋次と同様、かれの行動半径もひろい。軍人離れした器量人とだれかが評したとおり、彼と交渉したことのある海軍省、軍需省の幹部のだれからも敬意を払われている。

佐藤裕雄なら、アルミニウム生産の現状を知悉しているし、かれなら包み隠さず語ってくれるのではないか。かれから話を聞くことにしようということになったのではないか。

午後一時、佐藤が来たのであろう。

毛里英於菟が口を切り、佐藤裕雄に向かって、昨年の大相撲の夏場所、初日だったと思うけれど、相撲と映画を見るという珍しい経験をしたと語り、そのときに見た映画が「血の爪文字」という大映の映画だったと言ったのではないか。飛行機がない、ボーキサイトがない、輸送船がない、そして国産原料は実験では成功したが工業化はまだできていないという暗示があって㉜、背筋の寒くなるような映画だったが、それから一年たって、いよいよたいへんなことになっているようですねと言ったのではないか。

佐藤裕雄がうなずいて、残念ながらそのとおりだと言い、語りはじめようとして、だれかがアルミニウム生産の今日の状況の説明の前に、アルミニウム生産のいろはから教えてくださいと言い、佐藤がもう一度うなずいたのであろう。

「アルミナをつくることなしにはアルミニウムはつくれません。アルミナから話しましょう。

ご承知のように、アルミナの生産量は日本軽金属の清水工場がトップでした。つづいて昭和電工の横浜工場、住友アルミニウム精錬の四国の新居浜工場です。ほかに十数社、二十数工場がありますが、この三工場で全体の八割以上を生産してきました。清水工場が全体の四割を生産したこともあります。

台湾の日本アルミの高雄工場、朝鮮の朝鮮窒素の興南工場の生産量を加えても、清水、横浜、新居浜の三工場が全体の六割から七割を占めていました。

言うなれば、アルミナ工場の清水、横浜、新居浜は、航空機発動機工場における中島の武蔵製作所と三菱の名古屋発動機製作所といった存在でした。ところが現在は、名古屋、武蔵と同様、清水工場、横浜工場、新居浜工場はアルミナの生産を断念したも同然です」

ここで迫水久常が言ったのかもしれない。「じつは不勉強で、アルミナ工場があり、アルミニウム工場があるということが、もうひとつはっきりしない。説明してください」

「ボーキサイトは赤土です。化学処理をして、中間製品の白い粉状のアルミナをつくるのがアルミナ工場です。

まずはボーキサイトを粉砕して、苛性ソーダの溶液に入れ、熱と圧力を加え、アルミナ分を溶解抽出します。このあと回転窯に入れて焙焼《ばいしょう》する。ボーキサイト二・五トン、苛性ソーダ〇・一トン、燃料石炭二・五トンでアルミナ一トンができます。

アルミナ一トンをつくるのにほぼ五トンの原料を使うことになります。銑鉄一トンをつくるのに鉄鉱石一・五トン、石炭〇・八トンですから、アルミナがどれだけの量の原料を必要とするかわかるでしょう。

そこで、銑鉄をつくる高炉と同じように、アルミナ工場はいずれも海岸にあります。

日本軽金属はアルミナ工場を清水に建設しました。一万トンの船が二隻接岸できる岸壁をつくりました。

つぎにアルミナからアルミニウムをつくる電解工場です。昭和電工の横浜工場もボーキサイトを積んだ船が接岸できます。氷晶石《ひょうしょうせき》を溶解した電解槽のなかにアルミナを入れ、直流の電気を通します。アルミナがアルミニウムと酸素に分かれるのですが、二・五万キロワット時の電力でアルミナ二トンからアルミニウムを一トンつくることができます。大容量の電気が必要ですから、電力の豊富なところにアルミニウム工場を建設します。大容量の火力発電所はありませんから、水力発電所を利用することになり、山奥につくることになります。

昭和電工は長野の北安曇《あずみ》郡の大町にアルミニウム工場をつくりました。近くに建設した二つの発電所から三万キロワットの電力を確保しました。つづいて福島県の喜多方に新工場をつくりました。阿賀川の新郷、山郷の二つの発電所による電力供給の見込みがたってのことです。昨年はじめには操業をはじめました。

日本軽金属は富士川の河口の蒲原《かんばら》にアルミニウム工場をつくり、富士川の本流を蒲原工場の発電用水のためのトンネルに変えてしまいました(33)。

福島県の郡山《こおりやま》、台湾の高雄の花蓮《かれん》港にアルミニウム工場があるのも、同じ理由からです。

アルミナ工場とアルミニウム工場が一カ所にあるのは、電力があり港がある新居浜、富山、高岡、そして台湾の高雄です。

もう少し説明しましょう。日本がはじめてアルミニウムを生産してから十一年になります。このあいだに、原料はくるくる変わり、それにつれて製造方法も変わり、混乱を繰り返してきました。はじめは外国産のボーキサイトに頼るまいとしました。横浜工場も、新居浜工場も、朝鮮の明礬石《みようばんせき》を使い、国産技術でやっていこうとしました。ですが、できたアルミニウムは高価なうえに薄黒い。純度が九八パーセントに達しない。航空機用のジュラルミンの地金にするのに必要な九九・四パーセントにとても届かない。そこへ外国の安いアルミニウムが殺到して、国産のアルミニウムはまったく売れず、膨大な赤字を抱えることになりました(34)。

こうして昭和十二年から、原料をボーキサイトに切り替え、英国領のマレー、オランダ領のビンタン島から輸入することにし、製造方法も外国技術のバイヤー法に転換しました。世界共通のやり方を採用したのです。

ところが、昭和十六年七月にアメリカは日本にたいする経済封鎖を完璧なものにして、英国、オランダとともに日本への石油の輸出を禁止し、さらにオランダと英国はボーキサイトの積み出しを禁止しました。

新居浜工場は昭和十六年十一月に華北の礬土《ばんど》頁岩《けつがん》を原料にすることにして、設備転換工事をはじめました。清水工場はそのとき未完成でした。全設備の三分の一を礬土頁岩による製法に切り替えることにしました。

十二月にはアメリカとの戦いがはじまって、昭和十七年四月からはビンタン島のボーキサイトが輸送されてきました。新居浜工場の転換工事は中止です[35]。清水工場の転換計画も中止となりました。

もっとも、礬土頁岩、明礬を原料とするいくつかの会社を残すことにしました。その生産量はとるに足りません。苦労を重ねはしたものの、低品位のものしかできませんでした。

ボーキサイトを原料にして昭和十八年には十三万トンのアルミニウムを生産しました。ついでに言っておきましょう。アメリカの生産はその年に八十三万トンです。そしてアメリカと英国にアルミニウムを供給するカナダが四十五万トンです。

英国の生産量は六万トンが精いっぱいでした。じつはソ連の生産もたいしたことがありません。英国よりわずかに多い程度でしょう。

アメリカが英国に航空機用アルミニウムを供給してきたのです」

ドイツの生産量はどのくらいだったのかとだれかが尋ねたのではないか。

「推測ですが、最高記録が二十五万トンぐらいだったのでしょう。ドイツにはボーキサイトがありませんから、フランス、イタリア、ハンガリーから輸入していました。備蓄もしていました。ところが、このボーキサイトが枯渇する、工場が空襲を受けるといったことで、昭和十八年、十九年にはアルミニウムの生産量は激減しました。

日本でも昭和十八年の十三万トンの生産がつづきません。ボーキサイトの輸送が難しくなります。

みなさんもはっきり覚えておいでのとおり、昭和十八年になって、五月末にアッツ島守備隊の玉砕、六月はじめには山本元帥の国葬とつづいて、これまでどおりのことをやっていたら大変なことになるとだれもが気づき、大慌てに慌てることになりました。そこで、一昨年の夏には、いくつもの機関がさまざまな壮大な構想を描き、これらに一斉に取り組みました」


佐藤は、この三人が同じその年の夏に航空第一主義のためにやったことのすべてではないにせよ、その一部を知っていたのであろう。佐藤はつづける。


「アルミニウムの大増産計画も、そのひとつです。

ビンタン島にアルミナ工場をつくる、スマトラにアルミニウム工場をつくるといった大計画がその年に立てられました。アルミニウムにして名古屋、横浜まで輸送すれば、船は五分の一で済む勘定となります。

華北の礬土頁岩を原料にして、石炭や副原料の心配がない満洲、華北にアルミナ工場をつくろう、アルミニウム工場もつくろうということにもなりました。

内地でも、たとえば東洋曹達[36]や味の素にアルミナをつくるようにと命じることになります。

ところが、どれもこれもうまくいきません。ご記憶のことと思いますが、振り返ってみましょう。満洲重工業と住友の折半出資の安東《あんとう》軽金属が満洲の安東県に工場を建設することになりました。鴨緑江を挟んで新義州の対岸です。住友の朝鮮住友軽金属は朝鮮の元山近くに文坪《ぶんぺい》工場をつくろうとしました。昭和電工は子会社の朝鮮電工が大同江に面して鎮南浦工場をつくります。

いずれも水豊ダムの豊富な電力をあてにしてアルミニウム工場までをつくる計画でした。はじめはビンタン島からボーキサイトを運び込むことにしていた朝鮮の工場も、ボーキサイトの輸送は難しい、華北の礬土頁岩を原料にしようということになります。アルミナ工場とアルミニウム工場を一度に建設するのはとても無理だ、アルミニウム工場の建設は後回しにして、アルミナ工場だけでも先につくろうということに変わります。

しかし、どの工場も現在まで一キロのアルミナも生産できません。どの工場も完成していません。

山東省にある礬土頁岩の鉱区にある張店にアルミナ工場を建設することにしたものの、華北軽金属と立派な名前がついただけで、これも計画倒れです。

日本軽金属がビンタン島に年産十万トンのアルミナ工場をつくる、ジャワの製糖工場を解体し、その資材を使う、日本から遊休資材を運ぶといった計画ですが、これも希望を絵に描いただけのものでした。南方総軍の直営で、たいそうな意気込みでしたが、煉瓦工場、セメント工場、港、発電所の一部はできましたが、工場本体の建設はまったく見込みがありません。

日本窒素の子会社の朝鮮窒素がスマトラのトバ湖に水力発電所をつくり、アルミニウム工場を建設するという計画も夢に終わりました。

満洲、朝鮮の計画も同じです。水豊ダムの電力がいかに豊富だからといって、安東、文坪、鎮南浦の三カ所に年産数万トンのアルミニウム工場をつくる余力など日本にないことは、冷静に考えればだれにでもわかることです。三つの建てかけの工場にわずかな設備と機器が並んでおしまいです。

結局は清水、横浜、新居浜の既存のアルミナ工場だけが頼りです。ボーキサイトをこれらの工場に運ぶしかないということになって、昨年の九月、ビンタン島からボーキサイト輸送のために輸送船四十隻、三十五万総トンを配船しようとしました。どうもこの隻数は多すぎるように思うのですが、これが最後のボーキサイトの輸送になるだろうということで、目いっぱいの計画を立てたのでしょう。実際には、九月から十二月までに五万トンのボーキサイトが新居浜や清水に着いただけでした。[37] ビンタンの港には十万トンのボーキサイトが山積みされているというのですが、[38] もはやどうにもなりません」

「国力ノ現状」最後の頼りは白粘土

「清水工場には、九万トンのボーキサイトを貯えることのできる貯鉱場があります。美濃部さん、見学されたことがあるでしょう」と言い、美濃部がうなずき、岸さんのお供で行ったことがあると答えたにちがいない。

佐藤が話をつづけ、あの貯鉱場はいままでに何度か赤い色の原っぱになってしまったことがあり、工場長から工員までが船の入るのを待ちわびたことがありましたと語れば、毛里が口をはさみ、映画でその場面を見たと言い、輸送船が近づいてくる、工場の人びとが歓声をあげて岸壁で迎えるといったシーンがあったと言ったのであろう。

「あの貯鉱場にいよいよボーキサイトはありません。粘土の小さな山があるだけです。じつは昨年にボーキサイトの大量輸送を急がねばならないと騒ぎはじめたときには、もはやボーキサイトをあてにすることはできないということで、一部工場で、河北の開灤《かいらん》や石門寨《せきもんさい》の礬土頁岩を使いはじめました。昭和電工の横浜工場、住友の新居浜のアルミナ工場も礬土頁岩を使うようになりました。

ところで、河北や山東の礬土頁岩ですが、もともとは耐火煉瓦の材料なのです。八幡の溶鉱炉の煉瓦に使われてきました。ボーキサイトよりもアルミニウムの含有率が低く、不純物の珪素が多いことから、アルミナにするには複雑な処理が必要です。毛利さんがご覧になった『血の爪文字』から一年がたちますが、この化学処理の方法が各社それぞれちがいます。というのも、これなら絶対だという方法が見つかっていないからです。

新居浜工場でつくったアルミナがよくありません。このアルミナからつくったアルミニウムは品質が悪く、(39)純航空機用のジュラルミンの素材とはなりません。

昭和電工のアルミナも問題があります。礬土頁岩を長野県北安曇郡の大町工場まで運び込むということを昨年の十月にしました。電解炉に入れ、かれらが『粗メタル』と呼ぶものをつくりあげました。五トンほどの人造ボーキサイトをつくったのです。今年になって、この粗メタルを大町から横浜に送り返しました。この粗メタルを横浜工場でアルミナにします。そして大町工場に再び運び、電解をおこない、アルミニウムとしました。(40)純度九九・七パーセントという高純度のアルミニウムをつくったと自慢しているのですが、実験ならともかく、こんな面倒なことをしていたのではとても間尺に合いません。

礬土頁岩を原料にするとまたべつの面倒があります。礬土頁岩からアルミナをつくるためには、ボーキサイトからアルミナをつくる十倍の量の苛性ソーダが必要となります。アルミナ一トンをつくるためには〇・一トンではなく、一トンの苛性ソーダが必要なのです。

ところが、ソーダ工場からは苛性ソーダが来ない。塩がないから、苛性ソーダをつくることができない状態なのです。待っていてもしょうがないから、自分のところで塩をつくらねばならない。清水工場でつくった塩をソーダ工場に供給して、苛性ソーダを手に入れようというのです。そこで清水工場の設備を一部転用して、真空蒸発罐による製塩をしようというのが、清水工場がこれからやろうとしていることです。

礬土頁岩、礬土頁岩と言ってきましたが、じつを言えば、横浜、清水、新居浜には、もはや礬土頁岩が入りません。華北からの礬土頁岩にまわす船がない。満洲から戦車師団、歩兵師団を送ってこなければならない。大豆を送ってこなければならないからです。新居浜工場は昨年十二月に第一工場が操業を停止しました。第三工場も近く操業を止めます。第二工場だけとなります。

清水工場は昭和十八年には月平均、八千トンのアルミナを生産しました。昨年は月平均、七千トンでしょう。ところが、今年はこの一月から五月末までの五カ月間で八千トンです(41)」

なるほど、そこで現在、粘土騒ぎが起きているわけですね、とだれかが言ったにちがいない。

佐藤はうなずいて、岩手県の粘土だ、信州の味噌土だ、阿蘇の火山灰だということになっているのだと語って、さらにつづけたのであろう。

「味の素の話をしましょう。

味の素がビンタン島のボーキサイトをあてにして、年産四万八千トンのアルミナ工場をつくることにしたのが、二年前の昭和十八年の四月のことです。その翌月に大日本化学工業と社名を変更しました。

機械製造企業はどこも二年さき、三年さきまで受注がありますから、なかなか味の素向けの機械設備をつくることができません。ところが昨年の四月になって、ボーキサイトはやめにして、礬土頁岩を原料とするようにと軍需省から命じられました。設備の改修と新しい機械器具が必要となります。

ところが、またしばらくして礬土頁岩の輸送ができなくなったから、つぎは国内の原料をということになります。化学処理の方法がちがいますから、機械器具はまたべつのものを注文することになります。

この味の素の例を見ればわかるとおり、負け戦になると計画の立てようがありません。手のほどこしようがありません。

たとえば、昭和十八年の夏には、つぎのように言うべきだったのかもしれません。ボーキサイトを原料とする工場の建設をはじめるのはやめにしたらどうか、できあがるころにはビンタン島への積み取りができなくなるのではないか。原料は山東の礬土頁岩にすべきではないか。ですが、こんなことは口にだせません。つぎの決戦には絶対に勝たなければならないのです。

ほんとうは一昨年の夏に、つぎのように言うべきだったのかもしれません。ボーキサイトをあてにすることはできない、だからといって礬土頁岩をあてにしてアルミナ工場をつくることにしても、工場ができあがるころには天津、青島の航路は閉鎖されることになってしまうだろう、国内産の白粘土にしたらどうか。だが、こんなことを言えるはずがありません。

じつを言えば、つぎの決戦に勝てないかもしれない、そのつぎの決戦も負けてしまうかもしれないと考えて、政府は小さな手だてを講じていました。

昭和十八年の九月に、陸軍の指示で、軍需省、あのときはまだ商工省でしたね、商工省はすべてのアルミナ工場に命じて、国内産の原料によるアルミナ製造の研究をさせ、どういう設備をつくるかを検討させることにしていたのです。梶原景時の逆艪《さかろ》ですね。東条さんは知らなかったことなのか、それとも東条さんが命じたことだったのかは知りません。

味の素は、川崎工場に耐酸装置と塩酸設備があることから、ドイツの文献を頼りに、粘土を原料に塩酸で溶出処理する製法を研究していました。

九州、岩手、長野をはじめ全国の粘土を取り寄せ、分析をして、昨年のはじめには岐阜の長野県境に近い中央本線沿いの中津町の粘土がいちばんいいということになりました。本格的に粘土に取り組めという命令が軍需省からでて、味の素は中津町の小さな鉱区をいくつか買い取り、中津鉱山が発足します。昨年からこの白粘土が川崎工場に送られてきています。昨年末には、これを原料にして操業開始が予定されていたのですが、ずるずると延びています。

その中津鉱山ですが、この三月に行ってきました。

白粘土と呼んでいますが、ベントナイトです。陶器の上塗り材料になることから、農閑期に農民が掘っていました。狸掘りをして、切り羽《きは》から鍬とシャベルで掘った粘土を木箱に入れ、これを背負って運びだします。水をたっぷり含んだ粘土ですから、たいそう重い。

中津鉱山は、トロッコが通行できる主坑道が一本、露天掘り作業場が三カ所あります。主坑道をもう二本掘り、三カ所の作業場の中央に粘土運搬の架空索道の起点をつくろうという計画を立てていました。緊急指定工事となっていたのですが、現在おこなわれている工事はすべて緊急指定工事ですから、おそらくまだできていないでしょう。

白粘土掘りは泥との格闘です。顔から髪の毛、衣服まで泥だらけです。あそこも大雪が残っていて、私が行ったときには、二本のレールのほかは白一色でした。雪かきがたいへんだったと言っていました。冷たい風が吹きすさぶなか、泥を積みあげたトロッコを押しているのは、中津の町と隣接する村の四十代から五十代の勤労奉仕隊です。半分は女性でした。

白粘土はトロッコから馬力に積み替え、駅まで運ぶのかと思っていたら、そうではないのです。小屋がいくつもあるところまで運んで、ここで浅い棚に入れます。露天掘りの白粘土も坑道のなかから掘りだす白粘土も四〇パーセントの水を含んでいます。壁のない掘建小屋に白粘土を入れた棚を重ねて、いくつも並べてあります。ここに一カ月ほど置いて風にあて、水分を二パーセントにまで下げるのです。

これだけのことをして月に一千トンの白粘土を川崎まで送るのは、たいへんなことだと思いました。

もうひとつお話ししましょうか。伊豆の明礬石です。悪名高いと言っては差しさわりがあるかもしれませんが、毛里さんはよくご存じでしょう。仁科《にしな》鉱山と宇久須《うぐす》鉱山の二つの鉱山です。ここから月に二万トンの明礬石を運びだそうというのです。

日本軽金属の清水工場は国産原料を明礬石としました。戦前に昭和電工の横浜工場と住友の新居浜工場が悪戦苦闘して、とうとうものにならなかった明礬石です。清水工場は苛性ソーダ法による年産一万トンの設備をつくる計画を一応は立てました。昭和十八年十月のことです。

伊豆半島の駿河湾に面する仁科と宇久須の二つの鉱山を開発することにして、日本軽金属は資本参加します。

この二つの鉱山は、ほかのこのたぐいの鉱山と同じで、カネはふんだんにあります。

アルミニウムをつくるのだと言ったら、戦時金融金庫が際限なく貸し出しをしますから、陸海軍省の将官、航空兵器総局の首脳に顔のきく右翼の親分から、詐欺師のたぐい、あらゆる魑魅魍魎《ちみもうりょう》が乗りだし、建設工事に加わっています。

仁科鉱山は加茂郡仁科村にあります。陸軍が支配しています。昭和十八年十一月に戦線鉱業という名の会社をつくることになります。初代の社長は建川美次《よしつぐ》陸軍中将でした。日露戦争のときの建川挺身隊の隊長、昭和十七年のはじめまで駐ソ大使でした。放漫経営がつづいてさっぱり進捗しない。企業家でなければだめだということになり、十河《そごう》信二氏が担ぎだされますが、これまた同じことです。今年一月には、軍需省の航空兵器総局内に開発本部を置きました。航空機製造会社を国営にしようというときになって、ここでは話は逆にすすみ、大手の鉱業会社に任せるしかないということになり、古河鉱業の経営に代わります。この三月のことです㊷。

宇久須鉱山は加茂郡宇久須村にあります。仁科鉱山の北十キロのところです。宇久須鉱山も開発は進展していません。

同じこの三月、これも大手の鉱業会社に任せるしかないということになって、住友鉱業が担当することになりました。住友鉱業はご承知のように住友金属鉱山と住友石炭鉱業が合同してできました。社長は三村起一氏です。

華北の炭鉱と製鉄所を視察したばかりの三村氏が、四月に宇久須鉱山に行かれました。

選鉱設備、索道をつくるにしても資材がない、時間の余裕もないから、住友の他の鉱山、そして日本鉱業から設備と機器をかき集める手配をしました。

そして、空襲の危険があるから、地下に建設しなければならないということになります。選鉱場と索道建設が終わるのは十月になるでしょう。そして、月に二万トンとなれば、機帆船六十隻から七十隻が必要です。昔からの船着場をひろげ、浚渫《しゅんせつ》し、港内の水深を深めなければなりません。これも完成するのは十月すぎになるでしょう。

ところで、明礬石の選鉱設備だけを地下設備にしても、これまで空襲がなかったからといって、清水のアルミナ工場と蒲原のアルミニウム工場をそのままにしておくわけにはいきません。

蒲原工場は電解工場一棟分を身延線沿線の山間に疎開させようとしています。清水工場はアルミナ工場一系列を、伊豆西海岸の三津近くの山間に移す計画です(43)」

毛里がうなずいて、つぎのように尋ねたのであろう。

「九州の五島列島で採れる国産原料というのはどうなのです」

「擬石《ぎし》、ダイアスですね。ダイアスについてお話しして終わりにしましょう。

ダイアスは俗称です。ダイアスポア粘土と呼びます。六〇パーセントのアルミナを含んでいます。ダイアスは長崎県五島の福江島に産出します。住友の新居浜工場でアルミナにする計画です。

福江島のダイアスは海軍が一生懸命になっています。この三月には海軍省兵備局の一隊が東北帝大の探鉱の専門家と福江島に行きました。

伊豆の明礬鉱山にたいしては、陸軍の東海軍管区司令部があれこれ指図をしていますが、福江島のダイアス鉱山は佐世保鎮守府《ちんじゅふ》が指揮をとっています。四月には海軍福江開発隊ができ、五月には、宮崎県にある三菱の槇峯《まきみね》鉱山から二百数十人が福江島に行った(44)そうです。露天掘りですが、福江港まで十二キロメートルあります。波止場まで運びだすのがたいへんです。ここから新居浜まで運びますが、こちらも機帆船です。機雷を落とされる関門海峡が問題ですが。

岐阜の粘土を月に一千トン、伊豆の明礬石を月に二万トンと申しましたね。もちろん、捕らぬ狸ですが、五島の福江島のダイアスは月に三千トンを目標にしています。

じつは新居浜でも、ダイアスを化学処理する工場がまだ完成していません。ところで、ボーキサイトがなくなった、礬土頁岩がなくなったというだけのことではなく、苛性ソーダがなくて、アルミナ工場が塩をつくろうとしていることは前に申しました。

もちろん、塩だけではありません。石炭もなければ、あらゆるものがありません。アルミニウム工場では、電極が不足している。氷晶石がない。人造氷晶石をつくるためには、原料として螢石《ほたるいし》が必要です。これも輸入はとっくに途絶えたから、朝鮮や満洲の貧鉱が頼りですが、これが来ない。

福島県の喜多方の近くの山に高品位の螢石が発見され、索道をつくって輸送をはじめました。昨年のことです。ところが、この大雪です。索道が壊れ、採掘も中断したままです。(45)

ピッチコークス、石油コークスもないから、電解炉の陽極電極がつくれない。

ボーキサイトが入らなくなった、礬土頁岩の輸送がとまってしまったと言って騒いでいますが、ほんとうは必要とするすべてのものがなくなってしまっているのです。もはやどうにもなりません。

それでも、各政府機関、各会社、各部門の責任者たちはそれぞれ約束した計画を達成しなければなりません。だれもが抱えている、夢にうなされるこれらの重荷をすっぱりと解決してくれるものがあります。空襲です。

この四月十五日の川崎の空襲で、味の素の川崎工場の半分が焼けてしまいました。年産一万トンのアルミナの生産を目標としていたのが、計画を三分の一、三千六百トンに縮小することができて、一安心というのがほんとうのところでしょう。そして、操業開始をまたこのさきに延ばす立派な口実ともなりました」

白粘土と明礬石の話をこれ以上してもしょうがないでしょうと言い、佐藤裕雄はつぎのようにつけ加えたのではないか。

「最初に申しましたように、もはやアルミナもアルミニウムもつくってはいないのです。たしかに、頑張っている人たち、努力をつづけている人びとがいることは、いま申しあげたとおりです。

そして、上にいる人たちは、こうも頑張っている、ああも頑張っている、ここでも努力をしている、あそこでも努力をしているというような弁解を自分に向かってして、アルミナをつくっている、もちろんアルミニウムをつくっているのだと自分をごまかしているのが今日の状況なのです。上の人のことだとは言えません。私もその末席にいます。

奇怪な話ですが、みなさんよくご存じのとおり、あらゆるところで同じことをやっています。

全国の農村で展開している松根油の生産だって同じでしょう。一生懸命にやっているということが大事なのです。

これもご承知と思いますが、ビンタン島のことを最後に申しましょう。やっと今年の一月になって、南方総軍はビンタン島のアルミナ工場の建設の中止を決めました。日本軽金属の派遣人員を帰国させることになりました。国内でのアルミナ製造に欠かせない専門家だからです。この百六人は阿波丸に乗りました。四月十日に全乗員が遭難し、かれらも亡くなりました」(46)

これだけ言って、話し手は外に視線を移したのではないか。この部屋の窓ガラスは破れていない。雨はまだやまない。佐藤裕雄は戻らねばならないからと言って立ちあがったのであろう。

「国力ノ現状」つぎは樺太の林産油

毛里や美濃部は佐藤を送りだしたあと、考えたのではないか。白粘土も明礬石も、結局どうにもならない。松根油と同じなのか。

もっとも、美濃部も迫水も、松根油はまだしもうまくいっているのだと思い、精製された松根油で零戦や白菊が飛んでいるのだと信じ、地方に分散建設している精製工場の操業の遅れを気にしているだけなのかもしれない(47)。

昨年の秋から、宮城県、群馬県、千葉県、日本全国で松の根を掘っていることは前に述べた。もちろん、現在も松の根掘りはつづいている。部落では、疎開者にまで松の根の割り当てをしているところがある。一戸あたり八貫、三十キログラムを掘らねばならない。松の根を掘りだすのは素人の手にあまる。力もいれば、根気もいる。四方八方にひろがった根のあいだの土を丹念に取り除き、すくいださなければならない。年寄りにはたいへんな労働だ。二、三分ほど鍬をふるっただけで座り込み、息を切らす。この大蛸を地上に取りだすことがはたしてできるのかと絶望的な気持ちになる。

世田谷区成城町に住む柳田国男は五月三日の日記につぎのように書いた。「丸山さん来る。『先祖の話』清書第一回八十三枚、その話に、児玉の疎開先にて松根油の割あてありて、七十二と六十一との父母、人がやとえないので自ら松の根をほって居る」(48)

部落のはずれには、簡単な乾留《かんりゅう》工場がつくられ、松根油を生産してきていることも前に語った。この松根油を精製しなければならない。日本石油や陸軍、海軍の燃料廠の燃料精製設備を各地に分散し、精製工場の建設をはじめていることも前に記した。

松の根の支配をめぐっては、陸軍と海軍は各地域の分け取りを終えていたが、まだ手つかずなのが樺太《からふと》である。厳寒の樺太では、十月から五月までは積雪と凍結に閉ざされるから、昨年秋からの松根油生産運動には加わらなかった。今年の夏に、松根油を採取することになっている。

樺太は自分たちに任せてくれと陸軍が言い張り、海軍がとんでもないと頑張り、この五月のはじめ、陸海軍、農商省の担当者は、樺太庁の責任者を札幌に呼び、札幌グランドホテルで、樺太を分割する会議を開いた。

陸海軍双方が懸命になる理由がある。

樺太の松はエゾマツとグイマツである。根を掘ることはない、エゾマツ、グイマツは枝葉でよい、枝葉から航空用揮発油が採れるという情報が伝えられ、それならわけはない、大量の生産が望めると陸海軍の幹部はたいそうな意気込みなのである。そこで、松根油とは言わず、林産油《りんさんゆ》と呼ぶことにしている。

グイマツは、シコタンマツ、カラフトマツの名で呼ばれるとおり、択捉《えとろふ》、色丹《しこたん》、そして樺太にしかないが、エゾマツなら、その名前のとおり、北海道の山腹にも森林がある。これも枝葉でよい。

じつは北海道の松根油の採取も今年からだ。陸海軍による北海道の分割は終わったばかりなのである。陸軍は北海道の中心部を占める石狩山地を押さえ、上川支庁と網走支庁を自分の管轄とし、十勝平野のある十勝支庁も支配地とした。海軍側は支庁の数だけは多く、十の支庁を押さえたが、檜山支庁、渡島《おしま》支庁、根室支庁、宗谷支庁といった具合に、菱形の形の北海道のそれぞれ四つのとがった端を自己の領域とすることになった㊾。

いいところを取ったと陸軍の幹部は喜び、北海道のエゾマツの葉は本州の松の根よりずっと優れているという報告を耳にして、かれらの意気はあがった。陸軍大臣の阿南惟幾は備忘録の五月四日のところに忘れることなくつぎのように記した。「北海道　松葉80オクタン　1～2％」

樺太のことに戻ろう。全島に七百以上の蒸留釜を設置する計画を立てている。肥料にするために鰊《にしん》を煮る直径二メートルに近い大釜を利用することにしたのだ。亜庭《あにわ》湾から東海岸の漁港にいくらでもある。

ところが、陸海軍双方が樺太の林産油に期待しているのは、ほんとうは鰊釜ではない。内地の松根油生産でやっていないこと、はじめての工場生産に大きな望みをかけているのだ。王子製紙の大泊《おおどまり》工場と落合工場を利用する考えだ。遊んでいる蒸気釜にこまかく切った枝葉を入れ、蒸気を通して、林産油を製造する計画である。

エゾマツ、グイマツの枝葉を下ろすのは国民学校の高等科の児童と中学生にやらせる。六千人は動員できよう。エゾマツの樹高は三十五メートルほどにもなる。グイマツも三十メートルになる。梯子をかけ、太い幹をのぼって、四方に水平にひろがる枝に足をかけ、上の枝の小枝を切っていけばよい。

近くに人家はないから、宿舎を建てねばならず、ただちに取りかからねばならない。枝葉を鉄道まで運ぶのも中学生と高等科の児童の仕事だ。貨車は王子の工場まで入る。もともとが原木搬出のために製紙会社がつくった鉄道だ。枝葉をカッターで切断するのも中学生にやってもらう。

海軍が管理している札幌グランドホテルでの陸軍と海軍の樺太分割の交渉は、東海岸と西海岸に分けようということになった。王子製紙の落合工場は東海岸にある。だが、大泊工場は東海岸と西海岸の中央の亜庭湾の奥にある。どこに境界線を引くか。相手の出方を探ろうとして、ずるずると話し合いはつづいた。辛抱しきれなくなった樺太庁の責任者が発言を求め、樺太の全生産油を陸海軍に均等に配分するようにしたらどうかと言った。

陸軍側は王子製紙の落合工場と大泊工場の双方を陸軍の管轄下に置くことはできない

と見てとり、樺太庁の案を受け入れた。海軍は西海岸を押しつけられることになると覚悟し、鰊の釜を使うしかないと思っていたから、この思いがけない決着に大喜びだった。
海軍は樺太庁の責任者を千歳から大泊まで輸送機で送って感謝の気持ちを示した。(50)

さて、樺太のわずかな夏のあいだに、六千人の少年たちが頑張ってどれだけの林産油ができるのだろう。もちろん、林産油はそのままではどうにもならない。林産油をどうやって北海道に運ぶのか。大泊と稚内を結ぶ二隻の鉄道連絡船だけがいまは頼りだ。石炭積込船を樺太航路に配船できなくなったことから、樺太の炭鉱は閉鎖せざるをえなくなったのだし、王子製紙の工場が操短しているのも、生産した紙パルプを輸送できないからだ。林産油を優先して運ぶということはとてもできまい。

稚内まで林産油を運ぶことができるとして、いったいどこの処理工場に運ぶのか。松根油を精製するために、既存の製油所を解体して、日本各地に分散して処理工場を建設することにしている。北海道の十勝にもつくることになっている。どこの製油所の設備、資材を解体、移送するのか。建設はいつのことになるのか。じつはまだ決まっていない。

そして、もっとも肝心なことがある。松根油であれ林産油であれ、これを加えることで高高度の空戦に欠かせない高オクタン価の航空用揮発油をつくるのだという一般向けの宣伝は、はじめから嘘と承知している人が喋っているのだから、これは問題外として、実際には練習機白菊を飛ばすことのできる航空用燃料を製造できていないのだ。

松根油も林産油もまったく見込みはない。白粘土、明礬石と同じなのだ。

木戸、米内と松平の計画をつぶす

昨日、西日本へ雨をもたらした低気圧は東日本に移動し、うすら寒い一日だ。前夜半からの雨は、この宮内省庁舎の周りに植えたばかりのさつま芋の苗の小さな葉をたたき、そのさきの緑の木立をけむらせ、濠の水面に斑点をつくっている。

木戸幸一は午前中に松平宮内大臣辞任についての意見を海軍大臣の米内光政に尋ねた。そのあと木戸は大臣室に松平を訪ね、かれの辞意を天皇に申しあげると告げた。

午後一時半、木戸は天皇に、松平の辞意をお聞き届けあいなられたいと述べ、その後任に石渡荘太郎を起用されてはいかがと言上する。天皇はうなずいた。

午後三時すぎのことか、松平恒雄は天皇に辞表を提出した。天皇の慰労の言葉のあと、松平はつぎのように言上したのではないか。大転換に備えなければならなくなったいま、「常侍輔弼《じょうじほひつ》」の重責を持つ内大臣に清新な人物を起用するときがきたと思考しますと言い、石渡荘太郎を内大臣に、木戸幸一を宮内大臣にしてはいかがと述べたのではないか。

午後四時半、木戸にお召しの知らせがくる。かれは再び御文庫へ向かう。

その帰途、雨に濡れる欅《けやき》の新緑、銀杏《いちょう》の若葉、濠の白い睡蓮《すいれん》の花も、なにもかれの目にははいらなかったにちがいない。執務室に戻っても、かれはしばらくぼんやりしている。

思いもかけないことをお上は口にされた。お上は私に向かって、私が宮内大臣にまわり、内府には石渡を持ってくることにしてはどうかと言われた。小磯国昭が私の解任をお上に言上して、逆に小磯が閣内不統一が理由で総辞職してから二カ月がたつばかりだというのに、またも私をひきずりおろそうとする陰謀があったのだ。

かれは日記に記す。

「その不可なる所以を言上し、御嘉納《かのう》を得たり(51)」

夜半、風の音がひとしきり高まる。焼け跡を吹き荒れる南風は庭の木を揺すり、窓ガラスを鳴らす。まさか今夜、空襲はないだろうなと木戸は思う。不気味な風のうなりを聞きながら、かれは今日起きた苦い不意討ちを振りかえり、この数カ月のことを思い起こし、およそのことをもう一度反復する。

これはお上の意思だったのか。そうではない。詮索するまでもない。これを仕組んだのは松平と米内だ。二人だけか。侍従長も承知しているのではないか。

侍従長の藤田尚徳は米内光政と親しい。ふたりは海軍兵学校で同期だ。藤田は呉鎮守府長官、軍事参議官となって昭和十四年に予備役となった。昨年八月、健康を害した百武《ひやくたけ》三郎の後任として藤田を侍従長に推したのは、米内と宮内大臣の松平だ。

かれらの陰謀を粉砕した。だが、かれらはこのまま黙って引き下がるだろうか。私を追い出そうとした陰謀は大宮さまの耳にも入っているのではないか。大宮さまとは皇太后のことだ。木戸幸一は考え込む。

「国力ノ現状」　二千機の航空機を生産していると言ってみせるが

六月三日だ。低気圧は東の海に抜けて、東京はからりと晴れあがっている。午前十時、内大臣秘書官長の松平康昌が石渡の家を訪ねた。松平は石渡に向かって、木戸内府に会っていただきたいと言った。石渡がどういうご用件かと尋ねた。
「使者としてそれを言うのはいかがかと思うが、宮内大臣就任の話だと思う」と松平が答えた。

石渡は重ねてもう一度尋ねたのであろう。考える時間を稼いだのである。やっぱりだめだったか、木戸が巻き返しにでたな、とかれは思う。
「自分はもっとも不向きだ」とかれは言う。ともかく会ってくれと松平が繰り返し、風邪で熱があるから車をまわしてくれと石渡は言った。松平恒雄、米内光政と相談したいが、電話が通じない。

十二時七分、警戒警報が関東地区にでた。B29一機、写真偵察機だ。三トンの重量の焼夷弾を詰めることのできる爆弾倉に長距離飛行用の燃料タンクを備え付けている。東海地方、豊橋、浜松、静岡のはるか上空を飛び、富士川の上を飛び、山梨、群馬、栃木、茨城の上空から鹿島灘に抜けた。十二時五十分、警報は解除となる。

木戸幸一は松平康昌の報告を聞き、これは面倒だ、自分が直接行ったほうがいいと思ったようだった。午後一時半、木戸は石渡の家に行く。思し召しだから受けろと木戸が言い、石渡が反問する。

「思し召しだということは君だけしか知らないことだが、ほんとうに思し召しか」

「真実に思し召しだ。したがってほかに相談されるにしても、ごく少数の人だけにしてもらいたい」

石渡のほとんど侮辱ともいえる言葉に表情を硬くしている木戸と同様、石渡もまたこの嫌味にむっとし、顔をこわばらせ、とげとげしい声になる。

「思し召しとあらば否やはない。だれに相談するにも及ばない。お引き受けするほかはない[52]」

航空機生産の実情をだれから聞くかで、毛里英於菟、美濃部洋次、迫水久常はこの数日のあいだ、あちこちに連絡をとったのであろう。三菱か、中島の責任者に聞こうとして婉曲に断られ、ははぁ箝口令が布《し》かれているなと気づいたにちがいない。

今日は六月三日だから十日前のことだ。五月二十四日、首相官邸に全国の航空機工場の関係者百数十人が招かれた。未明に東京の南部、大森、荏原、品川、目黒の市街地が焼き討ちされ、だれもが瞼をはらし、頬がこけていた。口にはだささないながら、万策尽きたという思いを胸に抱いていた。

首相、軍需大臣、陸海軍の首脳の演説がかれらの士気を振るいたたせることはまずありえなかったが、国民の士気を維持していくためには各航空機工場の空襲の被害、工場疎開の実情、生産の実態についての機密の保持がなによりも肝要だと航空兵器総局長官が説いたであろうことは間違いのないところで、これにはだれもがうなずいたにちがいなかった。厳重な箝口令はこんな具合にして布かれたのであろう。

迫水らは、本家本元、軍需省航空兵器総局の長官から話を聞くことにしようということになったのではないか。

午後一時前、迫水、美濃部、毛里は、軍需省に来てくれということで、三年町の軍需省の庁舎に行ったのであろう。五階建ての鉄筋コンクリートのビルは東隣にある文部省と大蔵省の庁舎とともに焼け残っている。

軍需省のビルは以前には会計検査院の庁舎であり、昭和十年に竣工した。昭和十八年十一月に軍需省がこの建物を借り受けた。戦争の行方を決めるのは、この新しく発足する軍需省の航空兵器総局だとだれもが思っていたから、いやも応もなかった。会計検査院は隣の文部省に間借りすることになった。

航空機の機体工場、発動機工場にはじまり、部品工場、航空機に搭載する無線機器から電波兵器、火器の製造工場を統括しているのが航空兵器総局である。

毛里、美濃部、迫水が昭和十八年の夏に航空機の飛躍的増産を唱え、航空兵器省をつくらねばならないと最初に主張し、統帥部総長から内大臣までに説いてまわったことは前に述べた。かれらがつくろうとした航空兵器省が軍需省航空兵器総局にほかならない。二階の応接室に通されたのであろう。手入れは行き届いていないが、豪華なテーブルと椅子だ。開庁したときには、国会議事堂の調度と並ぶと言われたものだ。

軍需省航空兵器総局の長官、遠藤三郎が話しはじめたのであろう。出身は砲兵だが、昭和十二年からずっと航空畑を歩んできた。口八丁手八丁のショーマンであり、前の首相東条にその手腕を買われて、この最重要の機構の統轄者に指名された。五十二歳になる。

かれは数字を挙げるのは控えさせてもらうと、まずは最初に言ったにちがいない。

二週間ほど前の五月十八日、与党の日本政治会の代議士たちは遠藤三郎から航空機生産の話を聞いた。衆議院書記官長の大木操は日記に遠藤が語った内容を書いた。

「特攻隊の二百、三百機には事欠かぬ、本土防衛の為、沿岸陣地構築に資材労力をとられ、航空一本槍にいかぬと憤慨。

地下工場も大分進捗しつつある模様。……(53)」

遠藤三郎は議員たちにも生産実数を明かさなかった。かれは美濃部らに向かっても、まだまだ頑張っていると胸を張り、つぎのように語ったのであろう。

開戦から三年目、昨年九月に陸海軍機合わせて第一線機の生産はピークに達した。昨年末からのことになるが、空襲がはじまり、三菱、中島の主要機体工場、主要発動機工場の疎開をおこなわなければならなくなった。東海地方の地震、そして空襲の被害もあり、十月、十一月、十二月、一月とじりじりと生産数は減った。

二月には大きく落ちた。だが、三月にはみんなが頑張って持ち直した。現在は昨年九月の絶頂期の生産数の六五パーセントを維持している。昭和十七年の月平均よりは高い。だが、海上封鎖の影響もではじめ、原材料の主要工場も空襲による相当な被害を受け、このさきが心配だ。もちろん、飛行機が生産できても、燃料がないというべつの問題がある。

こんな説明を終えたあと、遠藤は、そうですね、発表できないと申しましたが、数字を見てもらうことにしましょうか、昨年とこの四月まで、幸いこの五月までの数字がありますと言ったのかもしれない。

つぎのような数字が並んでいるのではないか。

昭和十九年　八月　二三四六機
　　　　　　九月　二五七二
　　　　　　十月　二三七一

昭和二十年

十一月	二二三〇
十二月	二二一〇
一月	一八三六
二月	一三九一
三月	一七一三
四月	一五六七[54]
五月	一五九二

遠藤はつづけて、大臣は公には、「上半期に於いては概ね当初計画の六割程度、即ち月二千機程度の生産を維持し得る見込みであります[55]」と述べることになると思いますが、これは了承してくださいと言ったにちがいない。

美濃部や迫水はうなずいたのであろう。ところで、見せてもらった数字、五月の生産が千五百九十二機だとあるのを、水増しのないほんとうの数字と毛里や迫水は信じたのであろうか。

そのくらいはつくっているのだろうと思ったのかもしれない。じつはこの数字がでたらめである。

これを語る前に、この機密の生産数字について語っておこう。

陸軍大臣は四月十三日の日記につぎのように記した。

「軍需省内、各製作数の電報を属官取扱、印刷集計。女子（キリスト女校卒業）百部印刷。授受属官女子なり」

これは阿南惟幾が憲兵情報を書きとめたものだ。製作数とは航空機の生産数である。電報の発信者は軍需省の地方機構、全国九カ所の軍需監理部であろう。このような厳秘に保つべき数字の集計、タイプ印刷を属官に任せっきりにしているのは怠慢きわまりない、軍需省の防諜はどうなっているのかというのが兵務局の警告である。

遠藤は毎月の生産数字の集計とその印刷にはこれからは注意を払うと頭を下げたのであろうか。

だが、かれの本心はまたべつにあったにちがいない。たしかに、かれは衆議院議員に「百部印刷」の数字を明かさなかったが、これらの数字が女子職員の口からうっかり漏れてもかまわない、配布先で部外者が盗み見てもいいと思っていたのではないか。実際の生産数字よりはるかに多い数字を並べるしかない、そしてこのさきごまかしを重ねていかねばならないと、まさにそのとき思っていたはずだからだ。

そして、そのような水増し数字を望んでいるのは、軍令部総長だった及川古志郎が嘘をついたように、軍需大臣の豊田貞次郎が嘘をつこうとしていることからもわかるように、まずは陸海軍の幹部自身なのである。

五日前のことだ。五月二十九日の日本産業経済新聞に「飛行機には飛行機で」という社説が載った。

「……この敵に報復すべき方法は何か。いう迄もなく飛行機の増産である。敵が飛行機で来るからには、我もまた飛行機を以て対抗し、飛行機を以て敵を追撃しなければならない。敵本土に上陸せば一億国民が竹槍を取って敵に当たるということは、仮にそうした場合が到来しても国民は絶対に臆せず、飽くまで敵を撃滅せずんばやまずということであって、決して敵を本土に引き寄せて撃てとか、或いは敵の本土上陸もやむなしという意味ではない。同様に竹槍を作り、竹槍訓練をするために、飛行機生産を放棄していいということでもない。兵器として竹槍が飛行機に劣ることはいう迄もない。そうである限り敵の飛行機にたいしては、我もまた飛行機を以て向かうを第一に考うべきである。飛行機を生産し得る以上、飛行機の生産を放棄すべきではない。……沖縄の決戦が緊迫し本土空襲が激化すればする程、飛行機生産に精根を傾けなければならない」

これを書いた論説委員が言おうとしたのは、本土防衛のためにやるべきことは、根こそぎ動員をし、南九州や房総の海岸に壕を掘ることなどではなく、航空機の生産一本槍でいくべきだということなのだ。この主張は遠藤三郎が五月十八日に国会議員に説いた中心の問題だったのであろう。

遠藤が言わず、この論説委員も書かなかったが、さらにかれらがつづけて説くことになれば、航空機の生産ができなくなったときにはこの戦いをつづけることを断念せざるをえないということなのである。

かれらだけではあるまい。梅津美治郎《よしじろう》が心の底でそう思い、豊田副武《そえむ》がひそかにそう考えているはずだ。かれらの部下たち、作戦課の課員たちもまた、そう思っているにちがいない。九州、本州で戦いにならない戦いをつづけて、北部ルソンでのように、山奥に追い込まれ、敵の軽飛行機につねに上空から監視され、あがる炊事の煙が見つかれば、迫撃砲弾が鉄片を散らし、油脂焼夷弾が大きな火炎をそこいらじゅうにひろげるという状態になってもかまいはしない、なおも夜襲を敢行するのだ、斬り込みをつづけるのだと考える者は市谷台にも霞ヶ関にもひとりとしていないはずだ。

ところで、敵の飛行機には、もちろんこちらもまた飛行機で対抗するのだと言おうとすれば、飛行機はつくりつづけているのだと言わねばならず、それを信じようとすることにもなる。四月五日、軍令部総長の及川古志郎が木戸幸一に向かって、「海軍航空機月産千二百」と語ったことは前に述べた。そして戦いの前途について、「勿論楽観は出来ざるも、そう悲観したるものにあらず」と言ったことも前に記した。(56) 両方とも真っ赤な嘘だったが、このように説かねばならなくなる。

遠藤三郎が、毛里、美濃部、迫水に示した月に千五百機という数字、軍需大臣の豊田貞次郎が述べるであろう月産二千機という数字がどうしても必要となる。航空機工場の工場長がうちの工場は疎開のために生産は落ちていると言うぐらいはともかく、航空機工業の全般について語ることは絶対にしてはならぬと念を押されることにもなる。

「国力ノ現状」　大幸と武蔵は壊滅してしまった

そこでということになるが、二千機という数は明白な嘘としても、五月の生産数、千五百九十二機の数字がどうしてでたらめなのか。

三菱と中島はすでに航空機のエンジンを生産できない。それでいて、千六百機に近い戦闘機をつくれるはずがない。

遠藤三郎に尋ねれば、いや三菱も中島も、ほかの発動機工場も操業をつづけているとよどみなく答えるのであろう。だが、前に何回も記したとおり、四月に三菱の大幸と中島の武蔵は壊滅してしまっている。

航空機の発動機を生産してきたのは、第一軍需工廠となった中島の東京都武蔵野町の武蔵製作所と三菱の名古屋市大幸町の名古屋発動機製作所である。

川崎航空機、日立航空機、愛知航空機、川西航空機、石川島航空機、陸海軍の航空廠がそれぞれ航空機の発動機をつくってきているが、実戦機の発動機の数はわずかか、それとも、つくってきたのは練習機の発動機なのである。

これも前に述べたことを繰り返すことになるが、発動機製造の最大手は三菱と中島である。この四年間に中島飛行機は日本の全発動機の三〇パーセントを生産し、三菱重工業は日本の全発動機の三五パーセントをつくってきた。

日立航空機は一一パーセントだった。第四位は川崎航空機工業で、この四年間の比率は九パーセントだった。ほかに海軍の航空廠が発動機をつくってきた。その比率は五パーセントだった。

もちろん、これらの数字は発動機の生産基数の比率であり、こんな数字はたいして意味がない。出力一千五百馬力の火星と三百馬力の天風とは、同じ発動機といいながらまったくちがう。これも前に述べたことだが[57]、発動機の生産量を示すのに、天風も一基、火星も一基として数えるのは、発動機の生産量を少しでも多くみせたいがための小細工にすぎない。

そこで馬力数で計算したら、練習機の発動機をつくる四つ、五つの会社の総計の全体に占める割合は、一〇パーセントではなく、三パーセントか二パーセントとなったであろう。日立航空機の発動機の生産数は第三位、一一パーセントと述べたが、昭和十八年から三菱の中型発動機をつくるようになりはしたものの、その数は少なく、ずっとつくってきたのは練習機の発動機であり、馬力数の総計で計算すればその比率は三パーセント以下となったはずだ。

馬力数で計算すれば、三菱と中島、そして川崎の三社で全体の九割弱を占め、三菱の大幸と中島の武蔵だけで八割を占めてきたのである。

武蔵と大幸は、この三年間、分工場の新設に懸命だった。だが、発動機の生産設備の拡充は昨年の四月に停止を命じられた[58]。それ以前に建設にとりかかっていた工場がやっと完成し、操業を開始したのは、大幸の静岡、武蔵の大宮、浜松だけであり、その生産量はわずかだ。

こうしたわけで、これも前に何度も述べたとおり、敵は武蔵と大幸を目標とし、昨年十一月の末からこの四月の上旬までの四カ月ほどのあいだ、持続的に爆撃を繰り返してきた。

発動機製作所の構内は広い。大幸町の製作所は百十万平方メートル、三十四万坪ある。武蔵は五十六万平方メートル、十七万坪あり、この広大な構内に大きな工場がびっしりと並んでいた。何回か爆撃を受けながら、直撃弾を受けたあと、無傷の機械を運びだして疎開をすすめてきた工場があり、修理して作業の再開をしていた工場があり、あちらが詰まりこちらの機能は失われるという状態になりながらも生産をつづけていた。もちろん、発動機の生産量は半減し、それ以下となった。

そして、四月七日正午の七回目の爆撃で、大幸は修復不能となった。広い構内にある工場のすべてに爆弾が落とされ、木造の建物はあらかたが焼かれ、構内の二つの製作所、第二製作所の工作機械千百七十一台のうちの五百二十七台が破壊され、第四製作所の工作機械千七百三十台のうちの八百六十三台が破壊された[59]。

大幸の広大な構内の東北の端には運転場があり、大幸でつくられた発動機の試運転をここにある二十四台の運転台でおこなってきた。六棟の頑強なコンクリート造りの防音装置の付いた建物は損傷なく残ってはいるが、運転場はしんと静まりかえっている。すさまじいエンジン音はもはや聞こえてこない。

武蔵も大幸と同じ運命をたどった。爆撃による破壊と疎開によって、ここもまた操業をつづける工場は減りつづけてきた。そして、四月七日の午前十一時からの一トン爆弾五百発によって、武蔵の陸軍発動機工場はあらかたが破壊された。さらに四月十二日の正午すぎ、武蔵は十一回目の爆撃を受けた。これまた一トン爆弾四百発だった[60]。

大幸の火星20型と金星40型の生産は止まり、武蔵の誉《ほまれ》と栄《さかえ》の生産も停止した。

敵側は昨年の十一月の末からこの四月の半ばまで、つぎのようなことをやっていたのだろう。

目標三五七と目標一九三の全構内の拡大写真を百ヤード、九十一メートル四方の網の目に区切り、この四角のなかにさらに番号をふって、このなかにある建物の破壊の状況を丹念に調べていたのだ。何回も爆撃を繰り返していたから、B29の乗組員は三五七と一九三の目標番号を覚えてしまっていた[61]。三五七が武蔵だ。一九三が大幸だ。武蔵は大幸の半分の広さだが、その西半分を占める海軍の発動機工場は、平屋が当たり前の発動機工場としては珍しい地上三階、地下一階の頑強な建物だから、爆撃判定の担当官は繰り返し撮りつづけた写真を注意深く見くらべていたはずだ。

大幸は四月七日を最後に、武蔵は四月十二日を最後に今日まで五十日以上がたつにもかかわらず、九州の航空基地にたいする連続爆撃が終わってからでも二十日以上になるのに爆撃されることがないのは、写真偵察を繰り返してきている敵が、この二つのエンジン工場は廃墟になったと判断しているからなのである。

ほかの発動機工場はどうか。

武蔵が爆撃されたのと同じ四月十二日の昼すぎ、三菱の静岡発動機製作所がねらわれた。

金星発動機をつくっている大幸の第二工作部が静岡市の郊外の小鹿《おじか》に移ったのは昨年のことだ。この三月にはハ１１２型と金星４型合わせて三百七十基をつくった。大幸の第二工作部の工作機械と従業員をすべて移したということもあるが、分工場がこのようなよい成績をあげていたのはここだけだった。大幸が四月七日に百五十機のＢ29の六百二十三発の爆弾によって全滅したのにひきかえ[62]、静岡発動機製作所はわずか六機のＢ29の爆撃を受け、一トン爆弾二十七発によって「工場は無念にも壊滅した[63]」。

皮肉なことだった。それより九日前、四月三日の深夜、静岡発動機製作所を爆撃目標とした五十機に近いＢ29は、三菱工場の東の遠く離れたいくつかの部落と茶畑、そして清水市に爆弾を投下し、双方で百五十人を殺した(64)。ところが、四月十二日の正午、郡山の保土ヶ谷化学工業をねらった七十一機のうちの六機が、郡山に向かうのに失敗して、郡山の爆撃を断念し、臨機応変、静岡市の郊外にある二棟の発動機工場、それぞれが六万平方メートルもある大工場をしっかりと見つけだし、この白昼の精密爆撃は大成功となったのである。

川崎航空機工業の明石にある発動機工場にたいする爆撃はいままで一回だけだ。一月十九日の午後二時に六十二機が襲来し、発動機工場の三分の一が壊滅した(65)。敵は爆撃するところがなくなれば、もう一度、明石工場を爆撃するのではないか。

日立航空機で発動機をつくっているのは立川工場だ。四月二十四日の午前九時にやられた(66)。百機が来襲した。

五月五日午前十一時、第十一海軍航空廠が爆撃された。広海軍航空廠の名で呼ばれていることは前に記した。呉の郊外にあり、誉発動機をつくってきた。一トン爆弾五百発で工場は完全に崩壊した(67)。

現在、無傷の発動機工場は愛知航空機の熱田《あつた》発動機製作所、中島の大宮発動機製作所と浜松製作所、石川島航空機の横浜工場だけだ。その生産数はとるに足らない。

発動機工場の疎開はどうなっているのか。これも前に何度か述べたが、もう一度見よう。

航空機工場の疎開は懸命に進められているが、やっているだけのことだ。このことは美濃部洋次がいちばんよく知っていよう。

近く辞任することになるが、軍需省の総動員局の第二部長であり、機械局長を兼任してきた美濃部は、工作機械が田舎の駅の構内に置かれたままなのを見ている。地下工場ができていないか、機械を入れる予定の国民学校の講堂の床板をはずし終わっていないのか、それとも運ぶ人がいないからだ。

木枠梱包をする余裕がなく、機械は裸のままだ。機械のなかには、鋳物でできた脚の折れたものがあり、ハンドルがゆがんだもの、滑り面に吊り綱が当たって傷がついたものがある。

起重機を使って旋盤やフライス盤やタレット旋盤を引き上げて貨車に載せたり、トラックから下ろしたりするときに傷つけてしまったのだ。工作機械を取り扱ったことのない人が吊り綱を掛ける。その機械の大切さを知らないから粗雑に扱う。吊り綱をいい加減に掛けるからスイッチやレバーを壊してしまう。吊り綱を掛ける位置が正しくないから、見守る人たちが悲鳴をあげるなか、機械はずり落ち、鈍い音を立てて地面に転がる。

美濃部が航空兵器総局の担当者に言ったのかもしれない。工作機械に破損防止の標語を入れた注意書きを貼るようにし、各地の軍需監理部に注意を促すことになった。五月二十八日の日本産業経済新聞は、一枚きりの紙面の裏頁のあらかたを使って、「機械を壊すのはB29のお手伝い　疎開運搬に注意」の記事を載せ、吊り綱を正しく掛けた工作機械、正しく掛けていない工作機械の挿絵をいくつも掲げた。

これも前に記したことだが、大幸の疎開状況を見てみよう。

大幸はすばらしい工場だった。作業能率を第一に考え、工場内の物流の合理化を図り、在庫、搬送の無駄をなくし、検査工程を集約した。だが、疎開工場ではそんなことができようはずもない。各工作部、各工場は、使用をやめた鉄道トンネルがあるところ、田舎町の紡績工場、山間《やまあい》の製糸工場、洞窟、さらに地下工場をつくりやすい山を探して、生まれ出たかまきりの子のようにてんでんばらばらに散ってしまっている。

たとえば、第二工作部は、零戦の後継機となるはずだった烈風に搭載予定の発動機、A20の生産をはじめていたが、昨年十二月十三日の空襲で壊滅した。各課はそれぞれ濃《のう》尾《び》平野に散在する繊維工場や国民学校に疎開している。

A20の組み立て工場は岐阜県黒野町の山間の小さな工場へ疎開し、従業員は近くの寺や学校に宿泊している。この組み立て途中のエンジンを三重県鈴鹿の海軍工廠に持って行き、エンジンを五基でも三基でもいいからどうにかして完成させ、機体工場に出荷したいとA20の責任者は願っている。

第一工作部と第三工作部は金星と火星の発動機をつくってきた。挙母《ころも》町にある、稼働できないでいる東海飛行機を借り、ここに工具工場、鋳物工場を移すことにしている。

破壊を免れた工作機械を地下工場に移し、ここでも、五基でもいい三基でもいいから発動機をつくりたいとだれもが願っている。だが、地下工場がなかなかできない。第三工作部だけでも、本工場が五万平方メートル、一万五千坪、調質工場が一万平方メートル、三千坪という大きな工場をつくる計画だ。

岐阜県可児《かに》郡久々利《くくり》、平牧《ひらまき》の地下工場の建設は、トンネル工事専門の国鉄の岐阜地方施設部が指揮をとり(68)、碁盤の目のようにトンネルを掘っているが、六月、七月に完成の見込みはない。金星の生産がはじまるのはいつのことになるのか見当もつかない。

発動機研究所にあったロケット部門が松本へ移ったことは前に述べた。

残りの大半の部門は、京都山科の鐘紡のフルファッション工場に一時的に移っている。最終的には地下工場に移る計画である。所長の堀康夫は逢坂山トンネルの上にある寺に間借りし、トンネルに機械を移す準備に取り組んでいる。

静岡製作所はどうか。爆撃のあと、仕上げ組み立て工場は静岡商業、市立第一中学に疎開し、講堂を組み立て場にした。丸子の山、用宗《もちむね》の四本のトンネルに小物機械を疎開して、ほそぼそと操業をはじめていることも前に述べた(69)。

発動機工場が破壊されているだけではない。飛行機をつくるには、組み立て工場があり、電装品、ポンプ、脚、車輪、プロペラ、油圧装置をつくる工場、その下請け工場、さらには歯車、ロッド、ボルト、ベアリング、マグネット、スプリングをつくる工場、部品を加工する数多くの協力工場がある。

小さな下請け工場まで加えて、どれだけの工場があるのだろう。働いている人数は昨年二月の調査がある。前に述べたことを繰り返すことになるが、男性が百五十四万人、女性が四十一万人、計百九十五万人が働いていた[70]。昨年の夏から秋にかけて、航空機生産のために働く人は大きく増えた。中学生、女学生が参加した。

そして飛行機には、計器類、光学機械、無線電話装置を搭載しなければならない。これらの製造工場があり、原料部門では、金属精錬工場からガラス工場、鋳物工場、木材処理工場、塗料工場までがある。工場数はわからないが、これも昨年二月には五十万人が働いていた。

二百万人以上の人が飛行機製造のために働いているのだが、そのなかには、大幸のようについ最近まで四万人が働いていた巨大工場があり、十人、二十人が働く小さな下請け工場があり、全体の工場の数は万の数にのぼるだろう。現在、このうちの多くの工場が爆撃され焼かれてしまい、残っている工場は疎開し、疎開をはじめている。昨年の後半、航空機製造とその関連部門で働いていた二百五十万人以上の人びとのうち、現在どれだけが飛行機の生産に加わっているのだろう。大幸で昨年の夏に働いていた勤労動員の中学生たちが瓦礫の広場で退所式をおこなったのはこの四月のことだった。

大幸の全指揮をとってきた常務の深尾淳二は、名古屋栄町の明治屋ビルの二階を借りている。三月十九日未明の空襲では焼夷弾が落ちたものの、三階の一部を焼いただけで消し止めた。ついでにいえば、明治屋の大阪支店は船場《せんば》にあるが、船場を灰にした三月十三日深夜の空襲に焼け残った。京橋の東京支店は五月二十五日の夜に三階から八階までが焼かれたが、一、二階を守り抜いた。横浜の本店は五月二十九日朝の空襲に焼かれなかったことは前に記した。

　深尾は板を打ちつけた北側の窓の隙間から広小路通りから錦町の赤く焼けた廃墟を眺めている。かつては、所長室の窓から、刈り込まれた芝生のあいだの巨大な工場群の一角を眺めたものだ。かれがつくりあげた自慢の工場であり、世界一流の発動機をつくってきたという誇りがあった。そして集まってくる各工作部の責任者たちから、昨日の発動機の生産数、新発動機の開発状況の報告を聞き、つぎに各工作部を丁寧に見てまわり、担当の課長と小さな歯車の歯先に目をこらし、完成部品が並んだ倉庫を調べ、夜遅くになって再び会議を開く毎日だった。

　いまは、国民学校の教室か養鶏場を事務室にしている工場長が突然やって来て、担いできたリュックサックを床に下ろし、疎開工場、地下工場の建設の遅延理由を弁解するのを聞いてやり、かれらの泣き言を拾ってやる以外、かれにはなにもできることがない。

　発動機の生産は、一月、二月にどれだけ落ちたのだろう。空襲のはじまる前の昨年十一月、九百馬力、千六百馬力、千八百五十馬力、三機種合わせて千八百基だった。(71) この三月はわずか百二十九基だった。そして四月は十五基だった。先月はとうとうゼロになったのではないか(72)。

中島の武蔵製作所も、三菱の大幸と同様、発動機の生産は止まっている。三月の発動機の生産は四百二十五基まで落ちていたのが、四月にはここもまた一挙にゼロに近くなったのであろう(73)。

「国力ノ現状」 四月は一千機、五月は五百機か

最初に述べたとおり、四月の航空機生産数が千五百六十七機、五月が千五百九十二機と軍需省航空兵器総局が発表しているのは嘘なのである。では、実際に四月には何機をつくったのか、五月には何機を生産したのか。

航空兵器総局はどういう具合にして水増しをしているのか。

首なし飛行機を完成機に加えているのである。首なし飛行機とは発動機をとりつけていない飛行機のことだ。特殊鋼の供給がつづかず、発動機の製造が遅れ、組み立て格納庫の外に引っ張りだされた首なし飛行機が何十機と並ぶことになり、大騒ぎとなったことは過去に何回もあった。

武蔵と大幸にたいする爆撃が昨年十一月にはじまってから、首のつく見込みのない飛行機が再びではじめた。

東京帝大文学部国史科の学生の黒住武と菱刈隆永は中島飛行機の三鷹研究所に動員され、総務企画課に配属され、疎開先の岩手県黒沢尻でキ―115の生産工場の建築計画を立てていることは、このさきで触れる機会があろう。かれらが勤務をはじめて半月足らずのこの二月のはじめ、陸軍機を作っている太田製作所を見学したことがあった。できあがった戦闘機がずらりと並んでいるのを見て胸が躍った。しかし、なにかおかしいなと思って気づいたのは、どの飛行機もプロペラがなく、発動機がついていないことだった[74]。

現在、首なし飛行機は増えるばかりだ。四月はじめに大幸と武蔵が壊滅したのだから、できた飛行機はあらかたが首なし機となる。ほんとうの話をすれば、ないのは首だけではない。飛行機が着陸するときの緩衝装置もとりつけてなく、電装品も完備していない。陸軍の四月の「ソノ他ノ生産」の機数はどれだけか。中島、三菱、川崎、日立、立川の総計を四百十一機とした[75]。完成機数の総計は四百二機である。そこで両者を合わせて生産機数は八百十三機となる。このようにして陸軍首脳部は四月の陸軍航空機生産の激減を隠すのに成功した。

嘘はつきつづけねばならなくなる。この八百十三機のうち、一式戦が何機、二式戦が何機、三式戦が何機、四式戦が何機、五式戦が何機と機種別内訳も示され、形だけであっても飛行機補給計画が立てられることになる。

「百部印刷」した生産数字の中身、陸軍機の生産数がこれである。だれもがこれを信じている。満洲を守る関東軍の実態、本土防衛のために編成動員している二百代、三百代の師団の中身、だれもが知らないことを知っている参謀本部戦争指導班の班長が、五月六日の日誌につぎのように記した。

「飛行機四月ノ生産八一四　愁眉ヲ開ケリ(76)」

鹿屋《かのや》の第五航空艦隊司令長官の宇垣纏《まとめ》は四月二十四日の日記につぎのように記した。

「三月二十五日以来ノ飛行機消耗未帰還六二〇、地上被害八〇、指揮下現在総数六一〇、可動三七〇、ト概略算セラル。

本月国内生産海軍六〇〇、陸軍四〇〇程度ト聞キテハ大ナル補充モ期シ難シ。飛行機出来ルモ燃料無ケレバ結局ハ同ジ結果ニ陥ルノミ(77)」

宇垣に向かって、陸軍機の四月の生産数は四百機だとほんとうの数字を教えた者がいたようだ。ところで、四月に海軍の生産機数は六百機だったのか。飛ぶことのできる零戦、雷電、紫電改をほんとうに六百機を生産し、海軍に引き渡したのか。これが事実なら、海軍の首なし機は、陸軍の四百機を超す首なし機よりずっと少なく、百五十機だったことになる。

さて、五月には何機をつくったのであろう。

「百部印刷」の五月の生産機数が四月の生産機数よりわずかながら多く、千五百九十二機だというのはもちろん嘘である。

発動機のついた飛行機の四月の陸海軍生産総数は一千機だった。五月にその一千機の生産を維持できたはずがない。四月の大幸と武蔵の発動機生産数は、爆撃と疎開のためにゼロに近く、五月は間違いなくゼロだったのだから、爆撃を受けていない発動機工場がほそぼそと生産した発動機をあてにするだけで、四月の生産数の半分、陸海軍合わせて五百機をつくることができたのかどうか、それすら疑わしい(78)。

だが、航空兵器生産の総元締めの遠藤は平然とした顔で、迫水、美濃部、毛里に向かい、月産千五百九十二機を信じさせようとして、紫電改、藤花の話をはじめたのかもしれない。

海軍は海軍機のホープ、紫電改一本槍だ。川西の鳴尾、三菱の水島、昭和飛行機、愛知航空機、呉、大村、厚木、高座の八カ所で生産している。爆撃を受けた工場もあるが、大半は無傷だ。原料、部品の供給さえつづけば、まだ大丈夫だと語ったのであろう。

月産千五百機の中には、当然のことながら特攻機も加えられていると遠藤は言うのであろう。特攻機は海軍の藤花だ。陸軍ではキ―115と呼んでいる。アルミ合金と鋼板と強化木でつくっている。海軍では、昨年の秋から、海軍艦政本部が統括する横須賀、呉をはじめ、すべての海軍工廠と各地の造船所で藤花の生産を開始しているのだと遠藤は語ったのかもしれない。

航空兵器総局長官の話は終わる。

「国力ノ現状」　木製機の開発も遅すぎた

迫水、毛里、美濃部は首相官邸への坂道をのぼっていく。千六百機を生産していると聞かされて、まだまだ頑張っているのだと、かれらはほっとしているのだろうか。虚しさがかれらの胸中をよぎったのではないか。自分たちのやったことを思いだす者がいよう。二年前の昭和十八年の夏から秋にかけて、自分たちがつくりあげた航空機第一主義を内大臣から統帥部首脳、政府幹部に説いてまわった日々が頭をよぎる。その前年の昭和十七年には、たいへんな戦いに踏み込んでしまったと胸を突く悔恨の日々があったことをふっと思い浮かべることにもなったにちがいない。

昨日、三人は佐藤裕雄から明礬石や白粘土がものになる見込みはないという話を聞いた直後、飛行機の木製化がどこまで進んでいるか、専門家に聞いてみることにしようと決めていたのであろう。

午後三時、同じ六月三日である。毛里英於菟、美濃部洋次、迫水久常の三人は、航空機の木製化の実情についての話を聞くことになる。

航空機は少し前までは木製骨組み、羽布《はふ》張りだった。羽布は亜麻か苧麻《ちょま》が原料だった。

現在、三菱名航《めいこう》の幹部たちは、それぞれ疎開工場のある愛知県の大府町、京都や松本、岡山の浅口郡連島《つらじま》町の商人宿や民家の離れに泊まっていて、眠れない夜がつづけば、このさき日本はどうなるのだろう、三菱は、名航はどうなってしまうのだろうと思いにふけることもあるにちがいない。

かれらのなかには、二年前、昭和十八年の同盟通信社の外電をはっきり記憶している者もいるはずだ。第一次世界大戦の休戦記念日に、ルーズベルトは戦後の国際航空業界、さらには世界の空の権益問題について語って、最初にかれが言ったのは、ドイツ、イタリア、日本にはいかなる航空工業も許さず、国内国外を問わず自国の航空会社によるいかなる航空路の開設、運航も許さないということだった。

そんなことが頭に浮かべば、飛行機の注文が途絶え、飛行機の材料の輸入木材のマホガニーやトネリコを使って洋服箪笥や机をつくり、スキー板をつくったことがあった昔を思いだすことになろう。昭和四年、五年の不景気の時代だった。そのころの飛行機は、翼の主桁から縦通材、肋材のすべてが木材だった。

それから五、六年あとに登場した三菱の九六式艦上戦闘機は、翼も胴体もジュラルミン張り、日本最初の全金属の低翼単葉の戦闘機だった。まだまだ世界の戦闘機が木製羽布張りの複葉機の時代だった。

この九六式艦上戦闘機について触れておこう。昭和十七年三月、ジャワやアンダマン諸島の攻略戦に空母機として活躍した。そのあとは練習用の戦闘機になったが、総計千百機をつくることになった優秀機だった。

こうして、練習機と小型の実用機を除いて、一般実用機はたちまちジュラルミン製となってしまった。

ところが、木製の実用機をつくりつづけた国がある。たとえば英国だ。モスキートをつくってきている。これがこうるさいだけの蚊ではなかった。この木製の双発機はドイツの上空でさまざまな活動をした。木製であることと関係はないが、ドイツの戦闘機が追いつけぬ速度を持っていたから無武装だった。昼間は偵察飛行をおこない、夜はいやがらせの爆撃をして、眠っていた人びとをベッドから追い立てた。さらに二十ミリの機関砲四門を備えた高速戦闘機ともなった。夜間爆撃部隊の先導機ともなった。無線航法で飛び、爆撃目標の上空でパラシュート照明弾を落としたのである。

ドイツ側は手も足もでなかった。この高速爆撃機を捉えるには、かなりの高度で待ち伏せして急降下で攻撃を仕掛ける以外にはなかったが、モスキートの所在を捉えることができなかった。モスキートの機体が木製であり、電波探知機はほとんど信号を送ってこなかったからだ(79)。

佐貫亦男《またお》は日本楽器の社員である。三十七歳になる。

かれは今日、B29のエンジンの分解をはじめている。五月十九日の昼間、立川航空工廠を襲ったB29のうちの一機が高射砲に撃ち落とされ、かれが勤務する研究所の近くに落ちた。部品を調べたいと思い、交渉に行ったさきの陸軍の機関が「戦場清掃班」という名称だった。なるほど、本土はいまや戦場なのだとかれは思った。そして昨日、B29のエンジンとプロペラを積んだ荷車を工員たちが曳いて研究所に戻ってきたのだった。

かれが驚いているのは、代用品を使っている箇所がまったくないことだ。それでも錫が不足しているらしく、平軸受けは錫の代わりに使っているのが銀なのだ。ため息をつく。

かれが勤務する日本楽器はピアノの生産のほか、浜松工場と天竜工場で陸軍の飛行機のプロペラをつくってきている。ついでに言えば、技術保存を理由にわずかながら許されていたピアノの生産は、昨年十一月に完全に停止を命じられた(80)。

日本楽器が昭和十五年にドイツのユンカースのプロペラの製造権を購入し、製造をはじめたとき、かれはドイツに派遣された。半年で帰国する予定が、戦争がはじまって帰れなくなった。佐貫はユンカース発動機工場に通うことになった。

ドイツにいる佐貫のような技術者、外交官、軍人が日本に帰国するときに、逆に日本からドイツに向かうときに、潜水艦を利用することは前に述べた。陸路は満洲里からソ連領に入り、アルマータ、タシケント、カスピ海、コーカサス、そしてトルコ領を抜け、ブルガリアに入るというルートがあるだけだった。

このルートを利用できたのは、ブルガリアにソ連軍が侵攻する昨年九月より前のことだった。そしてもうひとつ、ソ連が査証をだしてくれての話で、東京とモスクワとのあいだの取り引きがあって、わずかな数の人が日本から行くことができ、少数の人がドイツから帰国できた。

かれが一昨年の十二月の末にドイツからトルコを経由して日本に戻ってきたとき、調布にある日本楽器の東京研究所の人たちはソ連のラグ3戦闘機の機体構造を調べるのに忙しかった。

昭和十七年はじめにラグ3戦闘機を操縦してソ連軍人が満洲に亡命してきた。その戦闘機をあらためて調べることになったのは、それが木製だったからだ。

佐貫は、ビンタン島からのボーキサイトの輸送が途切れるようになったことから、陸軍が慌てて木製機に目をつけたのだと知った。

かれがベルリンにいたとき、昭和十八年一月三十一日の正午、空襲警報のサイレンが鳴った。日曜日だったから下宿にいた。昼間の空襲ははじめてで、半信半疑だった。空襲警報はまもなく解除になったが、ベルリンの防空は鉄壁とかれは思っていただけにショックは大きかった。このときの来襲機がはじめに記したモスキートである。

リスボン経由で英国の航空雑誌「フライト」が入手できたから、佐貫はモスキートのことを知っていた。時速六百四十キロだという。新司《しんし》偵《てい》の速さだ。隼が交戦したことがあるが、追いつくことができなかった。

この高速機が木製なのだ。これを開発したデハビランド社もたいしたものなら、木製の高速爆撃機の構想をずっと支援してきた英国航空省もなかなかのものだと佐貫は思った。

ドイツでは木製機を作っていなかった。だが、プロペラは、戦闘機に装備するもの以外はすべて木製だった。効率よりも戦時に備えてのことだと知り、なるほどと思った(81)。

そしてかれが思いだすことがあった。昭和十三年か十四年だったか、日本楽器の顧問がつぎのように言い、木製機の開発に取り組むべきだと説いた。「木製構造の根本的な利点は、リベットのような離散結合ではなく、接着結合だ。わが社の木工技術の経験を生かすことができる(82)」。だれもがなるほどと思った。

日本楽器は陸軍航空本部に木製機をつくるようにと提言した。航空本部の首脳は首を横にふった。世界の大勢は金属機だ、いまごろなにを世迷い言を言っていると一蹴した。そんな具合に言ったのは東条英機だったのかもしれない。

じつは金属機の将来性に着目したのは陸軍だった。これが陸軍の自慢だった。海軍より早かったからである。金属機をつくりはじめたのはドイツだった。陸軍は、ドイツ人の設計技師を三菱、川崎、石川島の各社に招聘させた。その先見性はともかく、その後の陸軍の航空機はさっぱりだった。海軍の後塵を拝することになった。この遅れを取り戻そうと航空本部に陸軍のエースを送り込んだ。陸軍次官だった東条英機である。かれは昭和十三年半ばから十五年半ばまで航空本部長であり、航空総監だった。

佐貫亦男はあのころから木製機の研究をしていたらと思った。そして、東京研究所がソ連製のラグ3戦闘機の機体構造を調べているのだと知って、思いだすことがもうひとつあった。

ラグ3戦闘機のあとにつくられたラグ5戦闘機のことだ。かれは英国の雑誌から、このラグ3の後発機についても多くのことを知っていた。

ラグ5は一九四一年、昭和十六年に設計をはじめた。翌年には軍の試験をパスして、七月には量産に入った。そして一九四二年、昭和十七年の十二月から翌年の一月、スターリングラードのソ連軍の勝利に貢献したのが、この木製機だった。昭和十六年の十二月に、モスクワ前面でソ連軍の勝利に貢献したのがT34戦車であったのと似ていた。

昭和十七年の十二月、スターリングラードで包囲された二十五万人のドイツ第六軍を脱出させるために、ドイツ空軍は戦車の燃料と弾薬、将兵の食糧を空輸していた。霧と吹雪がこの空輸作戦の邪魔をし、さらに日増しにその数を増やすラグ5戦闘機がスターリングラードのドイツ軍飛行場に着陸しようとする輸送機を追跡し、護衛戦闘機を襲うようになった。

ラグ5は取り扱いが簡単で頑丈なことが、この戦場で決定的に有利となった(83)。振動に強く疲労に耐える木製機のラグ5は、でこぼこの滑走路でも平気で離着陸できた。この前線の飛行場には格納庫がなかった。零下二十、三十度の野外で飛行機の装備をおこなわなければならず、エンジン・カバーがガラスのように割れるといった極度の低温に、ドイツ軍の華奢な戦闘機と輸送機は痛めつけられた。五十日の輸送作戦のあいだに、ドイツ側は五百機近くを失い(84)、スターリングラードの将兵を救うことができなかった。

木製機は練習機ばかりでなく、モスキートやラグ5のような優秀な戦闘機、爆撃機だってつくることができるのだと思い、佐貫はさらに考えた。木製機の長所は、アルミニウムが不要ということもあるが、生産設備が簡単なことだ。戦時に機械工や板金工は不足するが、木製機なら大工や建具師の手で製作できる。

ラグ5は生産開始の号令がかかってからわずか半年足らずのあいだに一千機を生産したというのだ。佐貫は思った。金属機だったら、アメリカでもとてもこんな順調に生産できないだろう。木製機がその卓越性を発揮したのだ。

だが、かれはラグ3を調べ、ため息をついた。なかなか年季の入った技術だと思った。すぐに真似のできるものではなかった。どうして軍は一社ぐらいは木製機の研究をさせておかなかったのかとあらためて残念に思ったのである。

「国力ノ現状」 繊維工場、製紙工場も動員したが

陸海軍が木製機、木製機と騒ぎだしたのは、佐貫亦男が帰国する半年前、昭和十八年の夏だった。陸軍省戦備課長の佐藤裕雄が語ったと前に記したが、壮大な計画、さらにつけ加えるなら、なにひとつ実ることのなかった大計画が数限りなく生まれた年だった。軍と政府が木製機生産のために強化木の大増産の号令をかけたのもそのひとつだった。陸海軍は軍需会社からはずされている繊維会社に呼びかけた。製糸工場や織布工場は建物、機械、従業員を軍需会社に供出させられるか、飛行機の部品工場になる以外になかったから、さほど面倒でないように思える強化木、そして木製飛行機の製造計画にとびついた。片倉製糸、鐘淵紡績、日東紡績、郡是《ぐんぜ》製糸、日本レーヨン、東洋紡績が参加した。

この前後のことであったにちがいない。強腕で知られた近江航空社長の夏川嘉久次が首相の東条に木製飛行機の模型を見せ、木製機を大増産してみせると豪語し、近江と比べたら月とスッポンの天下の日清紡績を買収したいと語ったという話が紡績業界を駆けめぐった。近江航空の前身は近江絹糸だった。昭和十八年に、紡績工場のなかでどこよりも早く航空機工場に転換し、女子工員がハンマーを握り、プレス機械を操作するようになり、視察した首相を感嘆させたという話がそれより以前にあった。

紡績工場だけでなく、王子製紙、松下電器、日清製粉、さらに住友金属工業、日本ベークライトも、強化木の生産、木製機の製造に加わることになった。

王子製紙についてみよう。最初に取り組んだのは木造船の製造である。函館ドックと提携して、東日本造船をつくった。芝川工場を木造船の焼き玉エンジン製造の工場にした。次に航空機の生産に加わった。木製のプロペラをつくるために、新田ベニヤ工業とともに興亜航空機材を設立した(85)。そして、昨年五月に王子航空機をつくり、北海道にある江別工場を主工場とした。立川飛行機の協力を求めて、木製機の製作所にしている(86)。

日清製粉はどうか。鶴見工場はアメリカ小麦、カナダ小麦を製粉していたから、ほとんど操業を休止していた。昭和十八年に立川飛行機の協力工場となり、鶴見航機工場の名称で航空機の機体部品工場となった。昨年三月には名古屋工場を独立させて、日清航空工業を設立し、愛知航空の協力工場として発動機のシリンダーをつくるようになっている。その少し前、昨年の二月、これも製粉をやめた高崎工場を高崎硬化材工場とした。社員を新田ベニヤ工業の北海道中川郡の合板工場に派遣して、合板製造の技術を学ばせ、操業を開始したのが昨年の六月である(87)。

新田ベニヤ工業の名前を二度ほどあげたが、北海道の十勝で合板をつくってきた大手業者である。合板工場は北海道以外にもある。合板は昭和十六年夏にアメリカに経済封鎖されるまでの五、六年間、輸出の花形だった時期があり、愛知県を中心に二百以上の中小工場があった。現在、これら合板工場はいずれも、紡績会社や王子製紙、松下電器、日清製粉がつくった木製飛行機の協力工場、下請け工場になっている。

大きな丸太を丸剝ぎ、あるいは平削りして単板をつくる。厚さ二ミリ以下のこの単板を接着剤で重ね合わせてつくるのが合板である。もっとも、燃料補助タンクの材料は合板でよいが、航空機の桁、縦通材、プロペラの材料はより高性能の強化木、硬化積層材でなければならない。

強化木、あるいは硬化積層材と言っているのは、例によって陸軍と海軍が異なる呼び方をしているからだ。もちろん、研究、開発もべつべつであり、木製飛行機の生産に参加する企業は、特殊合板、強化木、普通積層材、硬化合板、集成材とさまざまの名で呼んできている。

使われている木材はブナである。合板業者は南方のラワン材を使っていたが、現在はいずれもブナを使うようになっている。ブナの林は日本の山岳地帯ならどこにでもある。岩手から島根までの山でブナの伐採、原木の搬送がはじまっている。

たとえば、秋木工業は横浜市鶴見の製材工場を日本鋼管に売却して、秋田県の田沢湖の近くの生保《おぼ》内《ない》村、日本一のブナ材資源の中心地に機械、資材を移し、強化木の単板をつくっている。航空機用であることはいうまでもない。昨年十月からだ[88]。つけ加えるなら、秋田木材が昭和十八年六月に改称して秋木工業となったのである。

家具の製造業者も木製機の製造に加わっている。東京都の芝区には、明治時代から西洋家具の製造販売を営んでいる業者が多い。昭和十年代に入って、これら業者は工員寮や軍需工場の調度をつくり、飛行機の座席をつくり、木造船をつくるようになった。昭和十八年の秋、かれらが集まって東都航空株式会社をつくり、日本小型飛行機の下請け会社となった(89)。

日本小型飛行機について説明しよう。昭和のはじめにつくられた日本小型飛行機研究所が前身である。ほそぼそとグライダーをつくっていたが、昭和十六年に日本小型飛行機と名称を変え、府中町に工場を新設して、兵員輸送用の大型グライダーをつくりはじめた。

昭和十八年の秋からは、輸送機の部品の木製化に取り組むことになった。現在、勤労動員の中学生を加えて千三百人が働いている(90)。

日本小型飛行機がつくっているのは、昭和飛行機がつくっている零式輸送機の機体の一部である。

昭和飛行機の設立は昭和十二年だ。青梅電鉄の拝島駅に近い昭和村の桑畑と雑木林の五十五万坪の土地を買収し、工場を設立した。アメリカのダグラス社と契約してDC3型旅客機をつくる計画だった。多くの機械、工具類をアメリカ、ドイツ、スイスから買い、発動機も生産する計画だったが、これは断念した。最初のDC3が空を飛んだのは昭和十六年七月である[91]。これが零式輸送機の名で呼ばれることになった。そして昭和飛行機は海軍専管工場となっている。

零式輸送機の木製化がはじまったのは、これまた木製機をつくれとかけ声がかかった昭和十八年の後半になってである。構造上問題のない部品から木製にすることにし、山梨、長野、富山、福井のブナ林の近くにある製板場を下請け工場にした。

補助翼、水平尾翼、昇降舵、垂直尾翼、方向舵、客室入口扉を木製化し、昨年五月には青梅の織物工場を分工場にして、ここで木製補助翼をつくるようになっている。働いているのは同じ青梅町の都立第九高等女学校の生徒たちである。作業量が増え、学校の講堂と教室の一部も工場になっている[92]。

日本小型飛行機がつくっているのは、水平尾翼あるいは垂直尾翼の一部であろう。そして家具業者の集まりの東都航空株式会社の工場で働くことになった者たちは、尿素系接着剤を使う技術を習いに府中町の日本小型飛行機に通った。芸者や小料理の女将や近くの娘たちが交じって働く芝と深川の工場は、尾翼の部品のそのまた一部をどれだけつくったのであろう。この三月から五月の空襲でどの工場も焼けてしまった。

零式輸送機の木製化率は機体全体の六パーセントにすぎない。現在、昭和飛行機は主翼と胴体を木製化しようとして、強度試験をするための主翼と胴体をつくっているところだ[93]。

三菱名古屋航空機製作所でも第一線機の木製化に取り組んできている。

疋田徹郎がロケット機、秋水の主翼と尾翼の木製部の設計作業をやっていることは前に述べた。昨年八月にはじめた。それ以前に一昨年の秋から、かれは海軍攻撃機の一式陸上攻撃機の木製化の設計作業にとりかかった。

かれの手帳の一端を見よう。

「18・10・28　G4M2尾翼木製化設計開始
18・10・29　G4M2増槽木製化設計開始
18・11・9　M―60前方木型審査
18・11・10　木製機班懇親会（クラブニテ牛スキ）
18・11・17　木製出図
18・11・22　木材設計標準作成作業　木材ノ種類ニヨル許容応力等
18・12・2　空技廠松平精部員ニ木製翼フラッターニツイテ訊ク
18・12・16　空技廠ニテ木材会議
19・1・1　出勤　G4M3ノ主翼第2次試験　安全率1・6ニテ破壊
曾根・東条・櫛部等8人ニテ新年宴会　牛肉1貫目喰ッテ満悦
19・1・2　G4木製水平安定板約70枚出図⑼⑷」

G4M2とは一式陸上攻撃機のことだ。

名航の現在のことに戻れば、地震、空襲、疎開が重なって、名航のすべての飛行機の生産は思うにまかせず、中攻、飛龍の木製化も中断したままとなっている。

立川飛行機はどうか。

立川飛行機がつくろうとしている木製機は、陸軍の四式戦闘機、疾風《はやて》である。疾風は中島飛行機の太田製作所と宇都宮製作所で昨年四月から生産をはじめた。中国大陸でP51と戦い、そのあとフィリピン、沖縄で戦ってきた。優れた戦闘機なのだが、発動機の不調、燃料の質の低下、乗員の練度の低さ、なによりも数の少ないことが決定的に不利に働いて、疾風の戦隊はつぎつぎと壊滅してきた。

その疾風がまだ試作機だった段階の昭和十八年九月に、陸軍航空本部は疾風の木製化を立川飛行機に命じた。

立川飛行機の技術者たちは、木材の性質を調べ、接着剤の研究をすることからはじめ、昨年のはじめになって主翼の桁を完成させた。二月に強度試験をおこなった。負荷倍数六で壊れてしまった。金属製機なら、規定荷重の十二倍を超えても壊れない。規定荷重を満足させようとするなら、電柱のような太さの桁にしなければならないということになって、お先真っ暗となった(95)。

立川飛行機に強化木の飛行機部品を納入している三菱製紙の中川工場を見てみよう。三菱製紙の傘下に江戸川工業所がある。陸軍は軍需省を通じて、全国の合成樹脂を製造する会社にたいしても強化木の製造を命じた。江戸川工業所にも指示があった。だが、江戸川工業所は海軍の仕事で手いっぱいだった。印刷局の作業をしていた中川工場の仕事がなくなろうとしていた。企業整備令が適用され、機械も建物も供出しなければならない情勢だったから、中川工場を強化木の製造工場にすることにした。

強化木の原料は前にも言ったとおりブナである。一ミリメートルの薄さに剝いだ板に接着剤を浸透させ、これを多数重ねて熱を加えながら圧縮して密着させる。

圧縮用のプレスがなかった。軍需省が搾油工場からプレスを供出させた。中川工場には日清製油会社のプレスが割り当てられた。乾燥機もなかった。板に接着剤を浸透させる前に板を水分五パーセントにまで乾燥させる必要がある。軍需省は養蚕組合が持っていた繭乾燥機を供出させた。

強化木をつくる二十社は互いに協力して、技術を交換し合った。中川工場は昨年十月半ばから作業を開始した。桁材となる八メートルの長さの強化木である。月末には二トンの製品を立川飛行機に納入した。

ところが、この強化木の材料強度にばらつきがあったことから、安全率を余分にみなければならず、飛行機一機の重量が目標の三倍にもなってしまうという苦情を、工場の幹部は聞かされた。

中川工場の桁材の生産はつづいたが、しだいに注文が減った。立川飛行機からは詳しい説明はされなかったが、この強化木を使っての機体組み立ては行きづまってしまったようであった。

代わっての要求は、樹脂に浸透させたテゴヒルムという紙と単板とを交互に積み重ね、熱を加えてプレスするというものだった。これも飛行機の桁材だ。だが、中川工場の幹部たちは、かれらがつくった桁材を使った飛行機が飛んだという嬉しいニュースをいまなお聞かせてもらっていない[96]。

立川飛行機では、それでも無理やり木製機を完成させた。この第一号機の飛行テストをおこなったものの、成績はかんばしくなかった。訓練用の練習機にしようということになった。この四月には、練習機としても使えない、木製機はこの一機でおしまいにしよう、機体を強化木と薄鋼でつくってみようということになった。

ところが、航空本部は考えを変え、つづけて木製機をつくろうということになった。すでに王子製紙の北海道の江別工場、倉敷紡績の子会社、倉敷飛行機の高松工場と坂出工場で機体の生産を進めているのだし、いまから強化木と薄鋼を使った飛行機を開発する時間的余裕はないと考えてのことだったのかもしれない。

それとも第二号機の成績がよかったことに自信を持ち直したのか。青木春男は三十歳になる。第一航空学校の出身だ。陸軍航空機の輸送班に勤務していたが、いまは立川飛行機のテストパイロットである。かれは立川飛行場で茄子紺色の疾風を見た。これが木製機である。倉敷飛行機で製作されたものだとかれは聞いた。

倉敷飛行機でつくったといっても、発動機はもちろん、主脚から油圧装置、電装品は立川の組み立て工場で装備したのであろう。

青木春男の先輩の釜田パイロットが最初のテストをおこなった。これがいつだったのだろう。五月のことだったのかもしれない。上昇力は劣ったが、水平飛行の最高速度は、金属製の疾風と同じだと青木は聞いた⑰。

だが、テスト飛行はまだ終わっていない。強化木を利用しての工作法はしっかり定まっていない。木製機の生産が軌道にのるのはまだ先の話だ。

そして、それより前に、たとえば接着剤がなくなろうとしている。

三菱化成を見てみよう。

木材接着剤といえば、牛乳カゼインと大豆カゼインがある。だが、カゼイン接着剤は航空機の重要構成部に使用してはならないことになっている。尿素樹脂が必要だ⑱。三菱化成が尿素樹脂の研究をおこなってきていた。本格的な生産をはじめたのは昭和十八年になってであり、練習機はもちろんのこと、戦闘機も爆撃機も木製にしなければならないという声がでてきたときだ。生産できるようになったものの、昨年に入ってから原料の尿素、ホルマリンが不足して、操業は低下をつづけ、先の見込みはたっていない。

三菱化成では、尿素樹脂に代わる接着剤として、メラミン樹脂の研究をおこない、工場の建設をはじめているが、完成の見込みはこれまたない(99)。

立川飛行機が機体を薄鋼と強化木でつくってみようと考え、断念したことは前に述べたが、中島飛行機がこれをつくろうとしている。

薄鋼とアルミ合金の甲型、そして強化木と薄鋼とアルミ合金の乙型の試作機を三鷹研究所でつくっている。爆弾を抱いて体当たりする特攻機だ。甲型の試作第一号機はこの三月十五日に完成した(100)。

特攻機だからすべてを簡略にしている。脚は離陸すればもう必要ないから、飛びあがったら落下させる構造だ。計器の装備もわずかだ。そして、八百馬力の低位の発動機を装着することにしている。この古い発動機なら、溶かしてしまうのはもったいないということで倉庫に眠っている。いったいどのくらいあるのだろう。

それはともかく、陸軍と海軍がともに乗り気になり、陸軍はキ―115と命名した。

東京帝大文学部国史科の黒住武と菱刈隆永は、今年の一月に中島飛行機の三鷹研究所の総務企画課に勤労動員され、キ―115を岩手県で疎開生産する計画を立てることになったことは前に述べた。横手と黒沢尻を結ぶ横黒線の沿線に部品工場から組み立て工場を配置し、後藤野《ごとうの》の飛行場からできあがったキ―115を発進させることにした。

黒住武は三月十日の大空襲の翌日に岩手の黒沢尻に向かおうとして、上野発の臨時の罹災列車に乗った。どんなに混むだろうと覚悟を決めていたら、驚いたことにホームはガラガラ、車内もガラガラだった。罹災証明書を持たずに疎開したら配給を受けられない。罹災者にその証明書の発給が遅れていたのだ。

黒沢尻に事務所を置いて、黒住は毎日、吹雪のなかを歩いて工場になるような施設を探してまわった。四月はじめには菱刈隆永とほかの所員たちも黒沢尻に来た。資材と人員を集める仕事がつづいている[101]。

海軍はこの特攻機を藤花と命名した。藤花は昭和飛行機の青梅分工場でも生産することにしている[102]。簡単な構造であり、特殊な工作機械を必要としないから、艦政本部麾下の造船所でつくることにもなっている。

横須賀海軍工廠と呉海軍工廠では、来週にも造船部の優秀な工員二百人ずつを中島の太田製作所に派遣することにしている。かれらは鋲の熱処理、プレスの型の製作方法を学ばねばならない[103]。来年の二月までに藤花を千八十機生産し、敵艦一千隻を撃沈するのだと各海軍工廠の幹部は艦政本部の首脳にハッパをかけられている[104]。

ところで、試作したキ—115は操縦しにくく、前方の視界も不良で、未熟な操縦員にはとても操縦ができないということで改修がおこなわれている。

キ—115が、スターリングラードを救ったソ連の木製機、ラグ5となる見込みはまったくない。

毛里英於菟、美濃部洋次、迫水久常は、航空機の生産と木製化の状況を聞いて、どう考えるのであろう。

軍需大臣の豊田貞次郎が御前会議で月産二千機と語るのは水増しの数字であり、正確には月産千六百機なのだと思っているのだろう。四月の生産は一千機にすぎなかったことを知らない。五月は五百機、それ以下に落ち込んでしまったことをかれらはなにも知らない。

それでも、目を見開いて見ることを避け、気づきながら気づくまいとしてきた軍需生産のほんとうの姿をいま否応なしにかれらは知るようになっている。明礬石や白粘土からアルミニウムがつくられるようになるのはいつのことかわからず、木製化の計画も遅れに遅れている。疎開した航空機工場の操業も順調というには程遠い。特攻機の藤花がただひとつ残された可能性なのか。だが、どれだけ生産できるのだろう。

毛里英於菟がうなずいて、鉛筆を手にしたのだろう。つぎのように書く。

「航空機ヲ中心トスル近代兵器ノ生産ハ空襲ノ激化ニ因ル交通及生産ノ破壊並ニ前記原材料、燃料等ノ逼迫ノ為、在来方式ニ依ル量産遂行ハ遠カラズ至難トナルベシ」

箱根にいるロシア人とドイツ人たち

六月四日である。一日中、天気がよかった。

東京では、深夜零時すぎに警戒警報がでたが、零時四十五分に解除になった。午前十一時四十七分、中部地方に警戒警報が発令されたが、正午すぎに解除になった。敵機一機が愛知、静岡県の沿海地帯の上空を飛んだ。関東地方には警報はでなかった。

午後六時少し前、広田弘毅《こうき》は箱根強羅《ごうら》の星一《はじめ》の別荘をでる。かれは対ソ交渉の責任者だ。二十日ほど前のことになるが、五月十一日、十二日、十四日に構成員だけの最高戦争指導会議を開き、ソ連の好意中立を求めてソ連と交渉をおこなうと決め、広田を代表に選んだことはすでに述べた⒂。

かれは書記官の野口芳雄と強羅ホテルに向かう。玄関の回転ドアを外国人が押してくれる。ソ連人の警護員だ。広田と野口はロビーに入る。

強羅ホテルはソ連大使館が借り切っている。大使のヤコブ・マリクをはじめ、あらかたの館員は家族を連れてきているから、女子供をここに疎開させている。女性だけで四十四人だ。子供たちは五十人を超している。モスクワの単身赴任の日本大使館とは大ちがいだ。マリクの妻と三人の子供もここにいる。週末に強羅に来て、月曜日に麻布の狸穴《まみあな》へ戻ることをマリクは繰り返してきている。

強羅ホテルは名前のとおり、強羅にある。強羅はその昔は宮城野村の共同秣場《まぐさば》だった。ここにある温泉から引き湯されて、別荘がつくられ、旅館が建ち、大正八年に登山鉄道が開通した。強羅ホテルは昭和十三年に開館した。昭和十五年に開催が予定されていた東京オリンピックにあわせての竣工だった。

　現在、強羅の旅館には長期の滞在者がいるし、別荘には持ち主の家族がこの二月、三月から移ってきている。別荘の部屋を借り、貸別荘を買い取って、疎開者が住んでいる。ホテルのバンガローや農家の納屋を借りている家族もある。

　北条秀司《ひでじ》は麻布の笄《こうがい》町に住んでいたが、四月はじめに強羅に疎開してきた。劇作家であり、文報《ぶんぽう》と略して呼ばれる日本文学報国会の総務部長である。四十二歳になる。強羅から満員列車で一日おきに事務所に出勤し[106]、遅くなれば東京に泊まるということを繰り返してきたが、先月二十五日の空襲で、首相官邸の崖下にあった文学報国会とその隣にあった演劇報国会の事務所は焼けてしまった。金庫がひとつ残る焼け跡を見に行っただけで、そのあとは東京には行っていない。焼けてしまった工場と同じこと、文報もまた、今は名前があるだけなのである。

　親しみやすく、あけっぱなしの北条は、強羅に疎開している成り金たちの飲み会に誘われて、けっこう忙しい毎日を送ってきている。

　そして北条と飲み仲間は、強羅に住む人が増え、空襲警報がでても灯火が外に洩れるのを気にしないのは、強羅ホテルにソ連の大使館員が疎開しているからだと語り合っている。

　疎開者が増えているのは強羅だけでない。箱根の人口は増えつづけている。湯本から仙石原まで、どこの別荘にもこの冬から人が滞在している。小涌谷《こわきだに》にある三井の南家、北家、伊皿子家のいくつかの別荘の雨戸もあいている。箱根全体で、湯本から元箱根まで昨年はじめの人口は一万人足らずだったが(107)、現在は二万人以上になっていよう。

そして、湯本から仙石原までの旅館という旅館には子供たちの姿が見える。前に述べたことがあるが、横浜の国民学校二十一校、二千人の子供たちが五十を超す旅館に疎開している。

もっとも、二千人というのは昨年八月の数字だ。三月に横浜に帰った六年生に代わって新三年生が来たが、空襲がはじまり、母親が子供を連れて疎開することになり、集団疎開先の箱根にいる子供を連れ戻すということがつづき、この五月二十九日には横浜の中心部がすべて焼かれ、家を失ってしまい、箱根にいる子供を引き取り、よそへ移る親がいて、箱根の児童数は減りつづけている。それでも一千人はいるだろう。

べつに陸軍の傷病兵がいる。三昧荘、福住楼、清光園など九軒の旅館が東京第一陸軍病院の分室となっている。どれほどいるのであろうか。それぞれの旅館が内科、外科、眼科と分かれている。飛行科の士官だけはここでも別待遇だ。すべて環翠楼にいる(108)。海軍は箱根の旅館を押さえそこなった。熱海と湯河原、川奈に横須賀海軍病院の分室を置いている。

そして外国人が一千人以上いる。

北条秀司や強羅に疎開している人びとは、ソ連大使館があるから強羅は安全なのだと思っているのだが、じつは箱根全体が「非戦闘地区」に指定されていて、スイス政府を通じて連合国に通告されているのだ。政府は箱根の住民にこれを言わないようにしてきたのである。

そこで、この「非戦闘地区」にはソ連の大使館員だけでなく、旧同盟国と同盟国、中立国の大使館員や商社員とその家族が、東京、横浜から移ってきている。

強羅は小田原からの箱根登山鉄道の終点だが、途中駅に宮ノ下がある。箱根七湯のちょうど真ん中に位置する。宮ノ下には富士屋ホテルがある。外国人向けのリゾート・ホテルの草分けであり、箱根を代表するホテルだ。

富士屋ホテルは、政府から外国大使館、公使館の館員を収容するようにと命じられ、疎開が目的で逗留していた日本人客にはよそへ移ってもらうことになった。この四月のことだ。

五月から、イタリア大使館が二十五室、ドイツ大使館が十一室、中華民国の大使館が八室、ビルマ、満洲、タイ、フィリピンの外交公館もそれぞれ部屋を借りている[109]。滅亡したか、滅亡しかけている政府の外交人員とその家族である。

そして外務省も二部屋借りている。外務省の儀典課の職員が事務所に使い、富士屋ホテルと強羅ホテルに滞在する大使館、公使館の窓口となっていたが、この五月下旬に箱根事務所に昇格した。

箱根事務所長の名で呼ばれているのが亀山一二《かずじ》である。亀山のなによりも大事な仕事は、どこよりも大人数の強羅ホテルのソ連大使館員とその家族にたいする食糧の配給を円滑に進めることだ。ソ連のご機嫌をとりむすぶことがなによりも大切なのだ、だからこそ、ロシア語に堪能な自分が事務所長に選ばれたのだと亀山は承知している。

ソ連大使館員向けの小麦粉、牛肉は、登山鉄道で運ばれてくる。いかにも頑丈そうな貨物電車はアメリカ製だ。登山鉄道沿線のホテル、旅館、別荘相手の八百屋、魚屋の生鮮品を運んでいるので、「魚菜《ぎょさい》電車」の名で呼ばれてきた。客車は全部で十四輌あるが、一昨年の二月から間引き運転となっている。魚菜電車も減らされたが、けっこう忙しい。

魚菜電車が着く時間には、どこの駅にも子供たちが集まり、崖にへばりつくようにゆっくり上がってくるチョコレート色の貨車を待つ。集団疎開の国民学校の六年生たちだ。駅から旅館まで米や野菜を運ぶのは最上級生の仕事である。

宮ノ下駅には間門《まかど》、大島、元街、南吉田、成美の国民学校の児童が来ている。

吉田国民学校の子供たちもいる。かれらの宿舎は堂ヶ島の対星館と大和屋だ。ロープウェイは取り外してしまったから、百メートル下の早川の渓谷まで坂道を下りていかねばならない。

冬のあいだ、魚菜電車から下ろされプラットホームに積まれたのはきまって大根だ。

女の子は大根を両手にぶら下げて、旅館の台所まで石段を踏みしめ踏みしめ下りていきながら、大根はこんなに重いものなのか、そしてこんなに冷たいものなのかと毎回思い、今日もまたおかずは大根なのだと思ったのだった。

そして米を運ぶのはなによりもたいへんだ。筵《むしろ》でつくった担架に六十キロの重さの米俵を載せ、六人の男の子が柄を持ち上げる。ぐっと重い。いちばん大事なものを運んでいるのだという緊急感が重なる。ひとりが号令をかけ、はるか谷底の旅館へのつづら折りの道をゆっくりゆっくりと下りる。

終点の強羅駅には早雲閣や翠光館に集団疎開している学校の子供たちが来ている。強羅からはいちばん遠い、早雲山、冠ヶ岳《かんむりがたけ》の山裾をまわったさきの姥子《うばこ》の秀明館に疎開している東《あずま》国民学校の作業員も来ている。後押しをする六年生の男子がついて来ている。道路が舗装されているのは宮ノ下までだ。石ころだらけの山道を子供たちに囲まれたリヤカーが上がっていく。梶棒に縄を結わえ、前に立って引っ張る子供がいて、後ろから押す子供がいて、二時間以上かかる。湖尻にでて、元箱根まで野菜をとりに大八車を押していくこともある。これも片道二時間かかる(110)。

本牧《ほんもく》国民学校の子供たちであろう、ケーブルカーのレールがはずされ、枕木だけが残った急な坂を登っていく。背中のリュックサックから人参の葉が顔をのぞかせている。教えられた歌のとおり、「箱根の山は天下の険」なのだと思う。

子供たちは魚菜電車から下ろされる自分たちと関係のない荷物の山を見ることがある。詰め物の麦藁がはみだした木箱や、なにかがいっぱい詰まった布袋である。なんだろうと気になる。食べるものらしいと思うからだ。四六時中、腹を空かせている子供たちは食べ物に敏感だ。大きなブリキ罐は牛乳が入っているのだと見当がつく。ほかの木箱にはなにが入っているのだろう。自分たちが持って帰るものとずいぶんちがうと思う。

これらはソ連大使館向けの食料品だ。

強羅ホテルのソ連大使館の先月、五月分の食料品の配給品のリストは、箱根事務所の書記官の野口芳雄の机に置かれている。

　牛乳三百九十升、バター百八十ポンド

　サラダオイル二罐

　砂糖百四十五キログラム、シロップ一本、味醂一升

　米千四百六十キログラム、小麦粉九袋、パン千五十五本

配給リストはまだつづく。

マデイラ酒十一本、シェリー酒一本、葡萄酒五本、レッドチェリー六本、ビール五ケース、ウィルキンソン炭酸四十三本、サイダー十二本(11)

シェリー酒はともかく、マデイラ酒なんか、どこのワインセラーから持ち出してきたのであろう。大西洋のアフリカ沖、マデイラ島の特産ワインだ。

ソ連大使館に上等な酒を届けることは、現在、外国賓客の饗宴の準備以上に重要だ。もちろん、そんな饗宴はいつからかありはしない。外務大臣公邸のワインの貯蔵庫を探したのか。それなら、このさきはたいへんだ。先月二十五日の空襲で公邸貯蔵庫のすべての瓶は割れ、中身は蒸発してしまったことは前に記した。

あるいは明治屋の倉庫にまだマデイラ酒が残っていたのであろうか。明治屋は籐巻き瓶の高級マデイラ酒を輸入してきた。昔の話だ。明治屋の横浜本店が先月二十九日の空襲に焼け残ったことは前に記した。店を守る九人の社員と逃げてきた近所の人は熱くなっている鉄の扉に四斗樽の水をかけ、二階、三階では、飛び込んでくる火の粉を叩いてまわった。輸入食料品がまだ残っている地下倉庫も無事だった[112]。

ソ連大使館向けの肉と魚と卵、野菜はまたべつに調達しなければならない。魚は小田原の魚市場で間に合う。なにより頭が痛いのが牛肉だ。牛肉がこのさき順調に入る見込みはない。全国一の肉牛の産地、鳥取県から因伯牛《いんぱくぎゅう》を買い、仙石原で放牧しようという案がでて、儀典課の課員を鳥取県庁に行かせることになっている。箱根にいるソ連の大使館員とその家族の数は、最初に述べたように百人以上になる。儀典課と箱根事務所は心休まるときがない。

ところが、箱根の外国人のなかでいちばん多いのは、やはりドイツ人である。

ドイツ大使館の疎開地は山梨県の河口湖にある富士ビューホテルだ。昨年の六月に全館をドイツ大使館が借りることになり、外務省は儀典課員をそこにも駐在させてきている。

五月二十五日の夜に麴町のドイツ大使館が全焼したことは前に述べた。大使館員の大部分は富士ビューホテルに疎開している。だが、前に見たとおり、富士屋ホテルに少数のドイツの外交人員、武官補佐官がいるし、商社員、技術者が仙石原から強羅の旅館、別荘にいる。

そして、士官と水兵の一隊が芦ノ湯の松坂屋にいる。一時は百三十人いたが、現在は八十人ほどだ。なかには松葉杖をついている者もいる。

箱根にいる横浜の児童たち

かれらは松坂屋の南館にいるのだが、東館には横浜の日枝《ひえ》国民学校の児童が集団疎開している。松坂屋と道をへだててある紀伊国屋にも日枝の児童がいる。

日枝国民学校は南区の日枝町にある。大桟橋、県庁から三キロ奥、大岡川が二つに分かれる「人」の字の根元のところにある。二つに分かれたひとつ、中村川にかかる吉野橋のことは何回も前に語ったが、日枝国民学校からは二百メートル離れるだけだ。

前にも言ったように、日枝国民学校の学区は横浜の下町であり、人口密集地帯だ。大岡川に沿って材木屋が並んでいるが、とっくに商売はやめている。学校の西側には道路をへだてて、「おさんさま」の名で知られる日枝神社があり、氏子の住む町々は大岡川と中村川のあいだのこの低地の全域にひろがる。ほんとうは日枝国民学校を除いて、いずれも過去形にしなければならないのだが、五月二十九日のことはこのあとで述べよう。

松坂屋にいる日枝の下級生は覚えていないかもしれないが、紀伊国屋にいる日枝の上級生なら、何年か前、港の空に高々と上がり、何日も途絶えることなく立ちのぼっていた黒煙を覚えていることだろう。日枝の子供たちは松坂屋にいるドイツの海軍軍人たちを「ドイツさん」と呼んでいるが(113)、あの黒煙とここにいる「ドイツさん」とつながりがあることを知らない。

宿屋の主人も、訪ねてくる神奈川県警察部の外事課員、私服憲兵も、ドイツの士官と水兵たちは日本の近海で座礁した特務艦の乗組員だと思っている(114)。

神奈川県警察部は強羅駅の二階に外事課分室を置き、この「非戦闘地区」に疎開している外国人の登録から旅行許可までの事務をおこない、もちろんかれらの動静を監視してきている。私服憲兵はといえば、ホテルや旅館の女中をそっと呼びだし、お腹の大きくなったその娘から、お腹の子の父親の話を聞いている。

松坂屋のドイツ人の下士官と水兵はずっと自分たちの秘密を守ってきた。仮装巡洋艦、ドイツの正式呼称では補助巡洋艦の乗組員であることを隠してきた。軍人なら当たり前だろう。古参の先任下士官だった掌帆兵曹長から信号主任兵曹、一等水兵、五十人を超す仲間を横浜の爆発事故で失った。あの爆発は英国の破壊工作員の仕業だったのかもしれないと疑っている士官もいることだろう。そして、無事だった仲間も、べつの補助巡洋艦、封鎖突破船、補給船に乗り組むことになり、離ればなれになり、消息を絶った。かれらの尊敬する艦長が新たに本国から来航した補助巡洋艦の艦長となったことも、松坂屋の士官は知っているのであろう。グンプリヒ大佐は再びインド洋、太平洋で活躍し、艦と運命を共にしたということも承知していよう。(115)

つぎに補助巡洋艦が入港することがあれば、乗り組みを命じられ、戦闘配置のラッパを聞くことになるのだとだれもが期待と覚悟が入りまじる気持ちを抱いてきた。

こうしたわけで、かれらは自分たちの輝かしい戦果を口にしてはいけないという上官からの命令をしっかり守ってきたのである。

ところで、松坂屋の人たちが感心しているのは、ドイツの水兵たちが牛と豚を飼い、屠殺することだった。母屋から遠く離れた小屋にぶら下げられた牛の片身に旅館の者は驚き、血をとられる豚の悲鳴に子供たちと村人はびっくりした。そして、水夫たちは牛と豚の肩肉とこまかく刻んだ豚脂を豚の血に混ぜ、牛の腸に詰め、サラミソーセージをつくってきた。

かれらの生活は、三十年前、日本の各地に収容された中国青島のドイツ兵捕虜の日常と同じである。パンも自分たちで焼いている。北海道か岩手で栽培したライ麦の特別配給があり、水兵はしっかりしたパン焼き窯のある小田原の製パン所に行って、真っ黒でずしりと重いライ麦パンを焼くこともある。この自家製のライ麦パンにこれまた自家製のソーセージをはさんで食べるのが水兵たちの最上のご馳走である。

日本側から配給された椰子油を食用に使うことはなかった。火にかけると泡が吹きあがり、嫌な匂いのする椰子油を使わなくても、かれらはラードを持っている。

松坂屋の主人から女中たちまでがため息をつくのは、ラードだけではなく、ドイツ人が各種さまざまな罐詰を際限もなく持っていることだ。罐詰は倉庫からだしてくる。もっとも、この食料品をドイツ人は大事に使っている。水兵たちは松坂屋の庭の片隅に大きな倉庫を建て、一日二十四時間、下士官が番をしている。

たくさんの罐詰と食料品を持っていたのは、座礁した船が特務艦だったからだと聞いて、松坂屋の人たちはなるほどと思っている。特務艦間宮《まみや》に乗っていた海軍士官が芦ノ湯に泊まったことがある。虎屋の羊羹よりおいしいと自慢する羊羹を土産にもらった。まだ勝ち戦のときだった。羊羹製造器、ラムネ製造器を据え付けてある、抹茶入りのアイスクリームが自慢だ、横須賀走水《はしりみず》のおいしい水を南方で戦っている駆逐艦の乗組員に飲ませる、冷蔵庫には、かまぼこや近江牛が入っているといった話をその士官から聞いた。

移動軍需部と呼ばれた、その間宮のことになるが、何回か雷撃を受けながら沈まなかったのだが、昨年十二月、南支那海でとうとう沈んでしまった。

肝心な話をつけ加えねばならない。三年前のことだった。昭和十七年の五月、インド洋の深奥部で、ドイツの補助巡洋艦シッフ10がメルボルンからボンベイへ向かっていた英国船ナンキンに停船と無電送信禁止の命令をだした。奇襲に成功した。七千総トンのナンキンの船内を調べた。高射砲の弾薬から機関銃、新式の携帯用無線機、錫のインゴット五百トン、羊毛、そして残りはすべて食糧だ。四万二千箱の食用肉、腸詰めの罐詰、魚、果物、野菜の罐詰である。さらに外交行嚢と郵便袋を積んでいた。こんな大きな獲物を待っていた。シッフ10の一組の捕獲チームがナンキンに乗り込んだ。七月十八日に横浜に入港したときには、すでに船名をロイテンと変え、ドイツの封鎖突破船に化けていた。

このような補助巡洋艦が一組、二組の乗組員を用意するのは、ヨーロッパでは私掠船時代からの長い伝統であったし、補助巡洋艦や封鎖突破船がオランダ船に化け、カンバス製の偽物の煙突をつけ、日本が米英と戦う以前には中立国の日本船に化け[116]、舷側に塗料で日の丸を大きく描き、つぎにはそれを消し、ポルトガルの国旗を描くといったことも、朝飯前の仕事だった。

さらにつけ加えるなら、ナンキンの船員と乗客、合わせて四百人近くは日本政府が面倒をみることになった。外交行嚢内の外交文書と錫、携帯用無線機が代金だったのではないか。ドイツ大使館からの要請がもうひとつあった。補助巡洋艦の活躍が明るみにでるのはまずい、抑留者の存在は国際赤十字やスイス政府に秘密にしてくれと頼まれた。日本側はその約束を守ってきている。そこで、オーストラリア政府は乗組員と乗客がいまも生存し、かれらが仙台市原町《はらのまち》小田原《おだわら》の元修道院に収容されていることを知らないでいる。

ところで、シッフ10とロイテンがその年の十一月三十日、横浜港の新港埠頭で炎上したことは前に触れたが、ロイテンが積んでいた北アフリカ戦線の英国軍向けの食糧はとっくに陸揚げしてあった。これが箱根に運ばれたのである。

ドイツ大使館員のエルヴィン・ヴィッケルトが先月二十五日の夜に渋谷金王《こんのう》町の自宅にいて火を消そうと奮闘したことは前に述べたが、現在は、妻と二人の子供とともに、河口湖の富士ビューホテルの近くにある農家の離れに住んでいる。

衣類、家具、書籍、すべてを焼いてしまったが、夫婦のいまの心の支えはびっしりと物置の天井まで積み上げられた罐詰の箱である。鰯の罐詰、ツナ罐、ビーフのレッテルが貼ってあるソーセージがある。ラードの詰まった樽は物置には入らないから、戸外の薪を積んである横に置いてある[117]。

富士ビューホテルとその周辺にいる大使館員は、全員が罐詰の箱の山とラードの入った樽をもらった。松坂屋の倉庫から分けてもらったのであろうか。それとも、横浜の空襲に無事だった港の倉庫から運びだしたのか。

芦ノ湯から持ちだしたのなら、松坂屋の士官、水兵たちが倉庫の食料、罐詰をなるたけ使わないようにして、倉庫に番兵を立ててきたことは、今日になって役立ったことになる。

それでも、倉庫からそっと食料品を持ちだし、仙石原にあるゴルフ場のクラブハウスにいるドイツ人、オランダ人の婦女子の宿舎に日が暮れてから山を越えて行き、朝の総員点呼のときまでに戻ってくる強者の下士官がいる。旅館の女中、近くの娘に黒パンとびっくりする甘さのマーマレードを持っていき、仲よくなった水兵もいる。

こうしたわけで、日枝国民学校の教師は子供たちに、ドイツ兵のそばに行ってはいけないと繰り返し言ってきかせている。だが、子供たちはなかなか言うことをきかない。子供に食べるものを与えないでくれという学校からの申し入れは守られているが、水兵は子供たちに声をかけたがる。子供たちはかれらの畑仕事を見に行くし、洗濯している水兵に近づく。

この子供たちがこの数日、元気がない。まだ理解しかねているのだが、かれらの家ばかりか、町のすべてが焼けてしまったということを聞き知ってのことだ。何年か前、横浜港の空高くあがった真っ黒な煙を見た記憶があるが、そんな黒煙が何百本と立って、横浜がすべて燃えてしまったのだという。

焼け残ったのは学校だけだ。講堂を少し焼いただけだ。鉄筋コンクリートの建物であることと、学校の周りの民家を強制疎開してあること、そして校長の佐々木高尚と教師たちが頑張りつづけたことで、守り抜いた。前に述べた蒔田《まいた》国民学校と同じである。現在、各教室は学区内の罹災者であふれている。松坂屋と紀伊国屋に集団疎開している子供たちの親、兄弟がいる。

西の方角に、大岡川を越えて焼け残った建物がひとつ見える。蒔田国民学校である。七百メートルさきだが、すぐ隣に見える。

日枝国民学校の児童の親が何人も芦ノ湯に来る。そして、みんなが手を振るなか、同じ部屋にいた下級生、食事を運んでくれた上級生が、荷物を持った親といっしょに宮ノ下へ下りていく。

児童たちの家はあらかた焼けてしまった。親を失った子もいるが、教師はまだ児童に知らせていない。

箱根のほかの旅館の教師たちも同じ悩みを抱えている。箱根に集団疎開しているのは横浜市中区と南区の学校で、この両区は大部分が灰になったから、もちろん、子供たちの家もほとんどが焼けてしまい、親や兄弟を失った子供も少なくない。

姹子の秀明館には東国民学校の児童たちがいることは前に触れた。東国民学校は中区東ヶ丘にある。学校が市役所の分庁舎になっていたことも前に述べた。残留児童の授業のために、吉田国民学校の一部教室を借りているが、授業は現在おこなわれていない。火が入って分庁舎となっている各教室のなかはすべて燃えてしまった。蒔田国民学校の校長、長谷川雷助が午前八時に訪れ、市の職員がだれも出勤していないことに憤慨したことも前に記した。

東国民学校の裏は野毛《のげ》の丘だ。崖の上は公園で、現在は高射砲陣地になっている。前に述べたことだが、先月二十九日に、西戸部町に住む寺田透と隣組の人たちが逃げ込もうとして入ることのできなかった高射砲陣地である。

崖を背中にした東国民学校の学区は学校の前面になる。昭和十年の国勢調査では二千世帯以上、一万人を超す人が住んでいた。前に蒔田国民学校、日枝国民学校の学区を下町のなかの下町と言ったが、日枝や蒔田から一キロから二キロ離れただけのこの学区も同じである。

学校から二百五十メートルほど離れて京浜急行の高架線がある。学校と高架線のあいだに赤門町、日の出町、初音《はつね》町とある。赤門町が大佛次郎の生まれた町であることは前に述べた。いずれも東国民学校の学区である。だが、家は一軒も残っていない。焼け野原のさきに火で汚れた高架線のコンクリートの柱が延々とつづくだけだ。

高架線と平行して大岡川が流れている。大岡川を越して末吉町、若葉町の二、三丁目、伊勢佐木町の一部の四、五、六、七丁目も東の学区である。横浜の中心部のこの下町に残っているのは、黒く焦げたいくつかの質屋の土蔵だけだ。

秀明館の教師たちは横浜から来た児童の親の話と学校から知らせてくる報告をもとに、子供たちの両親は無事かどうか、家は焼け残ったかどうか、一覧表をつくっている。

秀明館にいる児童数がいちばん多いのは末吉町だ。一丁目から四丁目までであり、五十八人いる。すべての子の家が焼失した。母親と弟を失った子が二人、母親を失った子が一人、祖母、叔母を失った子が一人いる。

二番目は初音町だ。一丁目から三丁目までである。三十六人いる。ここも全員の家が焼けた。父親を失った子が一人、祖父を失った子が一人、祖母を失った子が一人、祖父が行方不明の子が一人である。

三番目が伊勢佐木町四丁目から七丁目だ。三十五人いる。ここもすべての子が家を失った。母と弟と妹を失った子が一人いる。

四番目は赤門町一丁目と二丁目だ。三十一人いる。全員が家を失った。親兄弟を失った子はここがいちばん多い。母親を失った子が二人、父親が行方不明の子が一人、兄を失った子が一人、姉を失った子が一人、祖母を失った子が(118)一人いる。

五番目が東ヶ丘だ。二十二人いる。すべてが家を失った。

広田弘毅、マリクにさぐりを入れる

強羅ホテルに向かう広田弘毅のことに戻る。

広田がマリクに会うのは、昨日につづいて二回目である。昨日曜日、六月三日の会見は短時間だった。午後三時すぎ、箱根事務所長の亀山一二と書記官の野口芳雄がマリクと面談した。

亀山がロシア語に堪能であることは前に述べた。かれはノモンハンの戦いのあと、国境確定会談の代表をやったことがある。野口もソ連が専門である。四十九歳になるかれはモスクワに勤務したことがある。かれが東郷の通訳をやったことは、これも前に語った。

広田元首相が罹災してホテルの隣の星一の別荘に滞在していると亀山がマリクに語り、広田氏が大使に挨拶したいと言っていると告げた。マリクがこれに応え、明日の夜に招待しようと言った。

亀山の報告を聞き、広田は散歩がてら立ち寄るというかたちで、とりあえず挨拶に赴くことにした。星の別荘からホテルまでは二、三分の距離である。

広田とマリクは罹災見舞いの言葉を交わした。広田の家が焼かれた五月二十五日の夜、ソ連大使館の一部も焼かれた。

その夜、原宿に住む広田は、妻と二人の娘といっしょに明治神宮へ逃げた。夜が明けて家に戻った。すべては灰になっていた。東海道線は不通だったから、小田急で別荘のある鵠沼《くげぬま》までやっとのことでたどりついたのだった。

広田はマリクに向かって、勝利をもって戦争が終了したことをソ連のために慶ぶと言った。情けないかぎりだ。モスクワ駐在の佐藤尚武《ひさたけ》は、サンフランシスコ会議の終幕を待たずに帰国して二十日以上になるモロトフに、やっと五月二十九日に会うことができ、会うことができれば、これまた「対独戦の大勝利」をまず最初に慶ばねばならなかったのである。

もちろん、モロトフもマリクも、日本人にこんな挨拶をされても嬉しくもなんともなかった。つぎは復興だとマリクは語り、「スターリングラードの復興」という映画を見たのだが、トラクター工場から新しいトラクターがどんどんできているのだと誇らしげに言った。

そしてマリクが切りだした。日本に一部外国の影響を受けている諸勢力があると考えられるが、現状はどうかと尋ねた。広田の来訪が社交的なものではないことを承知しての問いかけだった。

広田が昭和九年十二月に駐日ソ連大使コンスタンチン・ユレネフを相手に北清鉄道の買収をなし遂げたときとは、状況がまるっきり違う。しかも今回の相手のマリクは年は若いが、一筋縄でいく男ではない。

かれは極北コルィマの流刑地で生まれた。父親は反体制派であり、母は原住民の女性だった。まだ四十にならないこの男は、ソビエトの外交官の第二世代を代表するひとりである。日本の在勤が長い。外交官の登竜門であるモスクワ大学の外交官訓練機関をでたのが三十一歳のときだった。新聞局次長のポストに二年ほどいたかれは昭和十四年に日本へ来た。その年のノモンハンの戦い、つづく独ソ不可侵条約、翌十五年の三国同盟、十六年四月の日ソ中立条約とつづいて、その年六月の日曜の午後七時、ざわざわと雑音のなかから聞こえてきたドイツに対する開戦を告げるモロトフの声をかれははっきり記憶していよう。平淡な喋り方であったが、外務人民委員兼副首相の声はところどころで震えた。スターリン首相が演説しないのはなぜだろうかとマリクは首をかしげたはずであった。

マリクの父方の故郷、ウクライナ第二の都市、ハリコフが失陥した。日本はソ連を背中から刺そうとして満洲に大軍を送りはじめた。驚きと不安、怒りと悲嘆が絡む、こうしたすべての出来事をかれは東京で見守ってきた。

日本軍の真珠湾攻撃が起き、つづいて昭和十七年一月、大使のコンスタンチン・スメターニンは帰国した。参事官のマリクは代理大使となり、さらに大使に昇格した。

昭和十七年二月のハリコフ奪還、三月の再失陥、十八年八月末にハリコフを再奪回したというニュースに大きな勝利感を味わったのも、これまた東京でのことだった。またかれの二人の子、ユーリーとエウゲーニーはこの六年のあいだに東京で育ったし、三人目の娘のスベトラーナが生まれたのは昨年のことだった。

かれは日本語の会話ができるし、日本について多くの知識を持つようにもなっている。そして、かれは日本が嫌いだ。狸穴の大使館でも、この箱根でも、ただよってくる花の香りに周囲を見まわすことがあり、鳥の鳴き声に窓の外を覗いたこともあるはずだが、日本人が相手でなければ、決まって口にする台詞がある。この土地は「花が匂わない、鳥が囀らない、女性はキスをしない」と言って唇をまげ、日本嫌いを露骨に示すのだ。

かれは京城、大連、ハルピン、上海の総領事館の情報報告のコピーにも目を通してきているから、日本国内のみならず、植民地、占領地の状況をもつぶさに承知している。

そして、日本がじりじりと敗北に追いつめられていくなか、日本の外交官、軍人、政治家、財界人のあいだにソ連に和平仲介を望んでいる者が少なからずいることもかれは知っている。いくつかのチャンネルを通じてこの試みがなされてきているし、マリク自身にたいしてもこのアプローチはおこなわれてきている。

二月にはハルピン総領事の宮川船夫がかれに働きかけたことは前に触れた。三月には田中丸祐厚が二度かれを訪ねてきた。田中丸は露領《ろりよう》水産組合長をやったことがあり、マリクはかれをよく知っている。

広田弘毅と親しい田中丸のその行動は、そのとき外相だった重光葵だけでなく、広田も承知していたにちがいないとマリクは思ったであろう。そして、昨年のことになるが、リヒャルト・ゾルゲを釈放し、ソ連に送還しようとソ連大使館武官に持ちかけた横山雄偉の申し入れの背後に広田がいたことも、それをソ連との話し合いをすすめていくうえでの梃子にしようというのがかれのねらいであったことも、マリクにはわかっていたにちがいない。

そこで広田が訪ねてきた目的がなんであるのかは、マリクには明々白々だった。四月二十日にかれは外務大臣の東郷茂徳《しげのり》と密かに会った⑪⑲。サンフランシスコ会議に出席するモロトフ外相の帰りのルートがベーリング海、シベリア経由であるなら是非とも極東ロシアのどこかで会談したいと東郷は言ったのだった。シベリア経由ではないとかれは東郷に伝えたのだが、幻の外相会談で日本の外相が説こうとしたことを広田はまずは遠回しに語りはじめるつもりだと読んだのであろう。

そこで前に記したとおり、マリクが日本には一部外国の影響を受けている勢力があると考えるがと問いかけたのにたいし、広田が答え、国民は挙げてソ連、中国との善隣関係を希望しているのだと弁解した。

マリクはなおもつづけた。「日本の軍人と政治家のあいだには他国の影響を受けている者がいて、かれらは日ソ国交上悪影響を与えてきたのではないかと私は考えている」

広田は再び弁解し、過去にはそういう者もいたかもしれないが、現在は私の知っている多くの者はロシアとの提携を望んでいると言ったのだった。

そして今日の二度目の会談である。まず、広田弘毅が口を開いた。日ソ中立条約はあと一年で期限満了となるが、日本はこのさきもさらにソ連との友好関係を増進したい意向であると語り、ソ連側がいかなる考えを持っているか、だいたいのところでも知りたいと言った。

マリクはこれに答えず、逆に尋ねる。日本、ソ連、中国と三国の善隣関係をつくりたいと語った広田の昨日の話を取りあげ、具体的にはいかなる形のものを考えているのかと質問した。

さぐりを入れてきたなと思ったが、広田は曖昧に答えるだけだ。これは相手に喋らせなければならない。広田、東郷をはじめ、外務省の幹部たち、さらに陸軍の幕僚たちが見当のつかないのは、ソ連が東アジアの将来にいかなる構想を抱いているのかということだ。

ソ連が満洲、華北を自分の影響力の及ぶ領域にしたいと望んでいることは間違いない。ソ連はこの目的達成のために、アメリカの了解と合意を得ようとするのであろうか。二月のヤルタにおける米英ソ三国首脳の会談で、東アジアの戦後の取り決めができたのではないかと疑う者はいた。ところが、駐ソ大使の佐藤尚武からは、東アジアの問題は討議されなかったというモロトフの言葉を伝えてきていた。声の調子が高まることもなければ、話し方が速くなることもなかった。モロトフが真実を語ったことは間違いない。佐藤はそう信じた。

たしかに、ソ連が占領したルーマニアやポーランドで思いどおりにやっているところを見れば、ソ連とアメリカとのあいだで、東アジアに関してなんらかの取り決めができていることなどありえないように思える。

いや、東欧の状態がそんなだからこそ、東アジアの戦後の問題で、アメリカはしっかりとした取り決めをソ連と結びたいと考えているのではないか。

だが、アメリカがソ連とこの問題で交渉したとしても、アメリカはいかなる約束もできないのではないか。重慶政府の同意が必要だ。では、クレムリンは重慶と話し合いを終えているのであろうか。

もっとも重大な問題がべつにある。スターリンが重慶を支持するのか、延安を助けるのかということだ。クレムリンは、占領したポーランドやドイツにモスクワに亡命していたポーランド人やドイツ人を連れて行ったように、満洲や華北に連れていくモスクワにいる中国人の一隊を抱えているのではないか。そして、モスクワはこのさきいつか、重慶政府との関係を断ち切り、この連中と延安にいる共産主義者を支援することになるのではないか。

いずれにせよ、スターリンはかれが望むものを最小の犠牲で手に入れるためには、この流動的な国際情勢のなかで、まずは日本と取り引きをしようとするのではないか。

そこで、アメリカがどのようにスターリンに説こうとも、ソ連は対日参戦に踏み切らないのではないか。

外務省と陸軍の対ソ担当者のだれもが、これはどういうことだと声をあげたのは、いまから二十日ほど前、五月十四日のワシントンからのニュースだった。これを読んでみよと隣の席の者に言う声は、いささかはずんでいたにちがいない。アメリカの国務次官のグルーがその日、ソ連向けの武器貸与積み出しは今後大幅に減少すると語ったというのだ(120)。

アメリカはドイツと戦うソ連に三百万トンのガソリンから千五百万足の長靴までを供給してきた。ベーリング海峡の上空を飛んでの航空機の供与については前に述べた(121)。海上輸送物資の八割近くは、シアトル、サンフランシスコからウラジオストークに送られた。アメリカ建造の輸送船がソ連の旗を掲げて、三十七万五千台のトラック、二千輛の機関車、一万一千輛の貨車を運んだ(122)。それらの輸送船の船員はアラスカの港で訓練した一万五千人ほどのロシア人であるといったことを、対ソ担当者は知っていたのであろうか。

たしかにドイツとの戦いは終わり、アメリカは対ソ支援をする必要はなくなった。だが、クレムリンが対日参戦をアメリカに約束したのであれば、アメリカはウラジオストークに向けて、ソ連軍がなによりも欲しがっているスパムのブランド名で知られた豚肉の罐詰とトラック、そしてガソリンの積み出しを、このさきさらにつづけることがあっても、大幅に減らすことなどありえないはずである。

だれもがそう思った。グルーは日本人を油断させようとして嘘をついているのであろうか。いや、そんなことではあるまい。スターリンが対日参戦を約束しないからこそ、アメリカは武器貸与を打ち切ろうとしているのではないか。外務省の部課長のだれもがそう考えたのであろう。陸軍の部課長たちは、だからこそソ連は「哈特課《はとくちよう》」をこちらに送ってきているのだとうなずいたにちがいなかった。

参謀本部の課長が部下に向かって、月寒《つきさむ》と連絡をとれと命じたのであろう。札幌市豊平町月寒に第五方面軍の司令部がある。千島の最北端、占守島《しむしゆとう》を管轄下に置いているのが第五方面軍司令部だ。占守島の北の尖端の国端岬と対岸のカムチャツカ半島突端のロバトカ岬のあいだはわずか十二キロしかない。浦賀水道の幅だ。国端岬にある監視哨の任務のひとつは、この狭い海峡を通る毎日のソ連船の数を数え、西に向かう船の甲板に搭載された荷物がなんであるかを探ることだ。幌付きの小型自動車であることが多かった。

西行船、すなわちロシアに戻る船の吃水線に注意を払い、空船かどうかを見極めよ、東行船、すなわちアメリカに向かう船の増減を至急報告せよと市谷台は月寒に指示したにちがいない。

宮内省第二庁舎で開かれる陸海軍と外務省担当官の情報報告会でも、このグルー発言は論議されたはずだ。広田弘毅も外務省から武器援助打ち切りの説明を受け、うなずいたのであろう。スターリンは日本との交渉によって欲しいものを入手する魂胆なのだ。かれは、スターリンが日本の支配地域にたいして、また日本にたいしてどのような手を打つつもりか、クレムリンの積極的な関心事、追求しようとする長期的なねらいをマリクから聞きださねばならない。

もちろんのこと、マリクはなにもほのめかさない。このがっしりしたウクライナ人が語りはじめたのはべつのことだ。日本には外国筋の影響を受ける諸勢力があるが、かれらが日ソ国交に悪影響を与えてきたのではないかと昨日語ったことを、再び繰り返し、問いかけてきた。

ロシア側に一種の割りきれない感情、あと味が残っているとかれは言い、これが不信感、安全に欠けるといった気持ちを起こさせているのだが、日本側はこの感情、あと味を排除するのにいかなる具体的な方法を考えているのか知りたいと切りだした。

通訳の書記官野口芳雄はウクライナ訛りのマリクの言葉に耳を傾けながら、かれが慎重に選んで口にした言葉を「沈澱物」と訳そうかと迷った。かれは「あと味」と訳し、記録には「オサドク」とマリクの語った言葉を書き加えるつもりだ[123]。

両国のあいだに長い緊張と不和の状態があり、好ましくない「オサドク」があるのはまぎれもない事実であり、このことばかりは否定のしようがない。広田は日本でもソ連の態度を正しく理解する者が多くなっているのだと言い、政府は日ソ関係の根本的改善に乗りだし、友好的な関係を結びたいと願っているのだと語る。

マリク、松岡洋右を非難し、石井菊次郎を褒める

日はとっぷり暮れた。窓の外の森の木々がさわぎ、揺れている。

夕食はすきやきだ。雑談になって、マリクは自分がウクライナのハリコフの生まれだと言い、ウクライナ人は快活で、きわめて平和友好的だと語り、自分はそのウクライナ人だと言う。

広田がうなずき、このたびの大戦は戦禍を実際に経験したことのない国が起こしたものので、この意味で、アメリカのように戦禍を経験したことのないものは危険だと語る。

マリクは無言のままだ。

マリクが口を開き、日本人がなぜあんなにドイツに惚れ込んだのか不思議でならないと、またも言いはじめた。

ドイツ好きは軍人のあいだに多かったまでのことと広田が弁解すれば、軍人以外にもドイツに打ち込んだ人が少なくないではないかと反論し、松岡洋右《ようすけ》さんのごときはだいぶドイツの影響を受けたのではないかと指摘する。

広田は松岡の弁護をしない。広田がハルピン総領事の宮川船夫の二月十五日のマリクとの談話記録に目を通していたのなら、おいでなさったなと思ったことであろう。宮川にたいしても、マリクは松岡の名をあげたのである。なかなかに棘《とげ》のある皮肉だと思って、広田は黙っている。松岡をソ連に特派せよといった主張が東京のそここで論じられていることは百も承知で、マリクはわざわざ松岡の名前をだしたにちがいない。そんな論議をする人びとが知らなかったこと、忘れてしまったことを、マリクは記憶している。

四年前のこと、独ソ開戦から三日目、ソ連大使が千駄ヶ谷の私邸に松岡を訪ねた。そのときマリクは参事官であり、大使はスメターニンだった。スメターニンは松岡に向かって、日本が中立条約の遵守を約束してくれるようにと懇請した。ドイツ軍の侵攻を聞くや、スターリンは精神的に参ってしまい、部屋に閉じこもり、なにもできない状態になっていたから、これはスメターニン個人の判断でやったことか、マリクの進言があってのことにちがいなかった。

ロンドン駐在のソ連大使であるマイスキーは、ドイツの攻撃がはじまって五日のあいだ、モスクワからはなんの訓令も受けていないといった有様だった。

日本政府の方針はまだ決まっていなかった。そして松岡はといえば、いまこそ北進すべき絶好の機会だと考えていた。かれはスメターニンに向かって、三国同盟が日本の対外政策の基礎になると言った。スメターニンはつづいて七月二日、七月十三日にも外相を訪ねた。かつてない大動員がはじまっていた。日本側は秘密にしようとしていたが、秘密にできるはずはなかった。その動員が満洲国境への大軍の展開を意図したものであることは、もちろんスメターニンとマリクは承知していた。

「自分としては中立条約が現戦争には適用されないものと考える」と三度目の会談のときに松岡は言った。陪席していた外相秘書官の加瀬俊一はスメターニンの顔色がみるみる蒼白となるのを見た。

いまスメターニンの立場にいるのが広田である。つけ加えるならスメターニンの心労は一カ月あまりで終わった。八月はじめに新外相の豊田貞次郎はスメターニンに中立条約の各条項の義務を誠実に履行すると言ったのだった。

ところで、マリクは葡萄酒を小口にすすりながら、広田の気をいらだたせる話をやめ、埋め合わせをしたから、話し合いはなごやかな雰囲気に変わる。

かれは石井菊次郎の死を悼み、石井の著書をロシア語訳で読んだと言い、「日本の外交官、政治家であれほどドイツのことを言い得る人はいないとひそかに敬服していた。まことに惜しいことをした」(124)と、いささかオーバーな賛辞をふりまいた。

広田弘毅はこれはおかしいぞと思ったにちがいない。だれかに調べさせる必要があると考えたであろう。

マリクは石井子爵が語ったことのなにを知っていて、そんなことを言うのか。

このあと、広田とマリクの交渉記録を検討し、マリクの言葉を吟味する人がいるなら、ソ連大使は石井菊次郎の著書「外交回想断片」か「外交余録」を読んでそんなことを言ったのであろうかと考え込むことになろう。

これらの本を読まねばならないが、この二冊の本を見つけるのが一苦労だ。「外交余録」は昭和五年に刊行され、「外交回想断片」は昭和十四年に出版された。外務省の役人なら、外交官補の修学時代に石井の著書をひろげ、有能な「外交家」がさきを正しく読むことができなかったいくつかの事例を、これまた優秀だった大先輩の「外交家」が語るのを読んで、感銘を受けたものだった。だが、その二冊は女房の里に送ってしまい、木箱のなかに納まったままになっているか、ほかの蔵書とともに焼いてしまったかのどちらかであろう。外務省の図書室も焼けてしまった。

やっとのことで、石井の著書をひろげることになった政務局第四課の課員は首をひねることになるにちがいない。フランス駐在が長かった石井はなによりもフランス好きで、かれのビスマルク、カイゼルにたいする見方はフランス人のそれに近く、そのドイツ観は厳しいものだった。だが、マリク大使が感心してみせたような箇所はない。

少人数に配った小冊子に載っていたのであろうか。図書室が焼けてしまい、石井元外相の渋谷青葉町の邸も焼けてしまったから、いまは確かめるすべがない。

外務省の疎開先の文部省の四階、そして東横線沿線の第一師範の教室で聞いてまわれば、枢密顧問官だった石井子爵の枢密院で語った演述ではないのかと語る幹部がいるかもしれない。

マリクの発言の検討を命じられた課員はそれを聞き、面識のある枢密顧問官を訪ねてその内容を知れば、ある疑惑が胸中に湧くのではないか。マリクは石井元外相の著書を読んだのであろうか。そうではない。ゾルゲの報告書を読んだのではないか。

松岡洋右がソ連と戦うべしと説き、「日本は傍観のまま獲物の分け前を望んでもだめである」「形勢観望という手はない。まず先手を打つべきである」と大本営・政府連絡会議で主張した内容から、石井菊次郎の枢密院での陳述まで、尾崎秀実《ほつみ》が首相官邸の一室で密かにライカで撮影し、リヒャルト・ゾルゲの手にすべてが渡り、モスクワに送られ、再び東京にその写しが戻されてマリクが読んでいたのではないかという強い疑いである。

石井菊次郎がドイツを警戒せよと説いたのは昭和十五年九月二十六日のことだった。三国同盟条約案があわただしく枢密院にまわされてきた。形式的な手続きとなってしまっていたが、条約は枢密院の諮詢《しじゅん》を必要としている。駐仏大使、駐米大使、さらには外相をやったことのある石井は枢密顧問官だった。

早朝から十時間にわたってつづいた審査委員会の質疑応答のあと、本会議で石井が締めくくりの賛成演説をした。だが、その内容はドイツとの同盟を歓迎するといったものではけっしてなかった。

ドイツ帝国と提携したばかりに、いくつかの国は予測できない破滅に突き落とされたのだと石井は述べた。同盟というものは、つねにひとりの騎士と一頭の馬を必要とするが、かならずやドイツは騎士でなければならないと説いたビスマルクの言葉を最初にかれは引用した。

つづいて、同盟にたいするヒトラーの考えがまことに危険であると述べ、「かのヒトラー総統の率いるナチ・ドイツが永きにわたり帝国の忠誠なる友でありえようとは考えられない」と断言し、ドイツだけが騎士となることがないように準備することが日本にとって肝要であるとかれは最後に結んだのだった。(125)

石井のそのような警告を直接に聞いた首相の近衛文麿、陸相の東条英機は、ヒトラーの眩いばかりの強運の星に眩惑されていたときであったが、ある不安が胸中をよぎったはずだ。

もちろん、不安など感じない者もいた。外務次官の大橋忠一はその会議に出席していたひとりだった。かれに尋ねれば、記憶に残るような反対論はなにひとつなかったということになろう。(126) その日の会議で石井が語ったのは最後であり、午後十時だった。その外交長老のきわめて強い感情のこもった警告に大橋は欠伸《あくび》をこらえていたのかもしれない。

石井菊次郎が焼死したのは先月二十五日の夜だった。外務省と外相公邸が焼かれ、原宿二丁目の広田弘毅の家から千駄ヶ谷二丁目の松岡洋右の住まいが焼かれ、東京の中心部が灰になった夜のことだった。石井と妻のタマは郊外に移っていたが、用事があって青葉町の邸へ戻っていた。

夫妻は明治神宮の境内へ逃げ込むか、それとも青山墓地へ向かったらよいのか、どちらにしようかと迷ったのであろう。だが、どちらへも行けなかった。表参道には炎が走っていた。火と黒煙が渦を巻き、顔を上げることもできず、逃げ場を失った人びとはよろよろと道路に坐り込んだ。母親と手をつないでいた子供が炎にとらえられ、黒焦げになった。風にあおられて若い娘とその母が崩れ落ち、そのまま動かなくなった。一酸化炭素を吸っての急性中毒死だった。石井夫妻はそれっきり消息を断った。石井は慶応二年の生まれ、七十歳、夫人は六十四歳だった。

マリクとの食事が終わり、広田は星の別荘に戻る。午後七時三十五分だ。気がかりなことはあったものの、マリクは松岡洋右を批判し、つぎに石井菊次郎を褒めた。出だしはこんなところだろうと広田は考える。

本国からの回答は早くても来週のはじめになろうと語ったマリクの言葉を心頼みにし、ソ連大使館からの使者を待ち、「ソ連との関係の改善を図ろうとする日本の意図を歓迎する」と言ってくることに期待をかけることになる。

この二回の強羅会談の議事録を検討することになる東郷茂徳の判断も同じとなるにちがいない。

広田弘毅をホテルの玄関まで送ったヤコブ・マリクは書斎に戻る。

かれが考えていることは、広田弘毅、東郷茂徳、鈴木貫太郎、阿南惟幾、ほかのあらかたの日本人が考えていること、望んでいることとはまったくちがう。

マリクはどのように考えているのか。

日本側は南サハリンをわれわれに返還するだろう。ソ連水域内の漁業権を放棄するだろう。千島列島の一部をわれわれに引き渡すだろう。それだけだろう。

広田とこのさきどのような交渉をしても、極東における長期的平和と安全保障の問題を解決することはできない。日本が軍事的に完全に敗北し、無条件降伏をしないかぎり、満洲、朝鮮、関東州、華北の問題は収まるところに収まらない。

モスクワにこのように書き送って、つぎの会談で、私は広田にどんな意見を述べたらよいのかの訓令を求めなければならない(127)。

急いで書く必要はない。モスクワも緊急性のある重大な交渉とは考えていないはずだ。哀れな日本人はなにもできはしない。二、三日中に書こう。こんな具合に思っている。

第27章

「国力ノ現状」
毎日なにを食べているのか。大豆が頼りなのだが

（六月五日）

守山義雄の特電「ついに奇蹟は起こらなかった」

六月五日の朝だ。東京は快晴である。

午前七時すぎ、ラジオは空襲を伝えている。今日は神戸だ。先月二十九日の横浜、今月一日の大阪につづいて、再び昼間の都市爆撃だ。またも五百機が襲来するようだ。人びとは新聞をひろげる。朝刊を読む時間、場所が変わってしまったことが人びとの胸を刺す。防空宿直でも出張先でもない。もはや、あの部屋はどこにもない。あの座布団も、あの湯飲みも、あの机も、壁にかかっていたあの絵も、窓の外のあの柿の若葉もないのだ。

空襲から十日がたって、命が助かった、家族も無事だったという気持ちのたかぶりがいつか薄れ、自分と自分の家族が使ってきたもの、衣類、陶磁器、辞書、碁盤、大事にしてきたもの、ボルサリノの帽子と母の娘時代の写真、エーリヒ・クライバーの「新世界交響曲」、中学時代からの日記、もちろんのこと一家のよりどころ、聖域であった家屋、二十年の家庭生活と愛着のある町、林の向こうの朝日に輝く白壁の寺院、路地のさきのお稲荷さん、子供たちが通った青桐の木に囲まれた幼稚園、何年か前までは御用聞きに来ていた魚屋、八百屋、洗濯屋、来客のだれもが美味しいと褒めた鰻屋、江戸時代末期の高名な儒官、そしていまはその孫が住んでいる町だという誇り、こうしたすべてのものが灰となってしまい、再び戻ることがないのだと思うとき、悲嘆が胸を突き、無力感に襲われる。

こうしていま、多くの人たちが、不便で、居心地悪く思いながら朝の新聞を読んでいる。

朝日新聞をひろげた人は、ペラ一枚の表頁の「戦敗ドイツの実相」「戦争の真理は結末にあり」の見出しに目をとめ、それが守山義雄の署名記事であることに気づく。

守山義雄は朝日の多くの読者にとって、ごく親しい名前だ。

詩人の岡本潤は守山義雄の署名記事を前に読んだのはベルリン陥落以前のことだったと思いだす。

岡本は板橋一丁目に住む。妻と娘の三人暮らしだ。娘の一子は安宅産業に勤めている。二十一歳になる。潤は大映の多摩川撮影所に勤めている。四十三歳だ。

五月二十三日の空襲は無事だった。二十五日の空襲のときは、すぐ裏に一発落ちたが、隣組の人たちが消し止めた。

潤は守山の記事を思いだす。「嵐の前に立つ伯林《ベルリン》」という見出しが白抜きだったことを思い浮かべ、その冒頭の一節を日記に記したことも思いだす。

四月十七日の日記につぎのように書いた。

「朝日新聞守山特派員十五日発の報道では、ドイツもいよいよ最後のドタン場に来たようだ、『ベルリンに勤務する新聞特派員として正確な戦況を追求することはもはや殆ど困難な仕業になった』という。外国の新聞には東京の様相はどういう風に報じられているだろう」(1)

守山義雄は若い。三十四歳だ。大阪朝日に入社したのは昭和六年だ。練習生のかれの受け持ちは曾根崎署と天満《てんま》署、そして大阪駅だった。ダブル・カフスのワイシャツを着る洒落者だった。ドイツがチェコスロバキアを併合したすぐあと、昭和十四年にかれはベルリンに派遣されることになった。「編集局長になるより嬉しい」と同僚に語った。ドイツ語はできる。大阪外国語学校の独語部をでて、朝日に勤めるようになってからも、夜勤のとき以外は、阪神電鉄から借りた優待パスを使い、神戸に住むドイツ女性のところに通い、会話の勉強をつづけた。

ベルリン特派員となってからは、世界の歴史に刻まれる出来事を取材し、第一面ぶち抜きとなる記事を書き、朝日きっての花形記者となった。

かれがドイツ軍とともにパリに入城したときの報道を覚えている人はいまだにいる。黄昏の街路樹の下には、唇を赤く塗り、赤いハンドバッグを持った黒い服の女たちがたたずみ、シャンゼリゼの大通りにはドイツ軍の灰色のトラックがずらりと並び、エトワールの凱旋門の楼上には夕日を浴びてハーケンクロイツ旗が翻っているといった記事だった。

はるか昔のことのように思えるが、そんな昔であるはずがない。その光景を守山が描写したのは、五年前の同じこの六月のことだった。華やかながら哀切を帯びたかれの戦場からの報道も、還らぬ昔語りとなった。ドイツ、フランスからの引き揚げ者百四十一人とともに、守山はこの二日前に満洲里に到着していた。

シベリアの車中で書いたと思えるその報告は、まず最初の一節から読者をどきりとさせる。

「ついに奇蹟は起こらなかった。奇蹟を期待した人達は今茫然として廃墟の中に佇んでいる。ヨーロッパの廃墟、惨憺たる破壊、累積せる悲劇、一体これは何事が起ったのか。敗戦の痛手と深さは人々からものを考える力を奪ってしまった。茫然として、唯だ茫然として人々は恐ろしくひもじいことのみを感じている。これはドイツ国民の現状だ」

整理部デスクが八ポイントの活字を九ポイントにした箇所は、つぎのようなところだ。

「反抗力は徹底的に失われた今のドイツ人からは何処を押しても出て来ない。今度の戦争がドイツ国民に与えた破壊はそれほど完全であり、余すところなく徹底していた。……」

「芝居の途中の筋書は複雑起伏を極めていればいるほど面白い。しかし戦争には最後の結末だけが大切である。最後の終止符だけが戦争のすべてである。……

戦争の持つ偉大なる真理はその結末に潜んでいる。同時に近代総力戦においては奇蹟は容易に起こり得ない。ソ連がぶり返したのも英国が頑張ったのもあれは奇蹟ではない。それぞれ力の裏打ちがあってはじめてなし得たのである。強い力は弱い力より強い。この極めて常識的なことが戦争の結末には真理となって現れて来る。……」

「ラインを突破された後の独の頑張りは、戦略的にも政治的にもすべてに希望を失ったただナチスの精神力だけの頑張りであった。……」

「そしてある朝が明けた。『これはロシアの兵隊らしい』と誰かが扉の隙間から覗いて叫んだ。……それは五月二日の朝であった。そしてヒットラー総裁戦死の放送をわれわれが万感迫る思いで聞いたのはその前夜のことだった。

ヨーロッパ戦争はベルリン戦争をもって淋しく、呆っ気なく、ついにその幕を閉じたのである。きょうベルリン市街の徹底的な破壊の跡を見るものは何がドイツにここまで戦わせたかを一応不思議に考えるに違いない。政府、官庁街を中心として市の中心部八キロ四方を全く瓦礫の原っぱと化した二年間の爆撃よりも十日間の市街戦の方が二倍も三倍も破壊力は大きいのだ。……」

ペラ一枚の表面の三分の一のスペースをとったその報告はつぎのように結んでいる。

「ナチス・ドイツの敗戦の理由、そのような複雑な問題は一言や二言では尽せない。ドイツが最初から苦しんでいたのは二正面戦争の禍根だった。そして最後の瞬間までこの戦争を一正面に修正したいという希望を捨てなかった。ナチス・ドイツが戦略的にも全然見込みない最後の抵抗を試みたのも米英とソ連間の軋轢の結果を期待し、ここにドイツが掴み得る政治的な機会を待ちもうけていたのであった。ヒムラーの米英単独降伏提案はその最後のはかない試みであった。今日ドイツは米英ソ連三国のほかにフランスまで加わり、全国土剰すところなく四国軍隊に占領されている。ベルリンの至るところ赤旗が翻り、打ちひしがれた市民は生きるために食わんがためにすべての過去を忘れている。富めるものも中産階級もすべて消滅し、いまドイツの街頭に見るすべての人間の形は事実死の色に塗りつぶされてしまった。

記者は南京をはじめ、ワルソー、ブラッセル、パリと四つの首都をそれぞれ占領第一日に勝利の軍隊に従軍して見聞したが、いまはじめて敗軍の首都の悲惨さを内部から体験して戦争の結末こそ戦争のすべてだという考えを一層強くしたのであった」

だれもが息苦しさを感じながらこの文章を読み終えた。

川崎市境町に住む平林疆《つつむ》もこれを読んだ。三十一歳になる平林は市内の渡田《わたりだ》国民学校で残留組の子供たちを教えている。数個所に分散しての寺子屋式の授業も三月までだった。空襲が激しくなって、その授業は中止となっている。

彼女の夫も教師だ。市内の富士国民学校で教壇に立っているが、集団疎開の児童とともに県内の大山の麓にある大山町に行っている。五年生になる長男の一昭も集団疎開に加わって、その門前町の宿坊のひとつに寝泊まりしている。

彼女は次男の雅雄と二人きりの生活だ。彼女は日記に書いた。

「沖縄の戦況には全く心が曇る。どうして憂鬱にならずに居られようぞ。ベルリン陥落の恐ろしい情景を新聞でみるにつけても沖縄がかくなっては、何時の日にか我らにもまたさような日が訪れるやも知れず、と考えるとき、啞然たらざるを得ない。東京を中心に狙ってくるからには、私達の運命も如何に変化する事やら。

悲観論にのみ傾く。こんな心細いことではいけないと思っても、主人の居ない留守であってみると、心細くなってしまう。……(2)」

淀橋下落合に住んでいる元外相の有田八郎は深く嘆息したあと、守山義雄のその記事に鋏を入れた。今朝早く、有田は同じ区内の西大久保に住んでいる平沼騏一郎を訪ねた。鈴木貫太郎が首相となってから、平沼があとを継いで枢密院議長となっている。国体の維持さえできれば、他のことはたいがいにして、戦争をやめると米英に申し入れたらどうであろうかと説いてきたばかりだった。

平沼はなにも答えなかった。人の話には耳を傾けるが、自分の意見はけっして述べないのが平沼の流儀であることは有田もよく承知している。なにか頼みごとをしても、その場で諾否を言わないのが平沼のやり方だ。ましてや、かれがこの重大な問題にそのとおりだと口にだして言えない立場にあることは有田にもわかっている。かれはその切り抜きを平沼に送るつもりである。当然、読んでいようが、もう一度考えてもらおう。米内光政にもそれを送ろうとかれは考える。

かれが外相だったときの首相が平沼であり、海軍大臣が米内だった。日本も無用な頑張りをつづければドイツのごとく、東京はベルリンのようになるから善処してほしいと書こうと思ったが、そんな添文をつける必要はないと思い直す。(3)

志賀直哉、南弘、守山の報告にそれぞれ思うこと

世田谷新町の自宅にいる志賀直哉も守山のその文章を読んでいる。ラジオは神戸の空襲が終わったことを告げている。午前九時少し前だ。またも一時間半の空襲だった。

これはおかしい、どういうことであろうと新聞を読みながら直哉は考える。戦争とはなんであるのか、敗戦とはどういうことなのかをまざまざと描いたその記事が、どうして検閲を通ったのであろうか。(4)

本来なら新聞に掲載できる内容ではない。なぜこれがペラ一枚の表面に大きすぎるほど大きなスペースで載ったのであろうか。

朝日の整理部の連中は眠っていたのか。整理部内の査閲課が原稿の段階で情報局と連絡をとりあう仕組みとなっていることは、志賀も聞いたことがある。朝日の整理部デスク、そして軍と情報局は、執筆者の自由に任せるようになったのか。そんなことがあろ

うはずはない。

情報通の加瀬俊一なら、なにか知っているにちがいないとかれは思ったことであろう。だが、内閣が代わってしまい、外相も交代し、麴町三年町の外相官邸での三年会の集まりもなくなって、加瀬と会う機会もなくなり、なにが起きているのかを聞くことができない。外相官邸が焼かれてしまったこともかれはだれからか聞いたにちがいない。

志賀はいよいよ旅行にでかける。疎開予定地の伊那谷を見てまわって、福井に疎開している次女の寿々子のところまで行こうとしている。リュックサックには、米少々と砂糖、鰹節一本、それに下着類が詰め込んである。ほかに水筒を用意し、腰鞄には葉書を入れた。五年前に住んでいた淀橋諏訪町の住所を刷り込んだ年賀葉書の残りである。いまや葉書だって貴重品だ。毎日の安否をかならず知らせると、かれは妻や娘たちに約束している。

そしてこの旅行でいちばん大切な鉄道パスを内ポケットに入れる。芸術院会員の資格で文部省から借りた六月いっぱい通用する二等パスだ。証明書をもらい、行列に並び、切符を買って汽車に乗るとなれば、福井どころか伊那谷に行くこともできない。

明日の朝五時の八王子発の列車に乗る予定だ。そこで志賀は今日の午後には家をでて、まずは八王子の瀧井孝作の家に一泊することになっている。

かれは瀧井と長い友人だ。瀧井が改造社に勤め、かれが「暗夜行路」を雑誌「改造」

に載せた大正半ばにはじまって、三十年に近いつきあいがある。直哉は六十二歳、孝作は十一歳年下の五十一歳だ。志賀に向かって長尾欽弥《きんや》の妻の米子が、原稿料や印税が入るあてのない小説家を援助しようと申し出たとき、直哉が真っ先に思い浮かべたのが瀧井のことだった。

瀧井孝作は昭和十六年二月に「無限抱擁」を岩波から文庫本でだしたあとは、随筆集と小説集を二、三冊だしただけだった。この数年は芥川賞の選考委員をやっているほかには、俳句や随筆をときたま雑誌に発表するにとどまった。

昭和十六年十二月から陸軍航空本部の嘱託となり、週に二日ほどでていたが、辞めたばかりだった。かれのために月に二百円の援助を仰ぐことにした。長尾米子は一年分二千四百円を志賀に渡し、ほんとうに月二百円で足りるのかと何度も念を押したのだった。

直哉が昼すぎに出発しようと思っているとき、瀧井の妻の利枝がやって来た。志賀に同行する島村利正の切符の入手が明日になると知らせに来たのだった。

島村利正が直哉に師事していることは前に記した。直哉が伊那谷に疎開を考えたのは、島村に勧められてのことだった。直哉は島村の故郷の高遠《たかとお》に行こうとしているのである。出発は一日延期となる。直哉は守山義雄の記事掲載の意味はなんであろうかともう一度思案にふける。

二カ月前の四月七日の夜、長尾欽弥の邸で、新内閣は戦争終結をめざすのではないかと近衛文麿に尋ねたことがあった。直哉の期待は即座に否定されたが、かれの胸中には、もしやという思いがずっとあった。やっぱり鈴木内閣は和平を望んでいるのだ。中立国のスウェーデンかスイスで和平の交渉をしているのだ。

この旅から帰ってくるころには、いいニュースが聞けるのではないか。かれはひとりうなずき、このことを、明日にでも瀧井、島村に教えよう、妻にも知らせねばと立ちあがった。

守山義雄の文章のすぐ脇に載っている小さな記事に目を据えている若い女性が岐阜市郊外の河渡《ごうど》村にいる。

心臓がどきどきする。発信地は満洲里、日付は昨日の六月四日、そして守山義雄の名前。見落としも読み間違いもない。もう一度読み直す。肩で息をする。

「四日以後数団体に分れてハルピン経由でそれぞれ帰国する」

急いで立ちあがり、北の方角に向いて手を合わせる。守山義雄の妻の輝子である。

夫がベルリン支局に特派されることになって、出発したのが昭和十四年三月末だった。輝子はお腹が大きかったから、神戸へ見送りに行くのはあきらめた。四月に長男が生まれた。男の子なら名前は雄介にすると決めていた。夫が乗っている伏見丸に電報を打った。インド洋の真ん中でみんなから祝福を受けたと夫から手紙が来た。雄介の写真を毎月送り、国際電話でときたま夫と話をした。ザーザーと雑音が聞こえてきて、夫の声はかき消された。だが、それができたのは最初の一年だけだった。

雄介はこの四月に国民学校に入学したが、夫は指折り数えてわかっているにちがいない。夫からはずっと手紙は来なかったが、夫の便りは新聞に載るのだと輝子は思ってきた。今日あたりは夫が書いた記事が載っているのではないかと息を詰めて新聞をひろげるのが彼女の長い習慣となった。

昨年十一月二十四日には、第一回の徳富蘇峰賞を受賞した夫に代わり、彼女はモンペ姿で帝国ホテルの表彰式に出席し、⑤これまた出席した朝日の上野精一会長、村山長挙《ながたか》社長からも、ねぎらいの言葉を受け、感激したのだった。

「ベルリン東方の郊外に出て見るとすでにソ連軍の砲声が聞かれる」と夫の記事がでたのが、四月二十一日付の紙面だった。四月十六日の午前四時きっかりにはじまったその大砲撃を、⑥夫が「欧州最後の決戦」と書いているのを見たとき、輝子は身震いした。馴染みのないドイツの地名を夫が残していったドイツの地図から探し、物差しで測った。神戸をベルリンとすれば、ソ連軍はすでに大阪あたりに陣取っていることになる。ソ連軍は十里ほど離れただけのところから大攻勢を開始したのだ。守りきることができるのだろうか。彼女はもう一度身震いした。

夫のその記事から一週間あとのことになる。大使館員と新聞記者二十人がベルリンにとどまっているが、その消息はわからないという記事が載った。ストックホルムからの同盟通信の電報だった。胸騒ぎがした。

つづいて五月一日の新聞に夫の名を見つけた。モスクワからの電報だった。ベルリン郊外にいたというその日本人は、ソ連軍の手ですでにモスクワへ送られてきていた。そのなかのひとり、夫の友人という人が夫の消息を語って、夫はベルリンの日本大使館に籠城する、ベルリン攻防戦の最後を見届けたいと語っていたというのである。胸が詰まった。

「ヒトラー総統薨去《こうきょ》す」の特電とベルリン陥落のニュースが五月三日の新聞に載った。ベルリンからの電報ではない。いずれもスイス発の同盟通信社の電報だった。

夫はベルリン攻防の戦いの巻き添えとなったのではなかろうか。ソ連軍につかまってアメリカ軍に引き渡されたのではなかろうか。無事なのだろうか。手を合わせて祈る毎日だった。

ベルリン大使館の籠城組のなかに夫がいて元気らしいと知ったのは五月十七日の新聞だった。満洲里からの電報だった。なにか信頼が置けなかった。どうして満洲里でそんなことがわかるのだろう。

輝子がほっと息をついたのは五月二十九日の新聞をひろげたときだった。モスクワからの電報だった。

「一行中には守山朝日新聞ベルリン支局長及び原同特派員の元気な姿もみられた」

一行というのはドイツのソ連占領地にいた邦人の一隊、百三十九人のことだった。五月十五日にモスクワを出発したと告げていた。ベルリン大使館の地下防空壕にいた夫はモスクワへ送られ、すでにモスクワから東へ向かう汽車に乗っているのだ。

そして今日の記事だ。満洲里に着いたのなら、もう大丈夫だ。一週間、遅くても二週間のちには夫に会えるにちがいない。雄介が学校から帰ってきたらどのように話そうか。

夫が書いた文章の横に載っている小さな夫の顔写真は、この六年のあいだ見なれた顔だ。二十代末、結婚したころの写真である。こんな身近に夫がいると思ったことはない。まっすぐこちらを見つめているその顔はいまにも動きだしそうだ。

枢密顧問官の南弘は日本倶楽部の図書室で守山義雄のその文章を丹念に読んでいる。明治二年生まれの南は七十五歳になる。慶応年間の生まれの多い顧問官のなかでは、少々若い。明治の末に西園寺内閣の内閣書記官長をやったことがあり、台湾総督、逓信大臣をやった。

渋谷栄町通りの南の邸は五月二十五日の夜に焼かれ、近くに住む、焼け残った親類の家に厄介になっている。ちかぢか茅ヶ崎の別荘に移るつもりだ。

五月二十五日は、その日の午後、銀座の武見太郎の診療所に行き、都電で帰宅した。

南はずっと武見の診療所に通っている。武見の診断と治療を信頼する患者は数多いが、南もそのひとりである。南はあふれる自信の持ち主であるこの勉強家の内科医に心服し、貴族院時代の友人、枢密院の同僚を紹介し、武見の結婚の世話までした。牧野伸顕《のぶあき》の孫娘の英子である。こうしたことは、いずれも前に記した。(7)

吉田茂が憲兵隊に拘引されたのは近衛公が内奏した内容を陸軍が知ろうとしてのことだという話を南は武見から聞いた。牧野伸顕からの情報である。

夕刻、南の家に孫娘の野間富士子が来たが、すぐに帰った。彼女は下落合に住む長女繆子《きゆうこ》の娘である。空襲警報のサイレンが鳴ったのは午後十時半だった。紺のダブルを着ようか、昼に外出したときに着た薄色の背広を着ようかと迷った。これから暖かくなるのだから、薄いほうにしようと思った。つぎに春物の外套をとりだした。

書斎から廊下にまで積みあげた書籍の山を見まわした。瞬間、思いだしたのは、大震災のときのことだった。芝の芝園橋の近くに住んでいた。火が迫ってきた。渋谷の親戚の家に逃げようと家族とともに家をでようとして、書斎と書斎からはみでた書籍の山に別れを告げたときのことが頭をよぎったのだった。

応接間に入り、そろえて置いてあった自分の詩集を腰鞄に入れようとした。五月二十三日の夜には、それを風呂敷に包み、腰に結んだのだった。思い直した。

机を照らすだけの灯のなかで、机に置いてあるべつの和綴じの本に手が伸びた。清朝詩壇の大宗、王漁洋の「漁洋百絶」と漁洋が選んだ「唐詩萬首絶句選」「漢詩家絶句詳解」の三冊を鞄に入れた。漁洋が説いた「詩ヲ為《つく》ルニハ先ヅ風致ヨリ入手シ、之ヲ久シウシテ平淡ニ造《いた》ルヲ要ス」の言葉を、かれは自分の作詩の要諦としてきた。

高射砲の炸裂音、焼夷弾の落下の音がとだえた。まずはよかったと思った。そう思うまもなく、新たにすさまじい爆音が頭上にきた。防空壕から顔をだし、空を仰ぐと、無数の火の玉が真上から落ちてくる。思わず神に祈った。庭のあちこちで焼夷弾が赤い焔をあげ、シューシューと音をたてはじめた。隣の玄関前に火柱があがった。物置のなかに炎が見える。妻の操、女中の常と三人で風呂場の水をバケツ・リレーした。火は消えた。

家の前にでて、つぎに裏へまわった。どこにも炎は見えない。ところが、隣家がすでに火に包まれている。風にあおられた炎が勢いを増しながら、こちらに猛烈な火の粉を飛ばしはじめた。三人ではどうにもならない。逃げるしかない。

もう一度、家に入り、応接間へ駆け込んだ。懐中電灯を机に向ける。伊江朝助男爵からもらった硯をポケットに入れた。なぜなのか、近衛文麿公からの寿状《ことほぎじょう》が目にとまった。詩のノートといっしょに持った。それらをコンクリートの塀ぎわに置いた。鞄を入れた防空壕の入口はすでに土をかけてしまった。妻が持ちだしてきた食料品の包みと二着の外套もそこに置いた。

道路には突風が吹き、火の粉が走り、火の玉が転がってくる。一高前の畑まで行き、三人は風のあたらない竹垣の陰に腰をおろした。夜が明け、周りの火は収まった。焼け残った藤井の家へ行き、そこの茶室で休んだ。妻の操の叔母の家である。

昼すぎ、南は焼け跡へ行った。家はきれいに焼けてしまっていた。塀ぎわに置いた外套と食料の包みは消えていた。書籍の残骸が白々と灰になり、その灰がまだくすぶりつづけていた。

持ってでた三冊が残っただけだった。一冊の本も疎開していなかった。書架のひとつひとつに並んでいた書物が思い浮かんだ。この辺にバイウォーターの「太平洋の海上権力」があった。このあたりにモーパッサンのフランス語の本が何冊かとシラーのドイツ語の全集があった。その前に山本有三からもらった全集が積みあげてあった。いつかきっと焼けてしまった書籍の回顧録を書こうと考えて気をまぎらわした。

夕刻、孫のひとり、飯沼一慶が下落合からやって来た。富士子の兄である。下落合の家は焼けなかったと言った。防空壕のなかの鞄、そのほかの荷物をだし、藤井の家まで運んでくれた。

五月二十七日も、南弘は朝から焼け跡に行った。印章を探した。二つは無事にでてきた。生き別れた子供に再会したように嬉しかった。もうひとつの玉印は割れていた。

午後に再び焼け跡に行った。飯沼一省《かずみ》が自転車で来た。長女穆子の夫で、一慶や富士子の父だ。五十三歳のかれは内務省の高級官吏である。各県の知事をやり、現在は神祇《じんぎ》院の副総裁だ。昭和十五年十一月に神社局が神祇院に昇格し、そのとき以来、飯沼はそのポストにいる。総裁は内務大臣の兼務だ。

焼け跡の庭に座り、南夫婦と飯沼はこれからさきのことを相談した。後片づけが済むまで下落合に数日厄介になり、そのあと茅ヶ崎の別荘に移ることに決めた。そして枢密院顧問官会議を開くこともできないような非常事態になったら、北軽井沢へ行くしかあるまいということになった。

かつて台湾総督だったときに総務長官だった平塚広義《ひろよし》に勧められ、南と飯沼は北軽井沢に別荘を持っている。

つづいて操が飯沼に向かって、一昨夜の空襲の一部始終を話した。そして飯沼が一昨夜の東京の被害を語った。宮城は焼失したのだと言った。南は涙をこぼした。大宮御所、各宮家も焼けてしまった、武見診療所は残り、銀座の三越、松屋は焼けたと語った。

そして今朝から沖縄の敵が無条件降伏をしたという噂がひろまり、方々で万歳の声が聞こえるという騒ぎになったのだが、じつはこれがデマだったと飯沼が南夫婦に語った。今日は国旗がでている、海軍記念日だから国旗がでているのを早合点してのことだったらしいと説明した。

その騒ぎは午前十一時前にはじまった。警察、憲兵隊に、沖縄の敵が無条件降伏したというニュースはほんとうかという問い合わせがひっきりなしに入りだした。かれらもまたほかに確認を求めた。だれもが半信半疑だった。飯沼一省も内務省の幹部にその真偽を尋ねたひとりだった。内務省や情報局の部課員が慌てて陸軍報道部や陸軍軍務局に連絡をとった。一カ月半前の四月十八日、十九日のぬか喜びと同じであろう、十中八九事実ではあるまいと思ってはいたものの、胸苦しい思いがするひとときだった。はっきりと打ち消されたあとには、だれにも大きな疲労感が残った。

六月二日、軍需省官制の改正を審査のために顧問官全員が集まった。五月二十三日以来の会議だった。わずか十一日のあいだをあけただけだが、東京は一変した。東京は灰となり、宮城をはじめ主要官庁は焼けてしまった。二十四人の顧問官のうち住まいが残ったのは、桜内幸雄、三土《みつち》忠造、竹越与三郎、窪田静太郎の四人だけだった。

そして、顧問官のひとり、石井菊次郎は依然として消息不明だった。石井についてはは前に触れた。かれは慶応二年の生まれだった。フランス大使、アメリカ大使、外務大臣をやったことがあり、外交界の長老だった。渋谷の青葉町に住む石井は二十五日の夜、妻とともに明治神宮に逃げようとしたのだが、それっきり消息がつかめない。もはや生きていないことは確実だった。

会議室の紅葉山の地下防空室に天皇を迎えたとき、南の目から涙があふれたのだった。

そして今日、六月五日だ。南弘は高田馬場の家をでた。膨大な蔵書と家を失ってしまって、丸ノ内三丁目にある日本倶楽部に行くことだけがただひとつの慰めとなっている。品川回りの電車が来ないので、上野回りに乗る。有楽町で降りる。銀座の武見太郎の診療所に寄ろうと思ったが、家族の疎開先の柏からまだ戻っていないだろうと考え直した。

表参道の武見の家も焼けた。かれの家族はすでに千葉県の柏に疎開している。太郎が自分が無事なことを家族に知らせるために柏へ行ったことは、牧野家で聞いていた。まっすぐ日本倶楽部へ向かうことにした。

日本倶楽部は明治三十一年に近衛篤麿《あつまろ》、鳩山和夫らによってつくられた。それより前につくられた東京倶楽部の会員は華族が多いが、日本倶楽部は、勅選の貴族院議員、政界の長老、退任した高官が会員である。この会員の昼食のために食糧の特別配給がある。政府による高官OBにたいするささやかな支援策である。

会員たちがここで昼食を食べれば、一回分の配給の食糧を浮かせることができ、家にいる家族を喜ばせることにもなる。空襲下にありながら、倶楽部が存続し、会員がこぞって倶楽部に行くのは、これが理由である。

たとえば天羽《あもう》英二は一昨年四月から昨年七月まで情報局総裁だった。かれは日本倶楽部の会員である。五月一日の日記に、「此頃、日本クラブ昼食　家庭食糧政策上必須条件⑧」と書いた。同じ五月十二日には、つぎのように記した。「日本クラブ　昼食　益々ひどい　二人前（3円）を食するを常とす」

日本倶楽部の談話室で南弘は守山義雄の文章を読み終えた。気持ちが沈み、食欲はまったくない。

今日の日記はつぎのように書こうと思う。

「朝日新聞ヲ読ム。守山伯林支局長ノ報告最モ可也。最モ注意スベキ点。

一、近代総力戦ニ於ル奇蹟ハ容易ニ起リ得ズ。

二、強イ力ハ弱イ力ヨリ強イ。

三、欧州戦ニ於テハ徹頭徹尾極《きわめ》テ物理的推移ヲ見セタ。

欧州戦ニ限ラヌ。何レノ戦ニ於テモ適用出来ル言葉デアル。

午食。嗅々《おうおう》デ食ベルコトハ出来ナカッタ。……(9)」

鎌倉の扇ケ谷《おうぎがやつ》に住む島木健作が、横浜の空に高くあがる煙を見ての思いを日記に書いたことは前に述べた。

五月二十九日のその空襲のあとから、いろいろな噂が飛んでいる。つぎには横須賀と鎌倉をやると敵がビラをまいたのだという。八幡宮を忘れないというビラもあったという。日本に神社は十二万ほどあって、そのうちの四万が八幡宮と言われるが、この八幡宮とは、言わずとしれて鎌倉八幡宮のことであろう。

隣組の組長が集められ、当局の通達があったのだという。空襲を覚悟せよと言ったのだという。荷物は地下に入れよ、警報が鳴ったらすぐに避難せよということなのだという。

その話を妻の京から聞いて、三日ほど前、極楽寺の中山義秀《ぎしゅう》の家を訪ね、かれの家の庭にある横穴に荷物を入れさせてくれと頼んだ。どうぞということで、昨日、かれは妻と衣類の荷造りをした。

書棚の本は焼けるにまかせるしかない。書きかけの原稿は小さな鞄に入れ、いざというときには、庭に掘ってある穴に放り込み、土をかける。そのくらいのことなら、自分にもできるだろうとかれは考える。

じつはかれはこの四月から体の具合が悪い。血痰がでる。左胸部が痛い。若いときに罹った肺結核の再発だ。農民組合運動に加わり、共産党に入党したのが昭和二年だった。捕らえられ、転向し、仮釈放となったのが昭和七年だった。昭和十二年に「再建」を中央公論社から刊行し、つづいて「生活の深求」を河出書房からだした。四十一歳になる。

なにかをすればすぐに疲れる。中山の家に運ぶ荷物は妻が背中に背負って持っていった。かれは横になって本を読んでいる。今日はヤンコラヴリンの「ロマン主義の心情」を読みはじめたが、面白くなく、途中で放りだした。アンドレ・シュアレスの「三人」をとりだした。昭和十年に出版された本だ。パスカル、イプセン、ドストエフスキーの三人を正面から論じ、その情熱的なスタイルに驚いて、これは姿勢を正して読もうと考え、これもやめにした。

柿の白い花がひっきりなしに落ちる。石榴《ざくろ》の花が咲きはじめている。山ボウシの白い花も咲いている。揚羽蝶や蜜蜂が枝のあいだを飛び、小さな甲虫が縁側を這っている。

健作は朝からずっと気になっていることを日記帳に記入する。

「朝日の守山特派員のベルリンの廃墟を報じた通信に胸打たれた。陥落直前のナチス首脳の断末魔の様相、その内紛、内紛のままに、三百万のベルリン市民を敵の砲撃下にひきずり込んで行ったかたちは、不屈な闘志というよりは、抱合心中に市民を道連れにした感じの方が強いのである。断末魔の内紛はみにくいものだ。一切の美しさはその瞬間に死ぬ。滅びるものの美しさはその瞬間に死ぬ。滅びるものの美しさはもはやそこにはない⑩」

「国力ノ現状」 日記に記すのは食糧のヤミ値、ごくたまのご馳走

午前十時になる。同じ六月五日である。

毛里英於菟、美濃部洋次、迫水久常の三人が集まっている。

朝日の守山義雄の文章を読んだかとだれかが言い、読んだとほかの者が言い、陸軍はなにも言わなかったのかと迫水に問うたことであろう。迫水はうなずき、四長官会議が開かれるとき、下村情報局総裁にどういうことがあったのか聞いてみようと思ったにち

がいない。

鉄鋼、石炭、航空機の生産の現状を聞いて、残っているのは食糧の問題である。農商省農政課長の東畑四郎に来てもらったのではないか。毛里や美濃部は東畑をよく知っている。前に述べたとおり、昭和十五年に企画院で経済新体制の討議をした仲間だ。

さて、食糧と言えば、米だ。米が不足するようになって久しい。大豆や高粱《こうりやん》を「混合物資」あるいは「混入物資」という名称で配給している。米の「代替物資」といった言葉も登場するようになっている。

「混合物資」と「混入物資」は同じだ。もともとは内地米に外米を混ぜていたのが、外米の代わりに押し麦を混ぜ、とうもろこしを混ぜて配給することにしたから、こんな名称がつけられた。だれもが不平を言い、べつべつに配給してくれという声があがり、「別配」ということになった。それでも、押し麦、丸大豆、脱脂大豆、丸とうもろこし、挽き割りとうもろこしは、「混入物資」という名称で配給になる。

米の「代替物資」は第一に小麦粉である。つぎに乾めんがある。パンがある。来月から東京、横浜で配給予定のじゃが芋も「代替物資」である。

いまさら言うまでもないことだが、足りないのは米だけではない。食べるものすべてが足りない。

太った美濃部はスマートになり、だからといって階段をのぼりはじめればすぐに息が切れる。毛里は顔色が悪い。衣類をすべて焼いてしまった迫水はもらった服を着込んでいる。ぶかぶかだ。服が大きいのではなく、かれが痩せてしまっているのだ。そして東畑も五キロほど痩せてしまっている。

このさきどうなるのかと毛里が東畑に尋ねたのであろう。

東畑が語るであろうことを記す前に、人びとは現在、どんなものを食べているのか、どれほどの量を食べているのかを見ることにしよう。

毎日の日記をつける大の男たちが、以前とちがって、食べ物のことを書き記すようになっている。元情報局総裁の天羽英二が日本倶楽部の昼食のことを日記に記しているのは前に述べたばかりだ。だれもが毎日の食事の貧しさ、少なさの不平を綴り、「鹿の餌」のようなものを配給してと怒り、明日食べるお米がないと嘆く妻の声を写す。

大森区東馬込に住む添田知道は五月十九日の日記につぎのように書いた。

「何しろ豆粕ばかりに見える飯である。郵便のために、封筒を張り、切手も緘《かん》がついていないのだが、それをやる時に、お櫃を覗き込んでよく探さないと、飯粒のつもりで塗っていても、豆粕なので一向に貼れないのである(11)」

豆かすは脱脂大豆、油をしぼった大豆のかすのことだ。肥料に使われていた。硫安の利用が一般化して使われなくなったあとは、米糠、大麦と混ぜ、牛の飼料となった。そして現在は、前に述べたように「混入物資」となって、人間の食糧である。米に混ぜて配給しないでくれとの消費者の声が大きく、「別配」になったものの、バターはもちろん、食用油も砂糖もないから、豆かすをこのままで食べる方法がなく、結局は米に混ぜて食べるしかない。

五月二十一日の添田の日記は米の「代替物」、パンの配給について書いた。

「昨日パンが配給になった。三斤。これ三人の一日分米差引である。背の低い、重たいパンだ。さすれば此の一斤の三分の一が一食分である。黎子弁当に喜んでいたが、見ると半斤と別に耳を持っていくのだ。おいおいそれでは食い込みだぞという⑿」

そして、日記をつけている人は、たまに招かれての、あるいは招いての、それともヤミの料理屋での一皿一皿を書き綴るのが楽しみとなる。

二カ月以上前のことになるが、三月十二日、武井武雄は日記を書いた。

東京美術学校出身の武井武雄は、在学中から童画を描いてきた。童画という言葉は、かれが「コドモノクニ」「キンダーブック」「赤い鳥」に挿絵を描いていたかれとかれの仲間たちが昭和の初年につくった言葉だ。かれが描いた童画に「赤ノッポ青ノッポ」がある。小学校時代にひろげたその童画をふっと思いだすことのある年若い士官は、ラバウルにも、鹿屋《かのや》にもいることだろう。

当然ながら、武雄の日記は絵日記だ。

かれは昼に食べたご馳走のテーブルセッティングを思い浮かべ、メインディッシュを描き、テーブルナイフとフォークを描いた。紙面の上方に、両側に柄のついたブイヨンカップとパン皿を描いた。

もちろん、メインディッシュの魚のフライ、蟹の大きな爪、野菜、すべてを描いた。パン皿にはパンを描き、「パンもかかる厚みのもの珍し」と記し、メインディッシュの下のナプキンを描き、「紙ナプキンなど出す処　当今どこにもなし」と書いた。

そしてナイフの横にテーブルスプーンを描くのを省略し、その余白に本文を綴った。

「小国民文協の理事幹事長会議　新橋駅東洋軒にてあり　ここは内容よしとの事だが実物を見るに及んで驚いた　今時こんな豪勢な食事をさせる処ありとは想像もしなかった　帝国ホテルも大東亜会館も一流のところ　この半分の内容もなし　みな海草の化物みたいなものばかり[13]」

東洋軒は歴史のある洋食店だ。精養軒、中央軒と並んで洋食ご三家と呼ばれてきた。現在は運輸省と文部省のために店をあけている。運輸省鉄道総局の睨みがきいて、どこかの漁村でボラ網でボラが採れたとの情報が入れば、採れた魚をすばやく最寄りの駅から東京行きの貨車で運ぶ。たとえば伊東からイルカを、富山からはタラを運んでくる。そこで東洋軒では「海草の化物」がでることはない。

帝国ホテルや東京会館のメインディッシュに「海草の化物」がでるというのは、アラメかカジメであろう。吉田茂と女中が朝の散歩がてら、大磯の海岸に打ちあがっているアラメを拾っていたことは前に述べた。カジメは大きなヤツデの葉のような形をしている。こまかく切って食用にする。

消火器は統制外品だと前に語ったことがあるが、これらの海草も統制外なのである。統制から外れているといえば、川魚の草魚《そうぎょ》や雷魚《らいぎょ》がそうだったから、一昨年、昨年までは、帝国ホテルや料理屋で幅をきかせたものだった。利根川で採れる草魚が会社の寮に名前を代えた料理屋やヤミの支那料理屋に運ばれた。フグも統制外だったから、銀座の天麩羅屋がどこでもフグを揚げていたときがあった⑭。だが、現在は雷魚を採る人もいなくなり、東京まで出荷するフグもない。そして、あらかたの店が焼けてしまった。

ところで、カジメは採るのはわけはないし、運ぶのにも手はかからないから、草魚やフグが消えても、まだ大手を振っている。カジメがだされるのは帝国ホテルだけではない。相模湾産のカジメの細切りと大豆の煮つけのおかずが定番なのが、平塚の海軍火薬工廠に勤労動員されている中学生の昼飯だ⑮。横須賀の海軍工廠の中学生や女学生の食堂のおかずにも、三浦半島で採れたアラメやカジメが毎日のようにでてくる。

東洋軒の食事がなかなかのものであることを記した人はほかにもいる。東京文理大教授の福原麟太郎は四月十日の日記につぎのように書いた。

「文部省にて諸学振興委員会芸術部会。……正午新橋駅上食堂で昼食が出る。スープ、タラの煮込、カニの足、イルカの煮焼など、近頃のご馳走なりき[16]」

だれもが食べたご馳走のひとつひとつを思い浮かべて、日記に記す。なにひとつ書き忘れない。古川緑波《ロッパ》は五月七日の日記にヤミ料理屋で食べた料理をつぎのように記した。

「渋谷へ省線、東横線で自由ヶ丘、前以て約束、払い込みの食い会、本郷家へ。湯が沸いてて入り、ウィスキーは持参の十二年、先ず先にゆで小豆の極甘から、鶏の澄汁、鳥鍋、オムレツ、鶏の足焼き等々、しまいに白米、満腹」

岡本潤は六月五日の日記に書いた。かれが板橋一丁目に住み、大映の多摩川撮影所に通っていることは前に述べた。

「夕食後、一子と一緒に矢尾夫人を訪問、先日の礼かたがた、一子の買ってきた白髪染と野菜を少し持ってゆく。焼酎を出され、白米の飯に玉子をかけてぜひ食べてゆけと云って出される。女一人で住み乍らよくこういうものがあると不思議な気がする[17]」

金持ちは言わずもがな、貧乏人もヤミ米に頼らなければならない。だが、成人男子の給料は百六十円から三百円といったところだから、米の配給が少ないからといって、ヤミ米を五升、六升と買うわけにはいかない。米一升の配給価格は四十八銭だが、ヤミ値は上がりつづけてきた。昭和十八年の十二月には三円だった。昨年の三月には七円となった。昨年の同じ六月には十四円だった。現在は二十五円である。公定価格の五十倍だ。

京都市左京区に住んでいる河上肇は昨年十二月の日記に白米一升二十五円と書いた。

今年になって、二月にも、米二十五円とかれは書いた。かれが治安維持法違反で投獄されたのは昭和八年だった。五十四歳になって非合法の共産党の党員となってのことだった。昭和十二年に出獄した。

世田谷区北沢に住み、西銀座の電通ビルにある西日本新聞社の東京支社に通う大屋典一は、一月二十八日の日記につぎのように記した。

「食事の支度をしていたカノコが、何もおかずがないんだけど、と私の顔を見る。みそも、醤油も、油も何もない。やはり野菜も配給されない。ネギ一本ない。ここ数日、食事のたびに塩をおかずにだしている有様である。カノコの心痛が思いやられた。カノコは、私の仕事の激しさに気押され、何か滋養品をとしきりに気に病む。私は、考えたってむだだとかえってなぐさめる。生活を配給品だけで間に合わせようなんてむちゃですよ、ときのうもおとなりの奥さんに笑われたそうだ。それはわかっているのだが、私たちには、食べ物を送ってくれるような人は、どこにもいないのだ。……

物々交換でなければ現金、しかし、その現金買いもすこしばかりの持ち合わせでは何も間に合わない。

……食べ物は、卵が一個一円五十銭。ニワトリは一羽三十円から五十円。サツマイモが一貫目十五円。燃料は木炭の小俵がふつう五十円、三十円で買えれば掘出物。全部、私たちには、縁の遠い値段である。私たちは、時たま一升十円から二十円の米をすこしずつ補充するのが精一杯なのだ。

おかずがなくても、何か口へ入れなければ、生きていけない。ご飯に塩をふりかけて食べる。私の歯も、またうずきだしたので、食卓は暗かった(18)」

日記をつける男たちは、以前には米や卵の値段に関心などあるはずはなく、職場で小麦粉や砂糖を買おうなどと思ったこともあるはずはなかったのが、現在はなにを書くのを忘れても、耳にした食物のヤミ値、ヤミで買った食物の値を日記に書くことを忘れないし、職場にやって来るヤミ屋の荷物を覗き込み、いくらなのかと尋ねる。

二月、東京文理大教授の福原麟太郎は床屋で話を聞き、これは安いと思ったのか、米一升十五円と日記に記した。

三月はじめ、元情報局総裁の天羽英二は熱海の旅館で米二升を買った。一升二十三円と日記に記した(19)。

三月下旬、衆議院議員の芦田均は白米一升二十五円と日記に書いた(20)。

大映の多摩川撮影所に勤める岡本潤は四月半ばの日記に米は一升二十五円と妻から聞いたことを書いた(21)。

志賀直哉は五月八日に福井に疎開している娘につぎのような手紙を書いた。

「米も手をまわし一俵たのみ八百円というので、手つけ三百円だけ渡してあったのを昨日返して来たようなわけ、又一昨日はその事で直吉わざわざ千葉県の三里塚まででかけたが、米はあるが、検挙見張り烈しく到底持って来られぬと、手ぶらで夜になって帰って来たようなわけ、米の値も一俵八百円から千円千二百円というところ(22)」

一俵は四斗、つまり四十升だから、一俵八百円なら一升二十円、一俵千円なら一升二十五円である。大佛次郎《おさらぎ》は五月九日の日記に、大阪では米一升三十五円だと書いた(23)。七月、八月になれば、関東でも、米のヤミ値は三十五円になると大佛は思ったのであろう。

「国力ノ現状」　魚を食べるのは月に一回か、肉や卵は……

ところで、前に述べたとおり、ごくたまにご馳走になっての一皿一皿を日記に書き綴る人は多いが、毎日の憐れな食事の中身を丹念に記す人はいない。毎日の献立をしっかり記しているのは、東京や横浜、名古屋、大阪の国民学校の集団疎開地の学寮である。学寮の教師たちは毎月の食料品の配給状況の報告書もつくっている。

横浜市磯子区杉田の杉田国民学校の児童は神奈川県中郡の西秦野《にしはだの》村の三つの寺院とひとつの会館に疎開している。

この四月の主食と副食の配給量はつぎのとおりだった。

「一、主食　〔1〕米　三〇四〇kg
　　　　　〔2〕小麦粉　三七四kg
二、蔬菜　七種　四九九貫

三、魚類　サメ　七・三貫
　　　　　ブリ　六・九貫
四、肉類　ナシ
五、塩干魚類　ナシ
六、乾物・焼き海苔　八〇袋
七、その他　ナシ[24]」

米は三千四十キログラム、米の代替物資の小麦粉は三百七十四キログラムだったから、この四月の主食の配給は米が全体の九〇パーセントだった。

この月に西秦野村の杉田国民学校の集団疎開の児童数は二百九十九人だった。職員は十二人、寮母と作業員二十五人、計三百三十六人だった。

大人と子供の配給量の差は無視しよう。一人当たりの米の量は九キログラムとなる。一人一日三百グラムである。

小麦粉は一人一キログラムである。一日当たり三十三グラムとなる。

小麦粉百グラムが配給されたときには、等量の米百グラムが差し引かれる。いずれにしても主食の配給量は一人一日当たり米と小麦粉とを合わせて三百三十三グラムとなる。

米百グラムは七勺と換算することが定められているから、三百三十三グラムは二合三勺、基準量どおりの配給である。

一人一日、米三百グラムと小麦粉三十三グラムといっても、「代替物資」の小麦粉は、大麦のように米と混ぜるわけにはいかない。ある日の昼食をうどんにするか、夕食を小麦粉の団子を入れたすいとんにしなければならない。一人、一カ月、一キログラムの小麦粉は、三日に一度、うどんかすいとんということになる。

米だけの日は、一日三百三十三グラムだから、一食分、百十グラム、七勺よりわずかに多い。ご飯にすれば三百グラムになる。普通の飯茶碗に軽く二膳といった分量だ。

大人と子供の配給量の差は無視し、一人一日三百三十三グラム、二合三勺と述べたが、これは基準量で、実際には国民学校の三年生と六年生とでは配給量がちがう。この四月下旬の配給基準量の改定で、学童向けの配給量はつぎのように変わっている。

六大都市と集団疎開の学童は、六歳から十歳までは二百八十グラム、二合、十一歳から十五歳までは、一般の大人より多く重労働男子と同じだ。四百グラム、二合八勺である。

重労働男子と配給量は同じと言ったが、主食の配給には複雑な仕組みがあり、現場給食や現場給与の勤労加配米があるから、重労働男子と国民学校の六年生が同じ配給量ということは実際にはない。

主食のことはまだこのさきで語らねばならないが、杉田国民学校の集団疎開寮の副食をつぎにみてみよう。

四月に配給になった魚はサメとブリである。どちらも相模湾で獲れる。ブリは十二月から翌年五月まで、川奈、江の浦、岩江、真鶴の定置網で獲る。昭和十三年からブリは不漁がつづいたが、昭和十八年の末から昨年の二月、三月、四月、そして昨年の十二月からこの春にかけて豊漁がつづいている。何度か沖の船に旗があがって、陸の人びとを喜ばせた。だが、ブリ一万本で大漁旗を一本立てたのは昔の話だ。現在はブリ千本で旗一本を立てる。

サメは隠田《おんでん》ザメだ。四メートルほどの大きなサメである。練り製品にしてきた。そのまま食べてもおいしくないが、贅沢は言っていられない。このサメの肉が一カ月に一回にせよ、神奈川県中央部の平地から西部の山間に散在する集団疎開の学寮に運ばれてくるのには理由がある。

じつは、このサメの肝油《かんゆ》から航空機に使う耐寒性の潤滑油が取れることから、軍が隠田ザメ獲りを奨励しているのだ。

隠田ザメは深海ザメだ。大陸棚の深海域にいる。とはいっても、手漕ぎの船で行けるところで獲ることができるから、駿河湾の焼津から伊豆半島の各漁村、相模湾の国府津《こうづ》、鹿島灘まで、漁師たちがこのサメを獲っている。ここでも陸軍と海軍が漁村の奪い合いをしてきた。

船は少し沖にでるだけだが、これが危険だ。伊豆半島から相模湾のサメ獲り、イルカ獲り、この六月からのブリ網のあとの夏網の漁師たちが恐れるのは、敵の艦載機とP51の来襲だ。敵の操縦士は静かな海上に何艘かの漁船を見つければ、草原で鹿の群れでも見つけたような気になるのだろう。面白半分に、ときには執拗に機銃掃射を浴びせる。

福島県石郷郡江名町は漁業が盛んだ。漁港がある。蒲鉾、竹輪の製造で知られ、いまもほそぼそながらつくっている。サメを獲っていた江名町の漁船三十艘に乗っていた百三十一人がなぶり殺しにされたのは、この二月二十五日のことだ㉕。

西秦野村の杉田国民学校に配給された魚のことに戻れば、四月の配給はサメ七・三貫とブリ六・九貫だった。一人当たりにすると、グラムに直してサメが八十一グラム、ブリが七十七グラムだ。

ふつう食卓にでる魚の切り身一人分はどのくらいか。

魚の配給がどうやらつづいていた昨年の九月、東京で、魚の一人当たり配給基準量を改定したことがある。マダラ、スケトウダラ、スズキ、タイ、ボラ、イワシはあったが、ブリの名はなかった。サメはあった。皮つきサメが一人当たり五十匁、百八十七グラム、サメ類正肉の場合は、一人当たり二十匁、七十五グラムだった㉖。もちろん、以前は魚屋にサメは並ばなかった。漁師の網にサメが入っても、売り物にならなかったから、隣近所に分けたものだった。

ついでに言えば、ほかに鯨の正肉、茹でた蛸が一人当たり二十匁、七十五グラムだった。そしてなにを基準としたものか、タチウオ、イワシ、ニシン、コアジが一人当たり二十五匁、九十四グラム、タイ、ヒラメ、カレイ、ボラが三十匁、百十二グラムといった分け方だった。

杉田国民学校に配給された七・三貫のサメは、肝臓を抜かれ、皮をとって、叺《かます》に詰められ、小田急の電車で送られてきた「サメ類正肉」だったのであろう。

四月一カ月のあいだに、一人当たりサメ八十一グラム、ブリ七十七グラムだったというのは、それぞれ一回分ということである。大根との煮つけになってだされたにちがいない。

四月に魚を食べたのは、この二回だけだった。牛肉、豚肉の配給は四月にまったくなかった。ひとりひとりがしっかり食べられるほどの肉が配給されたことは、この四月にかぎらず、いままでに一度もない。

もちろん二百九十九人の児童は、疎開する前にも牛肉らしい牛肉を食べたことはない。そんな肉を食べていたのは、両親が外国での生活の経験がある特別な家庭の子であろう。少量の平切りの薄切り肉を野菜に味付けして食べるすき焼きが、大部分の子供たちの家庭の牛肉の食べ方だった。年に何回食べたことだろう。牛肉を食べたいと思う子はいない。

杉田国民学校の疎開寮がある西秦野村は中郡の秦野盆地の西部にあるが、この中郡は明治時代から豚の飼育が盛んだった。やがて隣の高座《こうざ》郡の「高座豚」が有名になるのだが、日本一の「養豚県」を支えたのは、これらの郡だった。水田が少ない畑作地帯で、畑に飼料のさつま芋の栽培をしてのことだった。アメリカとの戦いがはじまる前までは、好景気で豚肉の需要は増えつづけたから、農家だけでなく、駐在所から寺院の裏手でも、二頭、三頭の豚を飼ったものだった。

しかし、豚を飼ってきた農家の人びとは、豚を食べる習慣もなければ、豚を屠殺する技術も身につけず、当然ながらハムやベーコンをつくることなどできるはずもなかったから、現在、無理をしてでも豚を飼おうとはしない。なによりも豚は、牛とちがって草だけでは飼育できないから、牛を飼う農家はあっても豚を飼う農家はない。

中郡の豚の飼育頭数の数字はなく、神奈川県の数字になるが、昭和十二年の六万頭が最高だった。昨年は一万五千頭まで落ち、今年はその半分、七千頭である㉗。

そこで西秦野村の集団疎開の寮で、コロッケ、トンカツ、豚肉入りのカレーライスはもちろんのこと、じゃが芋と豚肉の煮付け、豚汁を食べたことはない。

食べたことがないといえば、卵を食べたこともない。

養鶏業は壊滅寸前だ。専業の養鶏業者は都市の周辺で養鶏場を経営してきた。飼料は満洲からのとうもろこしと高粱のほかに、魚屋と蒲鉾屋の生魚の屑だった。卵を乾物屋に卸し、その足で魚屋にまわるのが養鶏業者の日課だった。ところが、とうもろこしや高粱、大豆のかすの輸入が減り、つづいては、これら雑穀が米の「混合物資」となって人間の食べ物になり、鶏の飼料がなくなり、米ぬか、ふすま、魚の屑も減って、養鶏業者は転業を迫られることになった。養鶏をつづけている業者も、一万羽を飼っていたのが、わずか三百羽ほどになってしまっている。農家で飼われてきた鶏も、いまではどこも四、五羽だけとなっている。

卵が配給となったのは、アメリカとの戦いがはじまった昭和十六年末のことだ。そのときからうまくいかなかった。たとえば、庄内平野南部の広い水田のなかにある人口三万五千人の鶴岡市を見てみよう。農家で放し飼いにしている地卵をあてにして、配給制度をつくったものの、周辺の農村からの卵の入荷はまったくなく、市内の生産だけが頼りとなった。病人用の卵をやっと確保するだけとなり、たちまち卵の配給制度は消えてしまった[28]。

東京や横浜のような大都市でも事情はまったく同じだった。遅配、欠配がつづき、やがて配給はなくなり、卵の配給は軍の病院や赤十字病院向けだけとなってしまった。要するに卵は必需物資ではないのだ。

卵のヤミ値が一個五円という話にびっくりして、志賀直哉が軽井沢への疎開をあきらめたということは前に語った。東京や横浜では、卵のヤミ値は昨年はじめには一個一円だったのが、現在は一個二円だ。もちろん、そんな高い卵を買うことは、集団疎開の学寮ではとてもできないし、児童三人に卵一つとしても、それだけの数の卵を集めることもできない。

「国力ノ現状」 食用油は

食用油はどうなのか。

原料の大豆、棉《わた》の種子、菜種、落花生がないから、製油会社の圧縮機が遊んでいる。木製飛行機の生産が叫ばれ、合板の増産の号令がかけられるようになって、製油工場のプレスが供出させられたことは前に記した。

今年一月九日付の埼玉新聞につぎのような記事が載った。

「業務用の食用油の配給が相当あるように聞くが、家庭用食用油がないのは一体どういうわけでありますか、家庭より業者が大切ですか。〔岩槻の隣組〕

お答え　業務用食用油の配給は全然やっておりません。特殊な業者、製菓業者には昨年十月に製菓用として配給して以来、他の業者、特に料理業者には配給して居りません。何かの間違いと思います。〔県食料課〕(29)」

どうやら岩槻市には、昨年の下半期、食用油の配給がなかったようだ。

食用油の配給は年に二回ということになっている。三月に配給があれば、つぎは七月だ。昨年から今年にかけて、東京の場合、配給量は一人から五人までは一人一合である。

一合はビール瓶に三分の一ほどだ。六人から七人は六合、八人から九人は八合、十人から十五人は九合、十六人以上の住まいでは、五人ずつで一合増しということになっている(30)。

だが、食用油の配給には「遅配」と「欠配」がつきものだ。地方の中小都市では、昨年の夏から食用油の配給はない(31)。

業務用の食用油はどうなっているのか。

東京でも現在、そば商業組合への業務用の食用油の配給はない。昭和十八年の秋から椰子油の配給がしばらくあった。

冬場は、椰子油で天ぷらを揚げて一時間も置いておくと脂肪が白く凝固して、蠟で固めたようになった。石鹼くさいぞと文句を言いながらも、天ぷらそばが食べられるということで長い行列がつづき、たちまち売り切れた。天麩羅屋が統制外のフグを揚げたと前に述べたが、これも使ったのは椰子油だった。だが、そば屋、天麩羅屋向けのわずかな量の椰子油の配給も昨年の春までだった(32)。

そば屋について、もう少し触れておこう。

東京の旧市内の二千二百店のそば屋のうちの七百店を指定販売店として営業をつづけてきたが、今年に入って、そば商業組合への小麦粉の配給が止まってしまった。そば粉の配給はとっくにない。

営業実績をわずかながらでも維持し、発言権を持ちつづけ、将来に備えるのは、どの商売もやってきていることだ。何軒でもいい、そば屋の店を開き、組合を存続させねばならなかった。料飲組合が、傘下団体の総合食堂、和洋料理店に配給になる業務米の確保のために雑炊専門の都民食堂をつくったのと同じやり方をとることにした。さらに店舗を減らして、うどん専門の「都民食堂」をつくろうとした。

雑炊食堂は東京旧市内の警察管区ごとに二軒ある。同じように、そば商業組合は東京旧市内に八十軒のうどんを食べさせる都民食堂をつくる認可をとった。二月から営業をはじめた。各警察管区に一軒、一軒千食、一食八銭である。だが、東京への空襲がつづき、五月二十五日までにこれら都民食堂もあらかた焼けてしまって、いよいよ休業せざるをえなくなっている。

食用油に戻ろう。ヤミの食用油はどうなのか。

(33)昨年七月に清沢洌《きよし》は日記に「食用油一合が公定価格で二十三銭、ヤミ値が七円」と記した。同じ昨年の九月に大佛次郎は「食用油一升百円」と書いた(34)。

ところが、食料品のヤミ値を忘れずに日記に記入する人たちが、今年になって、米の値、卵の値、さつま芋の値、砂糖の値を記しても、食用油のヤミ値についてはなにも書いていない(35)。ヤミの食用油が出回っていないのである。忘れたころに回覧板が告げる配給の油が頼りとなる。

配給のわずかな食用油を使っての料理は、なんといっても天ぷらである。天ぷらこそ、現在だれにとっても最上のご馳走である。

村上兵衛は近衛歩兵第六連隊の連隊旗手であることは前に語った。

兵営の食事は量もわずかなら中身も単調で、間違ってもおいしいと思ったことはない。かれの楽しみは、外出して叔父の家を訪ねることだ。阿佐ヶ谷に住んでいた母は弟や妹を連れて、故郷の浜田に疎開してしまい、叔父のところに行くしかない。淀橋浄水場の近くに住む叔父は軍需工場の工場長だ。食料と交換できる物資と手持ちのトラックを利用して、従業員に配給する魚や野菜を集めてきて、なにも問題が起きないように要所要所に鼻薬をきかせるのは、工場幹部に必要とされる手腕である。

そこで叔父の家には食用油がある。かれが行けば、とびきりのご馳走にありつける。従姉妹が天ぷらをつくってくれる。(36) だが、叔父の家も先月二十五日の夜に焼けてしまった。その夜、警戒警報のサイレンが鳴るまで、かれが叔父の家を訪ねていたことは前に記した。

島木健作が鎌倉市扇ヶ谷に住んでいることも前に述べた。四月二十九日の日記につぎのように記した。

「油の配給があったので、夕食に天ぷらをし、ためしに柿の若葉をあげてみた。何のくせもなく、さらりとしてやわらかでなかなか結構なものである」(37)

もちろん、食用油の配給は今年はじめてである。健作の妻は油の配給などあてにせず、すっかり忘れてしまっていたのであろう。健作の家は二人だから二合の配給だ。ビール瓶に半分ほどだ。

大切な油だ。天ぷらを揚げるのに使ったのは一回だけだったのであろう。あとは大さじ一杯使うだけで、油炒めに使う。

中勘助《なかかんすけ》は島木健作と同じように小説家だ。静岡市の南の郊外、羽鳥《はとり》に疎開している。先月の六日、母屋の主人と碁を打ち、ご馳走になった。日記につぎのように書いた。

「食事。精進あげに精進の薩摩汁、わかめの酢のものにわさび漬、日本酒一本に葡萄酒。時節がら大層な御馳走だ。お酌をしてくださる奥さんにこのあいだ戴いた甘露煮の魚の名を聞いたら藤の花のさく頃とれるから『ふじはな』というが小さいときには『うぐい』というとの答え。うぐいか」(38)

藤の花といえば、同じ先月のことだ。田園調布二丁目に住む小絲《こいと》源太郎が友人を招いた。かれは絵描きだ。文展の審査員である。五十六歳になる。四月十五日の夜には、敵機がつぎからつぎへと家の真上を飛び、かれが七十七歳の母を背負い、弟が七十九歳の父を背負い、庭のさきにある横穴防空壕へ息を切らして駆け込んだ。両親がやっていた上野の有名な食べ物屋はすでに閉めていた。よそへ移りたくないという母親を無理に連れてきた一週間あとにその店は焼け、残っていた父親は出入りの棟梁の背に負われて逃げたのだった。弟は駒込で焼けだされていた。

友達を呼んでのご馳走は藤の花の酢のものと柿の葉の天ぷらだった。一座のひとりがしみじみとした口調で、柿の葉の天ぷらもけっこうだが、えびの天ぷらを食べたいと言って、みんなを笑わせた。いつになったら食べられるだろうかと言って、みんなの笑いがとまったのだった[39]。

西秦野村に疎開している杉田国民学校には、今年に入って食用油の配給はないのであろう。それでも、昨年から大事に使ってきた油が一升瓶に三合ほど残っているのではないか。いつまでもしまっておいてもしようがない、子供たちが喜ぶけんちん汁をつくろうと寮長と保母が話し合っているのかもしれない。

「国力ノ現状」 塩は

塩は足りるのか。

西秦野村の杉田国民学校の学寮では、毎日の食事に使う塩はどうやらある。だが、学寮には漬物用の塩の配給はない。

昨年の十月、十一月には、もっと塩があったら、大根を買ってたくあんを何樽もつくることができるのにと教師と寮母は悔しがり、白菜、しゃくしな、からしなの配給があるごとに、塩漬けにしたらずっとおいしく食べられるのにと嘆いてきた。

現在、学寮のある蔵林寺でも、泉秋寺でも、境内の梅の実がふくらんできている。教師は子供たちに向かって、あの青い実には毒があるから口にしてはいけないと繰り返し注意している。

そして寺の住職から、今月の下旬には梅をとらなければいけないのだが、塩の配給はないという話を聞いた。

昨年は五月に梅漬け用の塩が二合ほど配給されたのだという。梅を漬けるには、梅一升に二合から三合の塩が要る。以前は一斗の梅を漬けてきた。せめて三升の梅を漬けたいと思っていたが、九合の塩が要る。二合の塩ではどうにもならない。梅を貰ってくれる人もいないから、落ちるにまかせた。今年はその二合の配給もないから、一升の梅を漬けることもできないのだという。

教師はもったいないと思う。つづいて、子供が落ちた梅を拾って食べるのではないかとまた心配になる。今月の半ばには梅が落ちはじめるだろう。これからも毎朝、しっかり言って聞かせなければと考える。

食塩は昭和十六年にはまだ配給制ではなかった。だが、国内の塩の生産は減少をつづけていた。塩田で働く労働者がつぎつぎと召集され、若者が工場で働くようになり、さらには瀬戸内海沿岸の塩田が飛行場、航空機工場、化学工場へと変わったために、塩の生産は六十万トンから五十万トンに落ち、四十万トンを割るようになってしまった。しかも、外国産の塩の輸入も減少した。

いうまでもなく、塩は工業にも不可欠だ。日本の工業塩の消費のあらかたはソーダ工業用である。昭和九年から工業用の塩の消費は食用を大きく上回るようになった。ところが、原料の塩が不足したため、昭和十六年には化学繊維、石鹼、ガラス、紙の製造工場への塩の配給を半分にした。これらの製品は直接には軍需に結びつかないからだ。こうしてソーダ灰、苛性ソーダ生産の工場の半分は操業を停止してしまった。

そして、その年の秋の漬物を漬ける時期には、酒屋から塩がなくなってしまい、どこの農村も大騒ぎとなった。慌てて、昭和十七年一月一日から食塩は通帳制の配給となった。

毎月の配給量は一人二百グラムである。農村ではこの配給量ではとても足りない。漬物、味噌、醬油をつくるのに大量の塩を使い、牛や馬を飼っていればこれまた塩が要る。そこで配給制度になってから、農村向けには漬物用の塩を特配することになった。

多くの米作地帯で、農家は、畑にあるものなら、なにを売っても容易にカネになるから、麦を食べるのをやめ、糅飯《かてめし》を減らし、正月か田仕事のときだけでなく、三度三度、なによりもおいしい白米を食べるようになってきている。だが、味噌汁、たくあん、漬物の嗜好に変わりはないから、塩の需要も変わりがない。ところが、漬物用、味噌用の塩は特配の量ではとても足りない。

たとえば桐生市では、昨年十月、十一月、十二月の三カ月分の漬物用の塩の特配があった。一人当たりの三カ月分の配給量は農家が千五百グラム、非農家が千グラムだった(40)。塩千五百グラムは三・八合ほどだ。五人家族で一升九合だ。

四斗樽には七十本から百本の干した大根が入る。この大根を漬けるのに、早く食べるものは塩一升五合、長くもたせるには三升、四升を使う。塩の特配が一升九合では、四斗樽一本を漬けるのがやっとだ。ヤミの塩を買うことができなかったら、この三月には食べるたくあんはなくなってしまったはずだ。

佐賀県兵庫村の田中仁吾は四十七歳になる。妻と六人の子がいるが、長男は出征して満洲にいる。田中の家は農業を営んでいる。兵庫村は佐賀市の郊外にあり、日本でも有数の先進米作地帯だ。

種籾の塩水選《えんすいせん》をすることになって、部落の者が集まったのは五月二十五日だった。種籾を塩水に漬けると、十分に充実した種は沈む。四日から五日は漬けておかねばならない。塩水に浮かぶ不良の種を除く。これが塩水選だ。一斗、十八リットルの水に四・八キログラムの塩を混ぜた塩水でおこなう。四・八キログラムの塩は一升二合ほどである。

去年まで塩水選用の塩にはコールタールが混ぜてあった。食用に流用させまいとしてだ。今年、配給になった塩はコールタールが混ぜてなかった。「どうしてだろう」とひとりが誘うように言い、みんなの思っていることをだれかが口にした。「塩水選もだけど、食用の塩がないときだからな」

　みんながうなずいた。種子の良否を選ぶのは、昔どおりに唐箕《とうみ》でやろうということになった。風力を利用して、種子を比重別に分けるのである。

　塩を枡で計り、一町歩に一升ずつ分配することにした。だれもが甕《かめ》を取りに家に戻った。田中は三升ほどもらった。妻が甕のなかを覗いて、「よかった」と言い、塩をちょっぴりつまみ、口に持っていった。

　先月の末に種を蒔いた苗代田は青々と伸びている。来月はじめからの田植えのときには、大村連隊の兵士が手伝いに来てくれるという話で、夫婦はほっとしている[41]。

　茨城県立麻生中学の四年生は神奈川県平塚の第二海軍火薬工廠で働いている。

　高橋章は第一工場の第一成形工場にいる。仕事は捏延《ねつえん》作業といい、MCと呼ばれる綿薬とNGの略称のニトログリセリンを配合した硝化綿を脱水、乾燥、成形する作業である。

　かれらがつくっているのは、現在もっとも必要とされる火薬だ。ロタ弾の推進薬だ。戦車をねらうロケット式タ弾である。

　作業をするのは、土塁に囲まれた煉瓦造りの六坪ほどの小さな建物のなかだ。部屋の中央に捏延機が置かれている。衝撃によって火薬が発火するのを防ぐため、部屋には鉛が張り詰めてある。万一のために天井には一千リットルの水を入れた水槽が吊るしてある。作業は四人でおこなう。二人が硝化綿をロールのあいだに入れる。向かい合った二人の少年が交互におこなう。三番目の少年は硝化綿を運んでくる。そして、できあがった火薬を隣の部屋に運ぶ。四番目は出入口に立ち、作業を見守る。発火したとき、水槽の引き手を引っ張るのがかれの仕事だ。

いざというときのために、この四人の出口が部屋の四カ所にある。

発火事故を起こしたことは何度もある。慣れてからは恐怖心はなくなったが、大切な火薬を燃やしてしまったと班長に怒られ、真っ黒になってしまった機械をきれいにするのがたいへんである。水洗いして、ロールに酢酸をつけ、砥石で表面を磨きたてねばならない。ふつうに作業が終わったときも、ロール磨き、機械と部屋の清掃が終わらねば後番と交代できない。昼夜二交替制である。

捏延機のなかに蒸気を通しているから、冬のあいだは快適だったが、暖かくなってからは息苦しいほどの暑さとなる。硝化綿から絞りだされる水分は熱湯になり、機械からの熱で部屋のなかの温度は上がり、蒸し風呂となる。たえず水を飲む。顔から首筋、両腕がザラザラする。塩分の結晶がシャツの表面にできる。

塩の配給は一律に一人一カ月二百グラムだと前に述べたが、高温作業をする人の塩の配給量は、鉱山労働者と同じで百グラムの増量がある。三百グラムである。

捏延作業に従事する高橋章とかれの級友たちの食事は塩の量が多いはずだが、それでも足りない。全身がだるく、目まいが起きる。

塩をつくろうということになった。第一工場主任がよろしいと言った。高橋と同じクラスの者たちは工場の仕事を休んで、リヤカーに二十リットル入るほどの薬の空き瓶を何本も積み込み、平塚の海岸まで曳いていった。この海水を工場に持ち帰り、捏延機を利用して海水を煮詰めた。

その作業のあいだに、長い竹のへらをつくった。ボコボコと泡がたちはじめて、この竹べらでかき混ぜることをつづけた。突然にサラサラした白いこまかな砂になって、みんなが歓声をあげ、慌てて容器を下ろした。できた塩は両手ですくえるほどの量しかなかった。

だれもがちょっぴりつまんで、舌にのせた。自分たちでつくった塩を嘗める気分は最高だった。苦みがあるのはマグネシウムが残っているからだと物知りの少年が言った。(42)

昨年の五月に「塩専売法特例」が公布されて、自給製塩を政府が認めた。塩がいよいよ足りないことに慌て、情報局が「自給製塩の国民運動を展開する」と発表したのは、今年の三月九日になってだった。海岸地帯の町には、一握りの塩でもつくろうといった文書が送りつけられ、村役場の職員が塩製造の講習会に出かけることになった。

だが、塩をつくるといっても、平釜がない。「貝殻を焼き、粉末とし、苦汁《にがり》と練り合わせて、方形の土釜をつくり、焼き付ける。明治のはじめに鉄釜を使うまで、このような土釜を使っていたのだ」といった説明を聞かされて、集まった人たちは顔を見合わせた。釜がなければ、人手もない。部落でやるとしても、松根油の生産だけで手いっぱいだ。田植えだって人手が足りない。

塩をつくることができるのは、大きな工場だけだ。

東京急行電鉄には戦時殖産部という部門がある。潤滑油になるヒマを鉄道用地に植え、じゃが芋を栽培してきた。自給製塩が認められて、鎌倉の七里ヶ浜と南伊豆の下流《したる》で製塩をはじめた(43)。

中部配電の静岡支店は、この五月に製塩の技術指導に乗りだした。すでに原料がないことから操業を止め、供給予定の電力が余っている海岸沿いの工場をまわって歩き、電気製塩を奨励している(44)。

工場の幹部はいずれも乗り気になる。塩の横流しを考えてのことだ。「米一升、塩一升」と言われているではないか、塩をつくるのはお札を印刷するようなものだと思う。塩さえあれば、じゃが芋と交換できる。魚の干物をつくることができるし、梅干しをつくることだってできる。この秋には、トラック一杯のさつま芋と大根を運んでくることもできる。よし、やろうということになる。

「国力ノ現状」 砂糖は

ところで、砂糖の配給はどうなっているのか。

政府は砂糖の配給を真剣に考えたことはなかった。砂糖がなくても、命にかかわることはないから、台湾から砂糖を運んできても、軍需用のアルコール、ブタノールの原料にまわされてきた。アルコールは航空機の燃料となり、ブタノールからは航空機の燃料に加えるイソオクタンを製造する。

昨年の八月には、多くの地域で家庭向けの砂糖の配給が止まった。そのあと、数カ月途切れ、一部の地域ではわずかな砂糖の配給が昨年の十一月にあった。一人分〇・二五斤、百五十グラムだった。紅茶茶碗に七分目ほどだ。

紫蘇《しそ》糖が抽選で配給になったところもあった。紫蘇糖は無色の結晶だ。青紫蘇の葉から採る。砂糖の甘さの二千倍の甘味を持つといわれるが、紫蘇の強い香りが残っている。

植草甚一は解熱作用があることから薬局が持っている紫蘇糖を分けてもらった。今年の一月のことだ。オレンジの粉末と勝手に呼んでいる酸っぱい粉を水に溶き、この紫蘇糖を入れて一口飲んでみたが、喉を通らず、泣く泣く流しに捨てることにした。日記に「シケンして大失敗せり」と書いた㊺。

つづいて昨年十二月に砂糖の配給があったところがあり、なかったところもある。この一月に、一人分、〇・三斤、百八十グラムの配給があったところもある。

それ以後、東京で砂糖の配給はない。吉祥寺に住む亀井勝一郎がこの三月の日記に、「彼岸、久しぶりに砂糖なきおはぎを八つほど食う」と記したことは前に挙げた。(46)

もっとも、先月、サッカリンが一世帯に三グラム配給になったところがある。

各地の焼け残った倉庫には総計四万トンを超す砂糖がある。戦前の全国の砂糖消費量の半月分だ。いずれも陸海軍が握っている。たとえば門司の倉庫には陸軍の砂糖が二千トンほどあるが(47)、これはブタノール用ということになっているし、北海道には一万トンの甜菜《てんさい》糖の在庫があるが、これもブタノール用という触れ込みだ(48)。

こんなわけで、群馬県、長野県、福島県、どこの集団疎開の学寮でも、砂糖の入った瓶はない。

この五月一日、東京都練馬区の大泉第二国民学校の三年生から六年生まで、それぞれ十人ほどの男女児童が群馬県勢多郡の山村に集団疎開した。「第三次疎開」である。昨年七月から八月の集団疎開が第一次疎開であり、今年四月の新三年生の疎開が第二次疎開であり、空襲が激化して、残っている児童の集団疎開が強く勧められ、これが第三次疎開と呼ばれた。

出発の前、校長は子供たちの両親に向かって、必需品を子供に持たせてほしい、向こうに着いたら、学寮で集め、みんなで利用することになるが、了承してもらいたいと言った。

親は子供たちに、手拭いでつくった袋に大豆を入れて持たせ、塩、あるいは石鹸を持たせせた。そして、子供に砂糖を持たせた親がいた。砂糖の貯えがあれば、少しでも子供に持たせてやりたいのが親心だろう。だが、どこの家でもできることではない。総員四十三人のうち四人が持ってきただけだった。[49] 何グラムの砂糖が集まったのだろう。ところで、学寮に十分な砂糖があったら、どのように使うのだろう。蒸しパンをつくって砂糖を添えてだすことにするのか。

海軍経理学校の生徒が外出できる休日に持たされる弁当は、海軍パンの名で呼ばれるコッペパン一本だった。[50] そして、一袋の白砂糖がついた。四十グラム、大さじで山盛り二杯ほどの砂糖である。もっとも、これは昭和十八年末の話だった。パンにつけて持たせる砂糖は、海軍経理学校にもとっくにない。

集団疎開の学寮に砂糖があったとしても、一人四十グラムの砂糖をつけてだすほどの大量の砂糖があるはずはない。

学寮に砂糖があれば、一人一杯ずつ砂糖水を飲ませることを寮母や教師は考えるにちがいない。

四十グラムの砂糖とパンを手にして外出できた軍の生徒もいた昭和十八年のことになるが、東京中央電話局芝分局で、六月四日の日誌につぎのように記した。

「宿直勤務電話交換取扱関係従事員ノミニ対シ、特ニ疲労回復ノ目的ヲモッテ、砂糖一人アテ四匁配給セラレタルニツキ、砂糖湯トシテソレゾレ給飲セシメタリ（六月九日マデ[51]）」

四匁は十五グラムだ。一回当たり二・五グラム、六回分の砂糖水となる。砂糖水がおいしかったことを思いだす少女がいるにちがいない。

砂糖はずっと貴重品だった。砂糖の配給がどうやらつづいていた昨年の夏でも、ヤミで買えば一貫目、三・七五キログラムが百五十円はした。公定価格なら二円五十銭だったから、六十倍だった。

ヤミの砂糖は、ジャワ、沖縄、台湾へ寄った輸送船や軍艦の乗組員が持ってきた。二式大艇でラバウル、トラックから内地に戻る士官は、中継地のサイパン島に降りて、きまって砂糖を買ったものだった。台北の旅館の女中は、昭南《シンガポール》、ハノイから内地に帰る通過客に向かって、旅客機の切符を見せれば十斤、六キログラムまで砂糖を買うことができると教え、買ってきてあげましょうと言って泊まり客を喜ばせたものだった。

そんな土産の砂糖を分けてもらい、大事にしまい込んでいる主婦が考えることは、だれもが同じだった。県外への勤労動員で出発する娘におはぎを食べさせたい、集団疎開地にいる子供、軍の学校、兵営にいる息子の休日におはぎを持っていってやりたいとの願いである。

どれだけの母親がおはぎをつくり、それを持って息子のいる兵営、軍の学校まで行ったことであろう。これから三十年、四十年あとになっても、母親が一日がかりで持ってきてくれた重箱のおはぎ、友達とかれの母にすすめられて食べたおはぎの記憶を思い浮かべることになる人がいるにちがいない。

川端康成が鎌倉に住んでいることは前に述べた。五カ月近く前のことになるが、一月十七日につぎのように記した。

「小口に砂糖三貫目入る筈と。一貫目四百円也と。

児玉さんに餅米一俵入るが少し如何かと。一斗〔四百〕三百円也。

驚くべき金高にて、流石《さすが》に少し躊躇も感ず。

小島氏より牛肉二百メ入った如何かとの電話のついで、女房砂糖の事言えば、目下五百円乃至七百円にて、四百円は安しと。

今に一貫目千円となるべし(52)」

金持ちは、常雇いの植木屋だけでなく、こまめに出入りするヤミ屋を抱えるようになっているし、近くの金持ちの知人とのつきあいは、ヤミの食料に関しての情報、ヤミの食料の贈答といった形の交換が欠かせない日課になっている。

やがて砂糖一貫目が千円になるだろうと川端が書いた二日あとの一月十九日、大佛次郎は日記につぎのように書いた。

「○村田良兼、砂糖を四百五十円で買った由、近藤の話。○伊那で干柿一貫目が六十円する。馬鹿らしいと思ったが砂糖の値を考えると廉《やす》いと思ったと。……○仙台付近の実話だがバスの中で百姓が他人の着ている外套を手をだして弄《いじ》りこれをくれれば米はやるがと云った、追剝のような話があるそうである。○卓二さんは甘いもののないのにも慣れたという。……○卓二さんの友人の病人のある家で卵五個を拾円で買ったそうである。鶏一羽は五十円、伊那では二十五円。……○素人の闇屋の自然発生は私欲のためばかりとは云えない。定額収入の者は暮らせぬのである(53)」

これも一月のことだが、西日本新聞の東京支社に勤務する大屋典一は二十八日の日記に、つぎのように書いた。

「坂下君の田舎から、近いうちに砂糖を石油カンで十杯も送ってくるのだそうだ。何か品物とならら交換してもいい、と言われたが、私たちは返事ができなかった。何もないからだ。それに、沖縄の奥さんの実家から送ってくる品物だから坂下の自由にできない。カノコは外へでると、すっかりしょげかえっていた。坂下君のところでは、ちょうど夕食の時間だったが、すごい御馳走だったからだ。カノコは、うちあたり、お正月だって、あんなにお膳が賑わしくなかったわね、と下を向いて歩いた。私はカノコが、飢えをがまんしているのがわかった[54]」

カノコがすっかり意気消沈していたのは、お腹を空かせていたからではなかったのであろう。食事どきに友達の家を訪ねて、食事を勧められないのはいまや当たり前のことなっている。だが、どうぞどうぞ食べていってくださいと勧められる人だっているはずだ。カノコはこんなことを考えて、夫が軽く見られていることが悔しかったのである。そして、夫も同じ沖縄の出身なのだが、両親は早く死に、砂糖を送ってくれるような親類がいないことも悔しく、これは夫が思ったことと同じだが、何か品物となら交換してもいいと言われたものの、砂糖と代えることができる品物なんかうちにはなにもないことが、彼女の気をいっそう滅入らせたのである。

砂糖と交換ならどんな品物でも手に入る。仙台の第一高女の門沢よしが横須賀の海軍工廠で働くことになって、母親がゴム長靴を譲ってくれるという人を見つけ、砂糖五キロと取り換えたという話は前に記した[55]。

古川緑波はカネをふんだんに使って平気だ。ポーカーをやって一晩に三千円のやりとりをして、なんでもない。かれは四月四日の日記に書いた。

「今日、放送局へ、敏が砂糖二貫目持って来て呉れた、何と千三百円也で買った。これにて金丁度スッカラカンとなりけり[56]」

いよいよ砂糖は貴重品となっている。分けてもらったサイパンの砂糖も、沖縄の砂糖の話も、いまは昔話となってしまった。

台湾から砂糖を持ってくることももはやできない。台湾の四つの製糖会社はアルコール工場の大増設を計画したが、資材が内地から届かないために中断している。四月から製糖作業がはじまっているが、砂糖を日本に送ることができず、アルコールにすることもできず、貯蔵しておくしかない[57]。

中島達郎は台湾の高雄の第六海軍燃料廠の会計部にいる。この四月末のことだ。こちらの潜水艦が敵の駆逐艦と支援艇と戦闘機の行きつもどりつしている沖縄周辺の哨戒水域を大きく迂回して、高雄に入港した。内地から火薬を輸送してきて、備蓄の航空燃料を積んで帰る。夜のあいだに荷役を済ませ、夜が明けぬうちに出港する。死に物狂いで働いた乗組員の慰労のために、中島は物資部在庫の六十キロ入りの砂糖十袋を贈った[58]。あるいは台湾から内地に届いた砂糖はこれが最後だったのではないか。

砂糖がないならということで、農家に砂糖黍《さとうきび》を植えることを勧めているところがある。五月二十四日の横浜市の市会議員常会で、磯子区選出議員の佐藤安蔵が質問に立ち、砂糖黍を植えることを奨励しているが、あとはどういう具合に処理する考えなのかと尋ね、市長の半井《なからい》清が市や農業会はそんな斡旋はしていないと答えている[59]。どこの機関が砂糖黍の栽培を説いてまわっているのであろうか。

ところで、市会議員のなかにはつぎのような事実を承知している者もいるはずだし、市長も知っているのではないか。横浜市深部の農村で、住まいの裏に長い茎の節目から伸びた葉が風に揺れている畑がある。砂糖の配給がなくなってからのこの数年、農家は砂糖黍を植えているのだ。収穫時に切り取った砂糖黍の茎の先端が苗になるのだが、最初はどこから入手したのだろう。夏の終わりに人の丈ほどになった砂糖黍を刈り取る。手回し式のハンドルの[60]ついた藁打ち機がどこの家にもあるが、これを使って黍を搾り、煮詰め、黒砂糖をつくる。自家用だ。

「国力ノ現状」　疎開児童は一日千三百キロカロリー

神奈川県中郡西秦野村に疎開している杉田国民学校の食事に戻ろう。頼りは蔬菜だけだ。蔬菜は村の農家が当番で供給してくれる。村の戸数は九百戸、このうち農家は七百戸だ。学寮では、この四月、蔬菜の配給量は一人当たり五・五キロだった。一日当たり百八十三グラムである。大人の手のひらに納まる大きさのじゃが芋二個の重さだ。これが一日分だ。

どんぶりのなかの三百グラムのご飯、魚は月に二回だけ、肉、卵を食べたことはない。食用油を使ったこともない。わずかな野菜が入った味噌汁か、野菜の煮物、漬物が毎回の副食である。短冊に切った焼き海苔が数枚、何回か食膳にでたことがあり、昆布の佃煮がほんのちょっぴりでたことがある。煮込みうどんかすいとんだったことが十回あった。砂糖水を飲んだことはない。

間食は果物か煎り豆が三日に一回程度あるだけだ。子供の親たちが持って来る。菓子の配給はない。子供たちはキャラメル、チョコレート、ビスケット、ドロップ、飴玉を覚えているが、いつからか見たことがない。

これが神奈川県の農村に疎開しているこの四月の集団疎開の児童たちの食事である。ほかの土地に疎開している疎開学童の食事もこれと同じなら、この五月、六月の献立も四月と変わりがない。

東京浅草区蔵前四丁目の精華国民学校の児童は宮城県刈田郡白石町の八つの寺と旅館に集団疎開している。現在、児童数は二百五十人ほどではないか。

金万旅館の学寮の四月二十日の献立はつぎのとおりである。

「一、献立　朝　菜味噌汁　漬け菜
　　　　　昼　こぶ　漬け菜
　　　　　夕　ねぎ味噌汁　かれい　漬け菜
一、おやつ　ばくだんあられ（竹内）
一、牛乳　あり」

カレイが食卓にでて、牛乳が飲めたのは珍しい。カレイは干しカレイだったのだろうか。牛乳が飲めるのは月に何回なのだろう。

献立と関係はないが、同じ四月二十日の日誌のつづきを書き写そう。寮長の須田道子はつぎのようにつけ加えた。

「本日より竹内寮母、平野常次郎去り十二名となる。心細さ此の上なし」

卒業式を迎える六年生十人が三月六日に須田道子の学寮を去って、親元へ帰ってしまい、少女教師と呼んでいいような十九歳の道子はひどく心細く思った。

ところが、三月十日の未明の空襲である。帰った十人の六年生のなかにも死んだ少女がいた。「先生、これを私だと思って使ってね」と自分が編んだ赤い手袋を差しだした女の子だった。残る弟の身を案じてのことだと思い、小さな姉の心遣いに道子は胸がいっぱいになったのだが、その弟を残して姉は両親とともに死んでしまった。

親兄弟を失ったのはその子だけではない。精華国民学校の校舎は近くに住む人たちが守り抜いたが、学区内の町は全滅し、道子の学寮の十四人の子供たちはいずれも家を失い、そのうちの何人かは家族のだれかを亡くしてしまった。夜半の蔵王おろしが小さな町を吹き抜け、軒を鳴らし、雨戸を揺らすなかで、死んだ少女のこと、彼女の弟のこと、ほかの子供たちの顔を思い浮かべ、道子は眠ることができないまま布団をかぶってそっと泣いた。

家を失い、家族を失った人びとは、灰だけが残った町を離れることになって、白石町の集団疎開地にいる子供を連れ戻すことになり、学寮の子供はつぎつぎと去って行く。

平野常次郎が金万旅館の学寮を去るのも、灰になった三筋《みすじ》町から一家が去ることになったためであろう。竹内が寮母を辞めることになったのも、家族が焼けだされたことが理由であろう。

金万旅館の学寮の四月の献立に戻ろう。

「四月二十四日
一、献立　朝　菜味噌汁　漬け菜
　　　　昼　ごぼう油いため　漬け菜
　　　　夜　肉汁　漬け菜」

「肉汁」とはなんだったのだろう。

「四月二十六日
一、献立　朝　菜味噌汁　漬け菜
　　　　昼　こんぶの煮しめ　漬け菜
　　　　夕　ねぎ味噌汁　たくわん」

「四月三十日
一、献立　朝　菜味噌汁
　　　　昼　ほうれん草おひたし
　　　　夜　鰊《にしん》

一、おやつ　なし」
教師の清水百合子はつけ加えた。「夕方、一条旅館学寮から古藤、永須の男子金万に移り、男子も七名になったため、今夜からにぎやかな事であろう。増えたと思って喜んだのも束の間、志村道子、縁故疎開の為また女子の中から一人減る。会うは喜びであるけれど別れはつらい。どうぞ幸福に暮らすよう」

「五月二日
一、献立　朝　菜味噌汁　梅干し　たくわん
　　　　　昼　数の子　蕗の煮付け
　　　　　夜　カレー　たくわん
一、おやつ　りんご」
清水百合子は書き加えた。「古藤は一条学寮が恋しいとみえて、学校の帰りに一条に行き、夕食までに帰宅せず。須田先生心配なさって迎えにいらっしゃったが、どうしてこんなに皆して心配しているのに慣れないのか(61)」

東京板橋区赤塚三丁目にある赤塚国民学校の四十三人の児童は群馬県群馬郡宝田町の長年寺で集団生活を送っている。

この六月一日から昨日の五日までの献立はつぎのとおりだ。

「六月一日

朝　米四升五合　とうふの味噌汁　たくわん
昼　米四升五合　切りこぶ煮付　たくわん
おやつ　切り干し芋
夕　米四升　うどん三把　とうふ味噌汁　たくわん

六月二日
朝　米四升五合　青菜味噌汁　たくわん
昼　米四升五合　人参、ごぼう、こんにゃくのまぜごはん
夕　うどん十把　青菜カレー味

六月三日
朝　米四升五合　うどん汁　たくわん
昼　米四升五合　青菜ごまあえ　たくわん
おやつ　ところ天
夕　うどん十七把　煮干し　青菜

六月四日
朝　米四升五合　さつま芋の味噌汁　たくわん
昼　米四升五合　大豆煮付け　たくわん
夕　米四升五合　鮭入れめし　たくわん

六月五日
朝　米四升五合　干葉みそ汁　たくわん
昼　米四升五合　こんにゃく油みそ煮　たくわん
おやつ　するめ
夕　米四升五合　ふりかけ　なすならづけ(62)」

児童数は四十三人、そして教師二人、寮母二人だから、一人当たりおよそ七勺、三升三合でいいはずだ。一回に四升五合の米を炊けば一人当たり一合となる。父兄が協力してヤミ米を買っているのであろうか。だが、親の負担は月に八十円にもなる。私立の特殊な学校でもないかぎり、そんな大金を親にださせるはずがない。いったい、どうして一人当たり一合を食べさせることができるのだろう。

児童数が四十三人というのは誤りなのか。ずっと多いのではないか。六十人なのかもしれない。

ところで、副食がわずかな野菜だけなのはここでも同じだ。肉も卵もない。魚は一回あった。六月四日の夕飯の「鮭入れめし」だが、これは説明の必要があろう。

鮭は鮭罐をあけた。鮭罐は、小麦粉、乾めん、醬油、塩、こんぶ、高野豆腐、カレー粉とともに学寮長の押入れにしまわれている。

半ポンド平罐八ダース、九十六罐入りの木箱だ。ほかの学寮と分け合ったから、木箱のなかは半分ほどだった。

ぴんと打ってある鉄のバンドをはずさずに、板を抜き、また板を押し込んである。がっしりしたその木箱を見るとき、教師、保母の頬は自然にゆるむ。

教師にとって、児童にとって、鮭罐は最高のご馳走だ。しまってある鮭罐は宝物だ。疎開地にいる先生や子供たちだけではない。都知事にとって、総理大臣にとっても、鮭罐は宝物だ。青森港に着いた鮭罐、鱒罐が合わせて五十万函にのぼると聞けば、一函にいくつ入っている、一ポンド罐か半ポンド罐かと首相は問い、それはよかったと喜び、東京都の集団疎開の学童分として鮭罐千二百函を配給することになったと都知事が聞けば、子供たちは鮭罐が食べられるのか、一人当たりどのくらいの量になるかと尋ねて、にっこりしたのである。

カムチャツカ半島西海岸と北千島の鮭の漁獲は昭和十八年は大漁だった。ところが、昨年は前年の半分の漁獲だった。おまけに、千島の陸上施設にたいする敵の飛行機の機銃掃射があり、鮭罐の運搬船が敵の潜水艦にねらわれることがあって、製品の鮭罐を運びきれず、ソ連領の倉庫に残したままとなっている。ぜひともこの七月にはこの鮭罐を日本に運びたいと日魯漁業の首脳が考えていることは前に記した。

宝田町の長年寺の学寮が鮭罐の木箱を受け取ったのはこの四月だ。蛋白質の不足を補うようにとの指示があるのだが、なかなか罐を取りだす勇気がない。一カ月に一回ということにしている。

つくるのは「鮭罐ご飯」だ。人参、牛蒡《ごぼう》を入れて混ぜご飯をつくる。量を増やすために大根も入れる。この混ぜご飯が煮立ってきたら罐詰の鮭を入れ、混ぜ合わせ、もう少し炊く。

女性の教師が何回も計算した。半ポンド罐は二百二十六グラム、六十匁だ。一罐六人で分ければ、一人分十匁、三十七・五グラムとなる。

おそらくどこの学寮も「鮭罐ご飯」をつくることにし、一人分十匁にしようと決めたのではないか。

ほんとうに児童数が四十三人なら、七罐では足りないから、教師と寮母の分を入れて八罐をあけたのであろう。すでに二回、合わせて十六罐を使ったのではないか。そして六月四日が三度目だったのであろう。教師が明日の夕御飯は鮭罐をあけますと約束したとき、児童たちは久しぶりに歓声を挙げたにちがいなかった。

東京練馬区大泉四丁目の大泉第二国民学校の「第三次疎開」の児童は群馬県勢多郡の東村に疎開している。このことは前に触れた。

東村がどこにあるのか説明しておこう。東北本線の小山駅で両毛線に乗り換える。桐生駅で足尾線にもう一度乗り換え、神土《ごうど》駅で降りる。三方を山に囲まれた寂しい駅だ。数キロ歩いて山間の寺、大蒼院が、二人の教師と保母一人、児童四十三人の学寮である。

鮭罐のことを述べたから、この学寮の鮭罐についても述べておこう。

出発に先立ち、この第三次疎開の四十三人分に東京都から鮭罐の配給があった。木箱ひとつだったのだろう。運ぶ方法がないので、子供たちに持たせることにした。十二人の六年生がひとり四個ずつ、五年生と四年生の二十四人が二個ずつ、リュックサックに入れた。前に述べたとおり、半ポンド平罐八ダース、九十六罐である。

五月三日と四日、十一日に鮭罐の鮭を食べた。寮母の鈴木ひろ子は十一日の日誌につぎのように書いた。

「お昼食に鮭カンをあける。皆大喜びで戴く(63)」

もう六月の半ばまでは鮭罐をあけるつもりはない。最初の五月三日は二罐あけ、四日と十一日は八罐ずつあけ、残っているのは七十八罐である。

さて、大蒼院学寮では、五月の末から麦入りご飯となっている。じゃが芋入りのときもある。神奈川県西秦野村の杉田国民学校でも、宮城県白石町の精華国民学校でも、現在はご飯に麦が混じるようになっているのではないか。

鮭罐を開けなければ、毎日の副食は野菜だけだ。大蒼院学寮のために村役場の職員のひとりが疎開係となり、部落の各農家に順番に野菜をだしてもらっている。この一カ月、アブラ菜、ウグイス菜、ネギ、牛蒡、ほかにたくあんとじゃが芋である。

学寮の寮母、鈴木ひろ子が日誌につけてきた五月三十一日から昨日の六月五日までの献立を見よう。
「五月三十一日
食事　朝　麦入米飯　味噌汁（漬菜）キザミ沢庵　漬菜。
　昼　麦入米飯　塩鮭　漬菜。
　夕　スイトン入お汁（ツケ菜）玉子　漬菜。
　おやつ　ナシ。
六月一日
食事　朝　麦入米飯　味噌汁（漬菜）漬菜。
　昼　麦入米飯　サト芋　ニンジン　ゴボー煮付　菜ヅケ。
　夕　ウドン　菜入り煮込みウドン。
　おやつ　馬鈴薯。
六月二日
食事　朝　麦入米飯　味噌汁（ツケ菜）漬菜。
　昼　麦入米飯　デンブ　漬菜。
　夕　ウドン　煮込みウドン
　おやつ　煎豆。
六月三日

食事　朝　麦入米飯　味噌汁（馬鈴薯　ツケ菜）ツケ菜。
　昼　麦入米飯　ニンジン　ゴボー　ツケ菜。
　夕　馬鈴薯入り米飯　漬菜ヒタシ。
　おやつ　ナシ。
六月四日
食事　朝　麦入米飯　味噌汁（漬菜）漬菜。
　昼　麦入米飯　キンピラ（ゴボー　ニンジン）漬菜。
　夕　馬鈴薯入米飯　菜入スマシ汁。
　おやつ　サト芋。
六月五日
食事　朝　麦入米飯　味噌汁（サト芋菜）漬菜。
　昼　麦入米飯　菜ゴマ和え　漬菜。
　夕　ウドン　煮込みウドン。
　おやつ　ナシ」(64)

この六日間に、牛肉、豚肉がでたことはないのは当然として、魚が食卓に並んだのは塩鮭が一回だけだ。いったい五月三十一日の夕食の卵とはなんだろう。一ダースほどの卵を安く入手でき、四つに割ったゆで卵がでたのであろうか。すいとんのなかに卵でとじた野菜が入っていたのだろうか。

繰り返し述べるとおり、毎日のおかずは少量の野菜と漬物だけで、肉は一度もでなかった。

精華、赤塚、大泉第二のそれぞれの学寮では、カレイ、鰊、塩鮭、鮭罐の鮭が一度ずつ顔をだしている。魚は月に三回だったのか、四回だったのであろうか。前に述べたことだが、横浜の杉田国民学校の四月の食事に魚がでたのは二度、大根と煮たであろうブリの切り身が一回、サメの切り身が一回だった。

もうひとつ、献立表を挙げておこう。この六月はじめではなく、少し前になる。二月の給食の献立だ。

「日次	朝	昼	夕
月	大根汁、沢庵	油味噌、沢庵	ヒジキ、沢庵
火	蕪菜汁、沢庵	金時豆、沢庵	豆腐豚汁、沢庵
水	梅干、生姜	数の子、沢庵	大根、沢庵
木	大根汁、沢庵	大根、沢庵	塩鮭、沢庵
金	菜汁、沢庵	里芋、沢庵	福神漬
土	梅干、沢庵	豆腐汁、沢庵	大根、沢庵
日	豆腐汁、沢庵	干物、生姜	千切、沢庵[65]」

精華国民学校、大泉第二国民学校や杉田国民学校の教師や寮母たちが、もしこの献立に目を通すことがあれば、自分たちのところより少しばかりいいなと思い、豆腐豚汁があるのをうらやみ、豚肉の配給があったのだろうか、毎月あるのだろうかと思い、三度三度、よくもたくあんをだすことができると感心し、昨年秋に塩をヤミで買うことができたのだろうかと疑い、どうして豆腐を週に三回もだすことができるのだろうかと考え込むにちがいない。

かれらが知らないことがまだある。味噌汁がでるのは、朝か昼食のどちらかだが、お代わりをしてもよい。それに、ご飯がどんぶりに盛りきりなのは当たり前として、ご飯の盛りがいい。いまは珍しい外米であり、サイゴン米なのだが、そんなことよりもたっぷり四百グラムはある。七勺の米ではない。一合ちょっとある。

どんぶりにたっぷりご飯を盛ることができ、味噌汁のお代わりをしてもいいと子供たちに言うことができたら、教師と寮母たちはどんなにか嬉しいことであろう。

じつをいえば、この献立は二十数年前、大正十一年二月の紡績工場、「東京某工場」の献立表なのである。「女工哀史」に載っているのだから、「哀れな女工」はこんな貧しいものを食べさせられているのだということなのであろう。

「女工哀史」の著者はつぎのようにつけ加えている。

「この工場では汁だけまけて注ぎ食いというのであるが、その代わりまたお終いに行ったものは実のない汁ばかりの酷い残り物を食べねばならぬ。

鮮魚の刺し身が女工の食膳にのぼったことは、東西古今を通じて唯の一度もない。牛肉は月に二回ほど食べさせる処もあるが、例の皮むかぬ馬鈴薯と共に煮つけたやつが一人前五匁位が関の山で、全くだしにも足りない有り様である」

四半世紀前の紡績工場の女子工員の一日の摂取熱量はどれだけだったのであろう。残念ながら記録はないようだ。では、現在の疎開児童の一日のカロリー摂取量はどれほどであろうか。これも計算されていない。

こうした数字にはだれも関心がないのか。もちろん、そんなことはない。

三年前、昭和十七年三月に「今後採ルベキ戦争指導ノ大綱」をつくったときには、その付属文書に「国民生活確保ノ具体的方策」を掲げ、昭和十七年度は「昭和十五年又ハ十六年程度ノ各種食品ヲ確保スルヲ要ス」とあり、めざすカロリー摂取量が載せられていた。「人口一人一日当リ要確保最低栄養量ハ熱量二〇〇〇カロリート判定セラルル所別表記載総食品(昭和十五年・十六年)ノ人口一人一日当リ栄養量ハ熱量二〇八八カロリーニシテ概ネ上記最低量ナルニ依ル」と述べていた(66)。

じつを言えば、「今後採ルベキ戦争指導ノ大綱」が一人一日当たりのカロリー摂取量を載せたのは、昭和十七年が最初で最後となった。

毛里英於莵、美濃部洋次は、つくろうとしている「国力ノ現状」に集団疎開の学童の一日の熱量摂取量を載せようと、一度は考えてみたのであろうか。

集団疎開の児童の一人一日当たりのエネルギー摂取熱量はどのくらいであろう。推定するしかない。千三百キロカロリーから千四百キロカロリーのあいだであろう[67]。

国民学校四年生、五年生、六年生なら、一日に千六百キロカロリーから二千キロカロリーは必要だろう。

集団疎開学童はこの低栄養から、体重は、五年生なら以前の四年生か三年生ぐらいしかないし、四年生だったら三年生か二年生ぐらいの体重しかない。

東京都や横浜市の厚生部長は各疎開国民学校に宛てて、疎開学童の身体発育の状況を調べるように命じている。

横浜市戸塚町の戸塚国民学校の児童は同じ戸塚区内の中和田村に集団疎開している。この四月四日、もうじき六年生になる五年生の男子二十一人の平均体重は二十八・九六キログラムである[68]。大正末から昭和十五年までの同じ時期の五年生の男子の全国平均体重は、三十一キログラムを超えていた[69]。

群馬県利根郡片品《かたしな》村の音昌寺に疎開している板橋第五国民学校児童のこの六月はじめの体重を見てみよう。六年生男子は九人いる。三十キロを超す児童はいない。九人の平均体重は二十五・五キログラムである。

四年生の女子は十一人いる。彼女たちの平均体重は二十・三キログラムだ[70]。昭和十三年、十四年、十五年の四年生の女子の平均体重は二十三キロから二十四キログラムだった[71]。

「国力ノ現状」一日千三百キロカロリーの兵士がいるのか

つぎに献立表を見ることはできないながら、軍の学校の食事をひとつ見ておこう。海軍経理学校の築地分校では、この四月一日に九百人を超す補修学生が卒業した。ついでに言っておけば、かれらの下の補修学生はもはやいない。この二月に入校生はなかった。第十三期生を募集しなかった。もはや、主計士官を養成してもしようがないと大臣の米内と次官の井上が判断してのことである。

さらにつけ加えるなら、海軍大学校はすでに閉鎖されている。昨年三月の三十九期生の卒業が最後となった[72]。砲術学校、対潜学校、通信学校、水雷学校、工作学校、すべての学校の学生、練習生の教育は、今月か来月中に中止となる。

さて、経理学校の卒業生だが、かれらが主計科士官となれば、調理、給食は重要な業務のひとつとなる。「点検食」という仕事がそれを象徴する。かれらが軍艦や航空隊の庶務主任、主計長になれば、みんなが食べる前に試食をして、献立、栄養、味付けについて意見を言わねばならない。一日に四回、五回と食事をすることになる。

そこで経理学校は調理技術の殿堂と言われたのだが、これも昔の話だ。この春に卒業した学生の築地分校での食事は、集団疎開の国民学校の児童の食事と比べて、少々よかったという程度だった。

学生たちの食事は一汁一菜だった。アルミ食器内のわずかな麦飯、身欠き鰊か、鰯《いわし》一尾がでた。汁のなかみは菜っ葉か、一切れか二切れのねぎが入っているだけだった。ところが、献立名はうしお汁、けんちん汁、さつま汁、すまし汁と変わった。

ほんもののさつま汁を食べたのはたった一回あった。十七マイルの遠漕をして、荒川放水路の河原で自分たちで飯盒のご飯を炊き、さつま汁をつくった。豚肉をつまみあげて口に入れたときの甘さ、そして炊きあげた飯盒の熱い飯をかきこんだ感触をいまも忘れることができない。

だれもが毎回のすまし汁を「隅田川」「消耗汁」と呼んだ。魚は毎日あったものの、わずかだった。駆け足、相撲、カッターといった烈しい訓練があったから、消費カロリーと比べて摂取カロリーが少なすぎた。

かれらは半年のあいだに体重を十キロ以上減らした。箱根宏は現在、土浦の郊外にある第一航空廠にいる。経理学校に入学したときには六十八キロあったのが、卒業のときには五十六キロだった。現在、広の第十一航空廠にいる水元雄一、豊川工廠にいる中瀬宏道、第四燃料廠にいる光谷治平は、いずれも入校のときに六十キロあったのが、卒業のときにはそろって四十八キロに減った。

いつも腹を空かせていたかれらの話題は食べることばかりだった。高見沢重次は現在、松山航空隊にいる。経理学校に在学していたとき、烹炊所に若い娘がいたことを覚えているが、かれが思いだすのは、彼女の容姿ではなく、どうして持っていたのか、彼女が手にしていた赤いリンゴである。考えてみれば、だれひとり彼女のことを話題にしたことがなかった。

そして、かれが覚えているのは、馬鈴薯をストーブで焼き、バターをつけて食べる、こんなうまいものはないという話だった。現在、高座《こうざ》工廠にいる国上《くにがみ》孝次の郷里の北海道の話だった。

気楽な会話ができるのは便所掃除のときと決まっていた。話すとなれば、食べるもののことであり、食べ物の話題はおはぎか、羊羹だった。そして、自習の時間には料理の本をひろげた。

隔週の日曜日外出が栄養補給のただひとつの機会だった。警戒警報がでると外出禁止になるから、敵の機動部隊が接近という情報を聞けば、だれもが機嫌が悪くなった。東京出身の者は家に帰った。親類のある者は親類の家へ行くのだが、休みの度毎に行って迷惑をかけるわけにもいかないから、海軍士官が入ることのできる新橋の第一ホテルへ行った。

第一ホテルの食堂にはご馳走があった。これは経理学校の食事と比べての話だ。ほかに入ることを許されている店は、まだ焼ける前のことで、銀座四丁目にあった若月とか春月という名前の喫茶店だった。あるものは一品、それこそ「海草の化物」、統制外の海草を加工したトコロテンか、蜜豆風といったものだった。甘味はまったくなかった。

集団疎開の子供の親たちが卵焼きと蜜柑とかりん糖を持って学寮を訪れた翌日には、子供たちはきまって下痢を起こすのだが、日曜日に家に帰った見習尉官の月曜日がそれと同じだった。消化機能が低下していたからだ。

箱根宏は二十五歳になる。現在、土浦郊外の第一航空廠に勤務していることは前に述べた。東大経済学部の出身だ。忘れたいのだが忘れることのできない、自己嫌悪に陥る記憶がある。

昨年末のことだ。風邪をひき、かれは病室入りとなった。同室の者は六、七人いた。そのうちの一人が死んだ。

北海道帝大の農学部に籍を残していた湯川武男だ。二十歳だった。死亡したのは十二月二十九日だった。急死であり、死因は急性肺炎ということだったが、箱根はジフテリアではなかったのかといまも疑っている。

湯川のテーブルに配られたお粥が手をつけないままに残っていた。あとで思えば、だれもがそのお粥から目が離せなかったのである。かれが死んだとわかったとき、五、六

人が一斉にお粥の容器に手をだした。いくつもの手がぶつかりあって粥は床に飛び散った。(73)

死んだ見習尉官はほかにもいる。

三月十日に晴海海岸でカッター競技があった。未明に大空襲があり、学生の一部は火から逃げる町の人びとを助けるために校外にでた。残った学生は非常持ち出しの品物を運びだした。隣接する築地の魚市場が燃え、延焼の恐れのある講堂を破壊しようとしたとき風向きが変わった。朝になって、月島とその向こうの空にはまだ煙があがっていたが、カッター競技はおこなわれた。体力はひどく低下していたし、睡眠不足が加わったから、だれもがエネルギーを使い果たし、肺と腕、足がずきずきと痛んだ。

ところが、海岸で応援していたひとりが倒れた。数人がかれを抱きかかえて、学校の医務室まで運んだ。

若井達雄だった。府立一中、一高、そして東大法学部に在学中で、秀才の評判が高かった。かれは翌日に死んだ。二十一歳だった。大学でいっしょだった渡辺康は息の絶えた若井を見守った。やせ細った足から虱が離れていくのを見た。これも大学でいっしょだった長岡実とともに、若井の柩の前でお通夜をしながら、渡辺はだれにも訴えることのできない憤りが胸にひろがり、拳を握りしめたのだった。(74)

若井の死因は全身衰弱症だった。正式名は不馴化性全身衰弱症だ。(75) 海軍省医務局の命名だ。海軍という環境になじめないことから全身が衰弱してしまうというのが不馴化性全身衰弱症である。

このような死者がではしたが、この春に卒業した海軍経理学校の学生たちの食事をとりあげて、熱量と蛋白の不足と体力の低下を説くのは適切ではなかったかもしれない。四月一日に卒業した海軍経理学校補修学生十二期生は、現在だれひとり、不馴化性全身衰弱症の者はいない。栄養失調の者などひとりもいない。

かれらが経理学校に在学中のことだったが、教官のひとりの訓示があり、食事について云々する者はただちに免官処分にすると警告されたことがあった[76]。学生隊と教官隊の食事の差が大きすぎるのにだれもが憤慨してのことだったが、四カ月あとになれば、かれらは教官たちはけしからんと思ったことなどきれいに忘れてしまっているのであろう。かれらは士官食堂や水交社でたらふく食べているのだ。

士官食堂で「従兵、おかわり」と大声をだす主計士官は、築地にいたときは何カロリーとっていたのかと考えることがあるのだろうか。現在、士官食堂の食事のカロリー計算をすることもよもやあるまい。

集団疎開の国民学校や海軍ではなく、陸軍のことになるが、じつは、この六月の陸軍の兵士たちの食事のカロリー量を計算した数字がある。陸軍兵器行政本部が都内の一部隊の食糧調査をした記録である。

陸軍兵器行政本部は六つの造兵廠を持ち、それぞれが数多くの製造所を抱えている。そこで、陸軍兵器行政本部が調べた「一部隊」とは、戦闘部隊ではなかろう。兵士たちは工場で働く人と同じ仕事をしているのではないか。

昨年七月と今年三月、そしてこの六月に入っての食糧給与量と栄養摂取量を対比している。

		七月	三月	六月
主食	米	一一九g	一〇六g	九〇g
	雑穀	五〇g	三〇g	二〇g
魚肉		七六g	三六g	一六g
野菜その他		三三三g	三〇七g	二三三g
熱量		二一一七kc	一七〇七kc	一三五五kc[77]
蛋白		一五〇g	六七g	六三g

この六月の米九十グラムと雑穀二十グラムは、合わせて百十グラムだ。説明はないが、これは一日分ではなく一食分である。魚肉十六グラム、野菜その他二百三十三グラムというのも一食分である。

だが、摂取カロリー数は一食分ではあるまい。一日分であろう。

七月から一般国民の主食の配給量を一割減らすことに政府は決め、軍は六月から一割減としているのだが、調査をしたこの部隊の六月の主食の量の減り方はあまりにもひどい。工場労務者には、勤労度によって勤労加配米があるのだが、この部隊の兵士たちにはないのだろうか。

魚は一食分が十六グラムだ。三倍にする。四十八グラムだ。昨年七月には、一日に二回はまずまずの量の魚の煮つけがでていたのが、この六月に一日に四十八グラムとなってしまってからは、魚が食べられるのは一日に一回だけであろう。

一日に一度夕食のときにでる魚は身欠き鰊であろうか。前に挙げた東京都の魚類一人当たり配給基準量は、最低量は十五匁、五十六グラムと定められ、これが身欠き鰊だった。

築地の海軍経理学校の学生の食事の副食が身欠き鰊か、鰯であったことは前に述べた。軍の学校、兵営、工場の給食にでる魚は身欠き鰊がもっとも多い。残さず食べてしまいながら、不味い魚だと思う軍学校の学生がいるだろうし、脂焼けして渋い身欠き鰊を口にしながら、もっとおいしく食べられるのにと思う海軍工廠で働く東北から来た女学生もいることだろう。

神奈川県の中郡に集団疎開している横浜の杉田国民学校の月に一度食べたサメの切り

身と野菜の煮つけ、群馬県群馬郡に疎開している赤塚国民学校の子供たちが食べた鮭の混ぜご飯については、前に語った。ここで鰊について述べよう。

鰊の水揚げのピークは明治三十年だった。百三十万石、九十七万トンだった。三十億から四十億尾という数だ。鰊の漁獲量はそのあとしだいに減っていったから、その豊漁の年のことは語り草となった。明治、大正から昭和十年までは、多い年で七十万トン、少ない年で三十万トンだった。

明治時代には秋田、青森でも鰊は採れたのが、大正にはまったく採れなくなった。つづいて北海道の太平洋岸に鰊が押し寄せなくなり、西海岸でも、松前、小樽で採れなくなり、漁場が北へ北へと狭まっていく気配に、吹雪が終わり、春の雪解けを待つ海辺の人びとは、今年はこの浜に鰊は来るのだろうかと不安の毎日だった。昭和十一年から鰊の水揚げは激減した。十万トン台となった。昭和十三年にはわずか一万トンだった。空前の大凶漁だった。

ところが、昭和十七年四月から、小樽一帯の沿岸で鰊が採れだした。北の端の天塩《てしお》から、その沖の利尻《りしり》島まで鰊が採れた。最盛期にはとても及ばないが、それでも二十万トンが採れた。昨年は三十六万トンだった。鰊の漁獲は六月中旬までの春鰊の漁獲でおおよそが決まる。今年もすでに漁獲は三十万トンを超している。(78)

政府や軍の幹部は日記に書き忘れているようだが、鰊の豊漁がこの三年つづいてきたことをだれもが喜んできたはずである。

鰯はどうなのか。鰊なんかよりも、鰯のほうがたくさん採れているのではないかと思う人もいよう。

実際には、明治、大正時代には、鰯よりも鰊の漁獲量のほうが二倍、三倍と多かった。昭和に入って日本全国で鰯が採れるようになった。減少をつづける鰊の水揚げを尻目に、鰯の水揚げは百万トンを超した年が十年近くもつづいた。昭和六年から十四年までのあいだのことである。鰊の水揚げが最高だったのは、明治三十年の九十七万トンだったことは前に記した。

ところが、昨年の鰯の漁獲高は三十七万トンだったから、鰊の水揚げ量とほぼ同じだった。今年は鰊の漁獲量のほうが多いのではないか。

そして、鰯より鰊の漁獲に期待が大きいのは、つぎのような理由からだ。漁獲があっても、トラックはなく、冷蔵貨車はなく、氷もないから、鰯も鰊も鮮魚のままでは出荷できない。塩漬けにしなければならないが、その塩がない。ところが、身欠き鰊に加工するのなら、塩が要らない。

身欠き鰊をつくるのは簡単だ。水揚げした鰊のえら、内臓をとり、納坪《なつぼ》と呼ぶ貯蔵所に三日間から一週間くらい置いておく。それを三枚におろして、つぎは天日干しにする。塩を加えないで、そのままの素干しだ。

こうしたわけで、鰊の採れる北海道の日本海沿岸の町や村では、できるかぎり身欠き鰊に加工するようにとの指示がでている。以前は身欠き鰊の生産はずっと一万トン台だったのが、昭和十六年には二万七千トン、十八年、十九年には二万四千トンとなっている(79)。小樽沿岸の祝津《しゅくつ》、高島、朝里《あさり》から留萌《るもい》の沿岸、そして天塩まで、国民学校の児童も、老人も、町の主婦も、だれもが身欠き鰊をつくる作業を手伝ってきている。

一食分の身欠き鰊を十五匁、五十六グラムとすれば、今年も四億五千万食分ある。兵営、軍の学校、工場の食堂で、身欠き鰊はおかずの定番となり、喜ばれはしないながら、現在、ただひとつの蛋白源となっている。

だが、もともと身欠き鰊は多くの人びとにとって懐かしい食べものである。身欠き鰊の食べ方で知られているのは京都の鰊そばであろう。津軽の鰊のすし、秋田のカドずし、会津の鰊漬け、加賀の大根ずし、いずれも身欠き鰊を使う。

そして、トラック島やラバウル、湖南、満洲にいる兵士たちがふいに思いだすのは、田植えが終わった水田、水を張り終わったばかりの水田を眺めながら、部落の人たちとにぎり飯に身欠き鰊の味噌煮とたくあんを食べた初夏の日の昼御飯であろう。

東北と関東の海から遠い農村で、もっとも大切な農作業である田植えの時期に食べるのは鰊の味噌煮だ。部落の人たちは田植えを互いに手伝いあい、十日ほどの作業のあいだ、どこの家でも味噌と砂糖で煮た身欠き鰊をだしたから、家々はその美味しさを競い、だれもが食べくらべを楽しんだのである。

そんなことから身欠き鰊は田植え魚と呼ばれた。魚が配給制度に組み入れられる前のことになるが、東北や関東深部の農家は、叺《かます》に詰めた五十本束、百本束の身欠き鰊を一度に買ったものだ。一年分である。

東北の田植えはすでに終わったところがあり、いまやっているところもあるが、田植え魚を食べることはできないだろう。前に語ったとおり、身欠き鰊はすべて兵営、軍の学校、工場に送られている。

陸軍兵器行政本部が調べた「一部隊」のことに戻る。魚は鰯か身欠き鰊と野菜の煮込みが夕食にでるだけで、一日に摂取するカロリー数はわずかに千三百五十五キロカロリーである。

食事はほんとうに夕食のみにわずかな魚がつくだけで、このカロリーどおりなのだろうか。集団疎開の大塚第二国民学校や杉田国民学校の児童の摂取カロリー数と変わりがない。これが事実なら、兵士たちは工場でどんな作業をしているのだろう。肉体労働をしているのなら、二十分つづけて作業をおこなうことはとてもできないのではないか。働いては休み、働いては休みなのであろうか。毎週、四十すぎの応召兵に死者がでているのではないか。

引き込み線の貨車から粉炭を下ろす仕事があれば、寝ころがっていた兵士たちを立ちあがらせ、今日中に終えたら風呂に入らせてやる、パンを一個食べさせると指導官は言うことになるのだろうか。

「国力ノ現状」　どこでも兵士たちは腹を空かせている

戦闘を任務とする歩兵部隊はどうなのであろう。よもや摂取カロリーが千三百五十五キロカロリーということはあるまい。

村上兵衛が青山の近衛歩兵第六連隊の連隊旗手だとは前に語った。かれの任務のひとつに下士官候補者の養成がある。かれは四十人の下士官候補者教育隊の教官となっている。

近衛兵は各地の連隊区司令部が徴兵検査の合格者のなかから選ぶ。選抜にあたって重視されるのは、町や村役場の兵事係が推す「近衛適任者」である。そこで近衛兵には優秀な青年が多い。下士官候補者はさらに優秀である。

この三月か、四月のことだったにちがいない。村上は訓練の体操の時間に相撲をやった。力自慢の兵士たちが三人ばかり挑戦してきた。かれはその三人をつぎつぎと投げ飛ばした。

鉄棒や跳び箱をやって兵士たちに模範を示すことができるのは、士官学校で鍛えられているから当然なことで、自慢するにはあたらないが、百姓出身の兵士に相撲で勝ったときには、村上はちょっとばかり得意だった。

ところが、都留一等兵がつぶやくように言った。かれは北海道出身で、下士官候補者のなかでは体力、知力ともに一、二を争う優秀な兵士だ。「ああ、腹が空いていなければ、教官どのなんかには負けないのに」

村上はうかつだったと思った。厳しい訓練と夜間の空襲による睡眠不足、熱量、蛋白の不足から、兵士たちは体力が落ちているのだ(80)。

兵士たちの食事は、一食一合あまりの腐りかかった大豆の入った飯と、身欠き鰊一切れとねぎが一片浮いているだけの汁である。もちろん、酒保は開かれていない。

兵衛の兄の村上稔夫が大隊長を務める近衛歩兵第一連隊では、酒保が開かれているという話をつけ加えておこう。

近衛歩兵第一連隊は竹橋内に兵営がある。かつての江戸城の北の丸である。三階兵舎の名で呼ばれる三階建ての兵舎は五月二十五日の空襲で、屋根と三階の一部を焼かれ、兵営のシンボルだった時計塔は焼け落ちた。この第一連隊の自慢は、酒保が開いていて、アンパンが売りだされることだ。

全員に配るほどはないが、昼と夕方に売りだされ、行列ができる。餡の甘みは薄いが、師団長のところへも届けられ、兵営内に来る理髪師や腕時計の修理工、慰安映画の撮影技師は、謝礼のほかに、この特別に大きなアンパンを貰えるのを楽しみにしてきた(81)。

「近歩一《きんぽいち》」の名で呼ばれる近衛歩兵第一連隊は、日本陸軍のもっとも古い連隊のひとつであり、宮城の守衛に任じ、すべての外征に加わった栄光の連隊である。この連隊が小麦粉と小豆、砂糖を手に入れることができるのは、近歩一の連隊長が神通力を発揮してのことではあるまい。市谷台首脳の高等政策であろう。兵士たちは腹を空かせてはいない、酒保は開いている、兵士たちはアンパンを買うことができるということが天皇の耳にまで入ると計算してのことなのである。

兵衛の連隊では、月に一、二回、将校用の特配と称する「物資」が配給になる。たいていは、ふすまのたくさん入ったパン一斤である。色が真っ黒なのは、ふすまだけが理由ではないことは、このさきで説明する機会があるかもしれない。

村上のところに届けてくれるのは、将校集会所委員助手の軍曹である。かれの姿が見えなくなるや否や、その煉瓦のようなパンにむしゃぶりつく。明日のために半分は残しておこう、三分の一は残そうと思いながら、途中でやめることができない。

パンの代わりに小豆が配給されたことが一、二度あった。火鉢に飯盒をかけ、塩味の汁粉をつくり、当番の上等兵といっしょに食べた。

さて、村上の連隊で、一食あたり一合、百四十グラムの主食というのは、兵器行政本部が調べた都内の「一部隊」のこの三月の主食量と同じである。では、この六月からは一割減となり、主食は百二十五グラムとなっているのであろうか。

一食百四十グラムなら、エネルギー量はおよそ五百キロカロリーだから、主食だけで一日千五百キロカロリーだ[82]。副食が五百キロカロリーあったのであろうか。一日の摂取熱量は二千キロカロリーに届いたのか。

村上は兵士たちを医務室に連れていき、かれらの体重が減っていることを確認した。以前であったら、兵士たちは入隊して数カ月たてば体重は二キロから三キロ増えるのがふつうである。

かれは経理委員の将校たちに、下士官候補者の訓練は特別に厳しいのだから、食事を増量してほしいと申し入れた。だれも相手にしてくれなかった。かれは陸軍経理学校出身の大谷少尉に実情を訴えた。かれは召集将校の経理委員たちが食材をごまかし、好き勝手なことをしていると慨嘆した。

炊事業務を統括指揮するのが経理委員将校である。

村上は連隊長に直訴した。自分の意見をはっきり言ったことのない連隊長が、このときばかりは即座に答えた。連隊内の兵士たちに不公平な扱いはできないと言った。

村上は肚を決めた。下士官候補者の訓練をいいかげんなところで打ち切り、神宮外苑か代々木の練兵場に連れていき、昼寝をさせることにした。

ところで、訓練に明け暮れする兵士たちは、以前はどのような食事をして、どのくらいの熱量を採っていたのであろう。

昭和十二年におこなった陸軍糧秣本廠の調査がある。兵士の三日間の献立を見よう。主食は、麦まじりの米飯だが、朝が二合、昼が二合、晩が二合、二百八十グラムずつだ。主食だけで一日に三千キロカロリーである。

そして朝食は豆腐か、油揚の味噌汁とたくあん、昼食は牛肉の罐詰百グラムか、塩鮭百グラム、それに梅干しか福神漬。夕食は牛肉の罐詰五十グラムと人参、牛蒡、あるいは大根の煮つけだ。朝、昼、夕食の副食合わせての熱量は七百キロカロリーである。

一日の摂取熱量は三千七百キロカロリーだ(83)。

以前には兵士たちは一日に六合の麦の混じった米を食べていたのである。兵士たちだけではなかった。重労働をする者は、いずれも一日に六合以上を食べていた。

昭和十六年秋から翌十七年の春にかけて、成城大学の民俗学研究所が全国の食習慣の調査をしたことがある。

北海道の斜里《しゃり》町から沖縄の糸満町まで、五十八の町村で、「一人前の食物の量はどのくらいですか」と問うたのにたいし、一日五合から六合、一日七合から八合、一日七合五勺、一日八合と答えていた(84)。

ついでに述べておこう。昭和十五年の秋、農家が米を供出するにあたってどれだけ米を残していいか、保有米の量を定めることになり、各府県の農会の会長を集めたことがある。農林大臣は現在と同じく石黒忠篤《ただあつ》だった。かれが一人一日当たり四合の米を農家に残すと言ったとき、「四合なんてそんな少ない米でどうしておさまるか」と口々に叫び、不穏な雰囲気となった。石黒は動じなかった。「これは諸君、四合といっても、砕け米、屑米はこのなかには入っていないんだぞ」と声を張りあげた。屑米と正米の区別は簡単にはつかない。屑米だといって保有米を増やせばいいんだと謎をかけたのである。場内の騒ぎはたちまち静まった(85)。

もう少しつけ加えよう。翌十六年四月に、六大都市で米穀通帳による主食の配給を定めた。一般の人は一日に二合三勺、つぎに軽労働者は三合、特別重労働者は四合としたのだが、三合と定められた郵便配達夫は三合では仕事ができないと抗議の声をあげ、左官が四合で大工が三合とはどうしてだと大工が怒り、相撲協会の親方たちが四合で相撲がとれるかと憤慨し、蜂の巣をつついたような騒ぎとなった。農林省は手直しをするやら、なだめすかすのに大骨を折ったのである。

一日六合の話に戻れば、兵営や軍の学校では、昨年半ばまでは六合が当たり前だった。今年三月に卒業した海軍経理学校の短現十二期生が体重を十キロ減らしたことは前に語ったが、昨年九月に卒業した十一期生の食事は、押し麦が混じり、高粱、じゃが芋が交じりはしたものの、一日六合だった。それでもだれもが腹を空かせていた。食堂で椅子に座るとき、こんな情けないことをするのはこれ限り絶対にやめようとだれもが思いながら、つぎに食堂に入るときも、きまってさっと目を走らせ、盛りのいい容器の前に坐ろうとしたのである。

だが、外国米、外地米の輸送が止まって、いよいよ主食の量が減るようになった。見てきたとおり、近衛歩兵第六連隊の兵士たちは一日三合である。

かれらが二千キロカロリーを採っているとしても、以前の兵士の摂取熱量の三千七百キロカロリーの五四パーセントだ。ふつうの労働をする大人が必要とする熱量は二千二百キロカロリーなのだが、それにも足りない。これでは体重も減るはずだ。

一カ月前のことになる。陸軍大臣の阿南惟幾が五月九日の局長会議で、医務局長の神林浩が語ったことを日誌に記した。

「三千五百カロリニ対シ、現、二千五百〜三千。之レヨリ一割減少セバ栄養失調」

現在は、主食は一割減となっているから、二千七百キロカロリーから二千二百五十キロカロリーということだ。

陸軍大臣は兵士たちが栄養失調になると懸念したのだが、いったい、どこの兵営の兵士たちがこれだけのエネルギー量を採っているのであろう。

近衛歩兵第六連隊は東部軍管区の麾下にあり、管区防衛が任務だ。本土決戦のための部隊はまたべつだ。同じ東部軍管区を作戦区域とする第十二方面軍が純作戦軍だ。作戦軍のほうが、軍管区司令官直轄の部隊より主食定量は多いのだろうか。大根と身欠き鰊は皿にたっぷりと盛ってあるのだろうか。鰯は一尾ではなく、二尾つくのか。

作戦軍にたいする特別の加配米はない。それどころか、管区司令部配下の部隊のほうが「給養」はいいのがふつうである。管区司令部は管区地域内の食料品の指定納入業者との長い密接な関係があり、食料を手に入れるさまざまな便宜を持っている。

作戦軍はそうはいかない。

今年に入って、大々的な動員をおこない、新しい師団をいくつもつくり、沿岸各地に配備をつづけてきている。連隊に残されていたわずかな小銃、弾薬で装備し、貨物列車に乗せられ、千葉県の太平洋岸に送られてきた部隊がある。

かれらは敵地に入った軍隊と変わりない。田舎の国民学校を司令部にして、兵士たちは天幕小屋や農家の納屋に分散している。部隊は食料を買うのに顔がきかないし、交換できる物資も持っていない。将校たちのためのわずかな卵や魚を買うことができる以外、正規のルートの糧秣に頼るしかない。米もその代替物も、人数分が届かない中隊がいくつもある。三度三度、薄い雑炊というところもある。千四百キロカロリー以下の栄養量であろう。

兵士たちは壕掘りが仕事だが、現在はなにもしていない中隊がある。もっぱら畑づくりだ。さつま芋と南瓜を植えている。「用のある者以外、じっとして動くな」と中隊長の命令がでている。

村上兵衛が兵士たちを代々木の練兵場に連れていって昼寝をさせたのは、ひそかな反抗だったが、ここではあまりに少ない糧秣に抗議しての公然の反抗である。

陸軍大臣が日誌に記した数字をもとに割りだした二千二百五十キロカロリーから二千七百キロカロリーを摂取しているのはどこの部隊か。

川端康成が大佛次郎に向かって、鹿屋の水交社の食事の話をして、すき焼きでも伊勢海老でも毎日あると語ったことは前に記した。航空部隊なら、陸軍の航空部隊も贅沢さでは海軍の航空部隊に負けてはいない。

三岡健次郎は参謀本部の第十課に勤務する。アメリカとの戦いがはじまる三日前に陸軍大学を卒業してから、ずっと船舶輸送を担当してきた。三十三歳になる。

五月一日、北海道に出張することになり、午前十時、所沢を輸送機で出発した。仙台に降り、つぎに八戸《はちのへ》に着く。札幌は大風ということで、八戸の飛行場大隊の将校集会所の厄介になった。一般市民と同様、かれもまたその日の夕食の献立のすべてを日記に記すことを忘れなかった。

「長は多田少佐、副官中島中尉、夕食を出されて驚いた。白米飯、卵の目玉焼き、鯨のテキ、魚の照り焼き、肉と豆腐と葱の煮込み、食後の林檎、これが一体今日の日本人の食事であろうか。国民一般はどんな食生活をしているか。輸送力の不足で物資が偏在しているのは分かっているが、田舎がすべてこんなものが食えるとは思えない。これが航空優先なのであろうか(86)」

第一線の飛行隊の士官の食事と軍需工場の兵士の食事には天と地の開きがある。初年次兵と下士官の食事はこれまたちがう。部隊によって、兵士たちの食事には大きな差がある。

摂取熱量は三千五百キロカロリーから千三百キロカロリーまで、さまざまだ。もちろん、腹を空かせている兵士たち、「駆けてはいけない、歩くようにせよ」と指示されている兵士たちの数がいちばん多い。そして今月中旬、下旬、来月には、さらに食料の供給は悪くなる。現在、必要な栄養を採っていない兵士たちがいっそう腹を空かせることになる。

近衛歩兵第六連隊の兵士たちはどうであろう。主食は一割減っても、多少ながらこれを補うことができるのではないか。

十日前の五月二十五日の空襲で近衛歩兵第六連隊の建物は焼け残った。ところが、焼け野原のなかにぽつんと残った三階建てのコンクリート造りの兵舎は目立ちすぎるということで、連隊本部は青山高樹町の根津嘉一郎の広大な邸に移り、連隊は青山から新宿の警備区域内に中隊ごとに分散し、半地下の壕舎をつくって起居することになり、農耕隊も編成しようとしている。

農村出身の年若い兵士たちはおおっぴらで故郷の親から餅や干し柿、大豆を送ってもらうようになる。壕舎の近くに菜園をつくり、近所の住民に労力奉仕をして、見返りになにかを得ることにもなる。

「国力ノ現状」　満洲の大豆に頼るしかないのだが

さて、はじめに戻ろう。

毛里英於菟が農商省農政課長の東畑四郎に向かい、このさきどうなるかと尋ねた。東畑四郎は大豆と丸とうもろこしに頼るほかはないと言ったのであろう。いまさら説明の必要もないがと言い、昨年から外国米が入らなくなった、つづいて外地米が入らなくなった、この分を埋めるのは満洲の雑穀しかありませんと言ったにちがいない。

そして、振り返ってみましょうと言ったのであろう。

日本がビルマやタイの外国米を大量に輸入するようになったのは、明治の末から大正のあいだ、そして昭和のはじめまでだった。年間五百万石を輸入したこともある。一人が一年に一石を食べるとして、五百万人分だ。空襲、疎開がはじまる前の東京都の市部の人口が六百八十万人だった。

ボロボロの、臭気のある外国米を食べていたのは、都市の貧しい人たちであり、繊維工場で働く若い娘たちの寮であり、雇い人の多い商店であり、自分の家でつくった米を販売にまわしていた農家だった。

昭和に入って、朝鮮と台湾の農家の品種改良と化学肥料の大量使用が実を結び、朝鮮米と台湾の蓬萊米《ほうらい》の日本への移入が爆発的に増えた。これらの外地米は、内地米と同じ品質で、しかも価格が安いことから、外国米のシャム米やラングーン米に取って替わった。

ところが、六年前、昭和十四年に大きく情勢が変わった。翌十五年はじめに東京帝大教授の東畑精一がこの大きな変化をつぎのように説明した。

かれは今日の講師役の東畑四郎の長兄である。

平時十万の兵が必要とする米の量は、戦場十万の兵の必要を絶対に満たすことができない。戦場では、莫大な米が放棄されることがあるし、腐敗してしまうことが起きる。そして重工業労働人口の増加と戦時景気が米食の増加をもたらしている。人びとの購買力が増し、ほかの物資の供給が抑えられているとき、人びとの消費は米に向かっている。

さらに農民がなにも混入物を入れない白米を食べるようになっている。これまで青米や屑米、麦飯、大根飯を食べていた農家が、すべての農産物が高騰してきたことから、ほかの農産物を売って自家生産の良米を食べるようになっている。(87)

米への新たな需要がこのようにふくらんだなか、米不足の事実を一挙に明らかにしたのが、昭和十四年夏にはじまった西日本と朝鮮の旱魃《かんばつ》だった。東京深川区清澄町の米倉庫から米がなくなった。政府は慌ててタイ米、仏印米を輸入せざるをえなくなった。つけ加えるなら、東京都食糧営団のその大きな米倉庫も三月十日未明に焼けてしまった。昭和十五年の半ばには、大都市で米の配給をおこなうことになり、通帳制や切符制をとるようになった。都市のふつうの家庭がはじめて外国米を食べることになった。外米、あるいは南京米の名前で呼ばれる外国米の輸入はそのあともつづいた。昭和十五年のタイ米と仏印米の輸入量が四百八十一万石、昭和十六年が六百六十五万石だった。昭和十五年も不作だった。ところが、昭和十六年はさらに米の生産量は少なかった。昭和九年以来の凶作だった。前年より五百万石少なかった。

主要食糧の供出と配給は昭和十五年からおこなわれるようになったと語ったが、こうした法令が整理統合され、昭和十七年二月に食糧管理法が制定された。昭和十七年の外国米の輸入は八百九十三万石にものぼった(88)。その年の東京の主食の配給は、内地米と外地米を合わせて五五パーセント、外国米が三五パーセント、押し麦が一〇パーセントだった。東京では、一年十二カ月のうちの四カ月は外国米に依存することになったのである。

昭和十八年の外国米の輸入は四百八十八万石だった。輸送船の不足からタイ米、仏印米の輸入は減った。そして昨年は、タイ米、仏印米の輸送がゼロになった。東京では、昭和十八年十一月と翌十九年一月に三〇パーセントの外国米を混入したのが最後となり、タイ米や仏印米の細長い粒はあとを絶った。

台湾米の輸送も細まる一方となった。

押し麦を混入し、さらに満洲からの丸大豆、脱脂大豆、挽き割りとうもろこし、丸とうもろこしを米の代わりに配給するようになった。

昨年八月の最高戦争指導会議で、戦争がはじまって三回目の「今後採ルベキ戦争指導ノ大綱」を定めた。その会議で、軍需大臣だった藤原銀次郎が「帝国国力ノ現状」を読みあげた。主食のくだりはつぎのとおりだった。

「主食ハ現配給基準概ネ可能ナルベシ　但シ本年ノ稲作ニ対スル内地ノ旱水害　朝鮮ノ旱害　台湾米ノ輸送不安等ヲ考慮セバ　早期ニ於イテ満洲ヨリノ雑穀移入ニ付格段ノ措置ヲ講ゼザル限リ　明年度現基準維持ニハ相当ノ困難アルベシ(89)」

それから五カ月あとのことだ。東畑四郎は話さなかったであろうが、つぎの話をしよう。

昨年十二月の末、大東亜省総務局調査課に勤める大来佐武郎《おおきたさぶろう》は大陸出張を終え、釜山から連絡船に乗った。対馬海峡は危険だった。乗船してすぐに救命胴衣を着用した。かれは船室に入らず、甲板にいた。昭和十八年十月、下関をでた崑崙丸が沖ノ島沖で魚雷を受けたとき、電灯が一斉に消え真っ暗となり、千数百人の乗客は上甲板の救命艇の乗り場に行きつけず、生存者はわずか七十六人だったと聞いていたからである。

かれは甲板で寒さに震えながら、大陸との海上輸送を維持できるのはあと半年、昭和二十年六月から七月までだろうと思った。「輸送路がこのさき数カ月しかもたないとしたら、いったいなにを運ぶべきか」とかれは考えた。

日本に帰ってから、だれかれの意見を聞いてまわった。今年の一月のはじめ、化学工業統制会の会長の石川一郎を訪ねた。日本橋三越本店の七階まで、エレベーターがないから階段を上った。栄養不良が原因であろう、足が動かなくなり、肺がずきずきと痛み、何度か途中で足をとめた。

大来の問いに、石川はうなずいたと思ったら、すぐに口を開いた。「それは塩と大豆です。塩は人間の生存に欠くことができない。大豆はカロリーの高い蛋白源です[90]」

日産化学工業の社長だった石川は塩には苦労してきた。アルカリ工業の原料である塩の確保のために満洲に塩田を開発したことがある。

大豆は味噌や豆腐、納豆に加工して、日本人の伝統的な食事の大切な蛋白源である。大来は大豆と塩を輸送すべきだと報告書にまとめ、大東亜省参事官の巽《たつみ》良知とともに陸軍省、海軍省を説いてまわった。

石川一郎の助言や大来佐武郎の報告書のあるなしにかかわらず、大陸との動脈が生きているあいだに、満洲、朝鮮から大豆、とうもろこし、高粱、米、塩を運ばねばならないことは、だれもが考えたことだった。

現在、大豆、とうもろこしを懸命に運んできている。東畑四郎がこのように言えば、うなずいたひとりが、今年の満洲の大豆の作柄はどうなのかと尋ねようとして、苦笑いを浮かべ、そうか、今年の作況を聞いてもしようがないと言ったのであろう。

満洲では大豆は五月に播く。収穫まで百十日だ。九月にお天気がつづけば豊作だ。昨年は豊作だった。九月末に収穫する。刈り取った大豆を庭に薄く積み、馬に石のローラーを牽かせて脱粒する。大豆の出荷は十月にはじまる。北満洲では十一月だ。四平街《しへいがい》から新京の駅の貨物置場に大豆の入った麻袋の山ができる。

昨年秋に収穫されたこの大豆が釜山や清津《せいしん》から日本海の港に送られてきているのだ。

東畑はつぎのようにつづけたのであろう。

「大陸から輸入するのは主食分だけではありません。

アルコール製造用の大豆ととうもろこしがあります。航空機の燃料になります。陸軍が関東軍に要求した分です。海軍が台湾からアルコール製造用の砂糖を運んでいたことに対抗してのことでしょう。台湾からの砂糖の輸送はもうできませんが、陸軍のアルコール用の大豆は現在運ばれてきています。

そして軍用米の要求があります。軍用米といっても、満洲からですから、大豆、とうもろこし、高粱です。つぎに軍の馬糧があります。とうもろこしと脱脂大豆です。陸軍だけでなく、海軍も馬糧を要求しています。

四月下旬の最高戦争指導会議で、石黒忠篤農商大臣が兵員の数と馬の数を明らかにしてもらいたいと詰問したことはご承知と思いますが、現在まで陸海軍から返事がありません。

なお、味噌にする分も必要です。これらの総計が五百四十万石になります。

主食の『混入物資』六百三十万石と合わせて千百七十万石が必要となる。ざっと百三十九万トンです。

懸命に運んできていると申しましたが、この四月と五月の輸送量は多くありません。四月が百二十万石、五月が百四十万石でした。合わせて三十一万トンです。

このさき百五万トンを運ばねばなりません」

農政課長の東畑四郎はさらにつぎのようにつづけたのであろう。

「新米が出回るまでどうするかという算段しかできませんが、すべては輸送にかかっています。これは物資動員課長の渡部伍良《ごろう》の話を聞いてください。そろそろ来ると思います。

この輸送がうまくいこうといくまいと、七月には主食の配給量を一割減らすことになるでしょう。そればかりか、七月はじめからはじゃが芋を米の代替として配給しなければならないでしょう。

東京都の食糧営団からの報告があります。都内の主食配給は、四月は米が全体の九〇パーセント、『混合物資』の大豆か丸とうもろこしが六パーセント、小麦粉か乾麵の

『代替物資』が四パーセントでした。さきのことを考えれば、もう少し混合物資の割合を増やしたかったのですが、大豆や高粱の輸送量が少なかったのです。

五月は米が八七パーセント、混合物資は大豆に丸とうもろこしが加わって一〇パーセント、代替物資が三パーセントでした。

この六月の配給は米が半分、残りは大豆や脱脂大豆、とうもろこしということになります。来月は米が四割でしょう。残りは大豆や馬鈴薯となります(91)。八月も、米は四割から五割となるでしょう。端境期はずっとこういうことになります」

昭和十四年の「飢饉」を思いだしていたら

午前十時半になる。

美濃部洋次、迫水久常、毛里英於菟は、農商省のもうひとりの課長が来るのを待っている。海上輸送の現状について尋ねるつもりだ。

だれもが考えるのは同じことであろう。ここまで追いつめられてしまって、いまさらなにを言ってもしょうがないが、海上輸送がこんな悲惨な状態になるとどうして戦う前に気づかなかったのだろう。

同じ顔ぶれが机を囲んで、昭和十七年九月に論じ合い、十八年にも語り合った問題だった。どうしてこの戦争をしたのかという問いにほかならなかった。かれらのだれもが覚えているはずだし、どんな話をしたかも承知していよう。

昭和十六年十二月の開戦前はもちろん、そのあともしばらくのあいだは陸軍の幹部たちは、グアムからラバウルまでを制圧してしまえば太平洋正面での陸軍部隊の任務はすべて終わると思い、杉山元も、東条英機も、田中新一も、服部卓四郎も、五千人の南海支隊は任務を終えて、海軍部隊と交代して満洲に引き戻すことができるのだと思っていた。南太平洋に三万人の増援部隊を送るという事態がたちまち起きるといったことは想像の外だった。兵員と補給物資を運ぶために七十万総トンもの船腹が必要になるということは考えもしなかった。軍令部の永野修身も、伊藤整一も、福留繁も、富岡定俊も、そんなことになるとは予想していなかった。

一方で、海南島の鉄鉱石、ビンタン島のボーキサイト、華北の石炭、サイゴンの米を日本に輸送し、もう一方で、増援部隊を赤道を越えてガダルカナル島に送り、食糧と弾薬を運ぶために船腹を割くという事態が早くも昭和十七年に起きると予測していたのであれば、わが国の物的戦力の見通しをたてた人びとは、毛里や美濃部を含めてのことになるが、昭和十四年のぶざまな状態を思いだして、無茶だ、そんな戦いはできっこないと言い、臥薪嘗胆を説くことになったはずである。

だれかが昭和十四年と口にしたのであれば、ほかの二人もはるかな昔を思いだすように、遠くを見るような目つきをしたはずであった。

あの年、昭和十四年はノモンハンの戦いがあった年、そしてドイツ軍とソ連軍がそれこそまばたきする間にポーランドを分割してしまった年だが、国内では飢饉、飢饉のオンパレードだった。電力飢饉、石炭飢饉、鉄鋼飢饉、そしてさきほど東畑四郎が語ったであろう米飢饉までがあった。現在、まさしく米飢饉から石炭飢饉までのただなかにあるのだが、その不吉な言葉をだれも使わないようにしている。だが、あのときには毎日、新聞の見出しとなった。

何十年ぶりと言われるカラ梅雨《つゆ》がすべての災厄のはじまりだった。初夏から南朝鮮、中国地方では河川の流水量が減り、水田は真っ白に乾き、田植えができなかった。中国地方の水力発電所は稼働しなくなった。頼みの火力発電所はボイラーの水が不足し、出力はわずかだった。過去十年の平均発電量の二割という惨憺たる状況になった。

つづいて関西地方が電力飢饉となった。関西はもともと水力発電所はわずかだ。ところが、火力発電所に石炭が入らない。慌てて、中部地方、関東地方から電力を融通することになる。それでも一割、そして九月には二割の送電制限となった。

大阪の中小企業は電力不足から休業せざるをえなくなり、工員は六割の休業手当で生活しなければならなくなった。そして関東でも二割の送電制限をおこなうことになった。

水飢饉はつづいた。中部地方、関東地方の水力発電所は半分の出力となった。ここでも火力発電所が頼みの綱となったが、火力発電所はフル運転することになるとは思っていなかったから、石炭の手当てをしていなかった。不足する石炭の奪い合いとなった。石炭があっても、船がなく貨車がなかった。船は慢性的に不足していたし、貨車は満洲、華北に運んで戻ってきていなかった。深刻な石炭飢饉となった。

十月になって、軍需工場以外の、製紙、セメント、紡績、人絹、スフ、製粉、ビールといった工場は、軒並み石炭の配給を減らされ、操短せざるをえなくなった。火力発電所の石炭のことばかりに気を奪われているあいだに、全国のガス会社向けの契約済みの原料炭の輸送が止まってしまった。軍需工場向けにガスを送ることを一時休止しなければならなくなった。

駅の電気時計には不良の紙が貼られ、デパートのエレベーターは止まり、ネオンサインはすべて消された。

同じ十月に日本発送電は検炭を廃止することにした。石炭の品質を調べて使用するだけの余裕がなかったこともあるが、中小炭鉱の増産を促そうとしての措置だった。これが失敗だった。五千カロリーの低品位炭でもやむをえないと思っていたのが、三千カロリー、二千カロリーの粗悪炭が混じるようになってしまって、必要とする石炭量はさらに増え、輸送難に輪をかけることになった。

水飢饉による朝鮮米の減収からサイゴン米、タイ米一千万石を輸入しなければならなくなった。

昭和十五年二月中旬には、電力の制限率は関東で三割、関西で三割五分となった。東京では、山口と村山のふたつの貯水池の水が減りつづけ、東京市の水道創設以来の水飢饉となった。

三月中旬、中部地方はやっと雪解けの増水期に入った。東京をはじめ、数多くの都市の時間給水はつづき、電力の制限もまだつづいたが、火力発電所が必要とする石炭が減って、どうやら飢饉は終わった。

この日本全土を襲ったもろもろの飢饉が明らかにしたことは、四面を海に囲まれ、世界第三位の大海運国と自慢していた日本の海上輸送力がいかに弱体かということだった。

二割、三割の電力減送の非常事態となったのは、石炭がなかったからではない。たしかに九州と北海道の石炭は余るどころではなかった。だが、樺太の石炭は余っていた。樺太の塔路《とうろ》炭は七千百カロリーの高品位炭だ。埠頭の貯炭場に石炭はあるのだが、船がなくて運べず、そのうちに港が凍結して運べなくなったのだ。石炭は満洲の山元にも百万トンの貯炭があった。鉄鋼飢饉と言われたが、満洲の昭和製鋼所には十二万トンの鉄製品があった。運ぶ船がなかったのである。

そして、かれらが覚えているのは、昭和十五年一月下旬、瀬戸内海が荒れて、若松港から九州炭を関西の港に運ぶ機帆船、帆船、曳き船が十数日にわたって動けなくなり、だれもが青くなったことだ。鉄鋼業向けの石炭の運搬を帆掛船、団平船、曳き船に頼っていて、なにが一流の工業国だと自嘲する声があがったことをかれらはいま思いだすにちがいない。

月々、六十万トンから八十万トンの石炭があれば、火力発電所は全機能を発揮できたにもかかわらず、それを運ぶ船腹をひねりだすことができなかったのだ。

「国力の現状」 敵の機雷に封鎖される

話し手が来た。

物資動員課長の渡部伍良である。

渡部伍良は三十四歳になる。仕事熱心の熱血漢だ。希望数字を並べただけの数表を手にして、いい加減な見通しを役所で議論していてもしょうがないということで、かれは東京には滅多にいない。新潟、敦賀、伏木《ふしき》で、陸揚げした大豆、高粱、脱脂大豆をどこへ送るかを指示し、三国から浜田、萩、仙崎までを飛びまわっている。

それだけではない。それこそ上陸部隊の指揮官のように、島根県、鳥取県、石川県の海岸を歩き、土地の漁師の話を聞き、渚の広さ、障害物の有無、海流、波、鉄道との距離、仮設桟橋の建設が容易かどうかを調べてきた。港という港が機雷で封鎖されてしまったら、入江の砂浜に船を乗りあげさせることも考えなければならなくなっている。

毛里英於菟が言ったのであろう。

「あなたは米よりも船のことが詳しいと、東畑さん、東畑四郎課長の太鼓判です。さっそく、うかがいます。いったい農商省と海運総監部はいつまで大陸との交通を維持できると考えているのですか」

大陸との海上交通がいつまで維持できるかという問題は、美濃部も、迫水も、毛里も、だれかれから聞いてきている。七月には難しいことになるだろうとだれもが言っている。渡部伍良も来月までだろうと言ったにちがいない。

渡部から渡された書類に目を通しながら、だれかが尋ねたのであろう。

「東畑さんから、千二百万石近くの雑穀を満洲から入れなければならないと聞きました。輸送できるのは七月までとわかっていながら、どうして四月に百二十万石、五月に百四十万石しか輸送できなかったのですか。なぜ今月の輸送予測が百二十万石なのです。二百五十万石、三百万石を運ぶことができないのはどうしてですか」

渡部伍良はつぎのように答えたのではないか。

「新潟港を例にとれば、五月十四日の夜、機雷の投下がはじまるまで、陸揚げしたのは満洲からの雑穀が六五パーセント、北海道からの石炭が三五パーセントでした。青函連絡船、東北本線で送りきれない石炭を室蘭から新潟まで船で送り、上越線で運んできています。

ですから、石炭を除けば、満洲からの大豆ととうもろこしの輸送にすべての力を注いできています。

四月に百二十万石、五月に百四十万石、すべて大豆として十七万トン、二十万トンです。たったこれだけしか輸送できなかったのはご承知と思いますが、陸軍が満洲から本土に兵員と武器を送り返してきているからです。戦車も送り返してきています。船がこれに取られている。たとえば、関東軍の虎の子、戦車第一師団の四個連隊が新潟、伏木に上陸しました。

この軍の輸送は終わりません。五月の末から兵器、弾薬の輸送がまた新たにはじまっています。

一カ月前、この五月一日に海運総監部をつくったのは、陸軍が自分で徴用した船を押さえ、海軍がこれも自分で徴用した船を使い、それぞれ勝手なことをする余裕はもはやないということで、船はすべて国が一元的に使おうとしてのことです。

しかし、本土防衛のために兵員と軍需品を運んでくるのだと言えば、これを優先させなければなりません。このピストン輸送に船が取られます。そこへ敵が機雷作戦を本格的にはじめました。

都市の焼き討ちはできるだけ短い時間に、一時間半から二時間のあいだに、五キロ四方、六キロ四方の広さの市街地を五百機のB29の大部隊で密集爆撃をします。ところが、機雷の敷設は一回にひとつの港をねらうということをしない。一回の攻撃にあたって、

B29は一、二機ずつ分散していくつもの港に機雷を投下する。敵側とすれば、船を沈めることよりも、掃海に時間をとらせ、港を使わせないようにすることをねらっているのです。

機雷は一個が四百五十キロのものとその倍の重さの九百キロのものがあって、一機が積んでくるのは六個から十二個までです。落下傘をつけて落とします。陸に落ちたのを見ました。絹ではなく、ナイロン製です。

五月三日の深夜、関門海峡と大阪湾に、つづいて五月五日の深夜、東京湾、伊勢湾、大阪湾に機雷を投下しました。どこへ落としたのかわからせまいとして、もっぱら夜のあいだに落とします。

横浜港も名古屋港もほとんど使われていないことを敵は知っています。一回だけでおしまい、あとはもっぱら日本海側の港を封鎖しようとしています。関門海峡とその周辺の水域、つづいては宮津、舞鶴、敦賀、七尾、伏木、直江津、新潟の港の入口に機雷を投下してきています。

敵が機雷を投下するごとに、港が丸一日から五日にわたって使えなくなる。掃海しても、三百メートルの幅だけが安全だというのでは、船の出入りに制約があります。

とりわけ、敵は関門海峡とその周辺の水域に繰り返し機雷を落としています。三月二十七日の深夜に襲来したのが最初、このときは海軍艦船部隊の沖縄出撃を阻止しようとして、百機ほどが襲来したようですが、そのあとは十機程度の襲来です。四月は二回でしたが、五月には八回来ました。掃海する、敵はまた機雷を投下する。このいたちごっこです。

関門海峡への機雷投下は五月二十八日の夜以来ありません。九日もあいたというのははじめてです。このあいだに、横浜、大阪、そして今朝の神戸と三つの都市を焼くのにすべての飛行機を使ったからだと思います。明日の夜にはかならず機雷を落としに関門海峡へ来るでしょう。

満洲からの大豆ととうもろこしの輸送が振るわないもうひとつの理由が、敵のこの機雷投下です」

じつは満洲からの食糧の輸送が遅延する三番目の理由がありますと渡部は言ったにちがいない。

「マルマ輸送です。覚えておいでですか。昭和十六年の夏、満洲に大軍を送り込みました。あのときの輸送をマルマ輸送と呼びましたね[92]。ご承知のとおり、今回は満洲に工場施設を移す計画です」

迫水は官邸大ホールで開かれた大陸連絡会議[93]での鈴木貫太郎首相の挨拶をよく覚えていよう。半月前の五月二十日だった。「これが内地から外地に差し上げる最後のお土産である。速やかに整備して、工業的に自立してください[94]」と語ったとき、異様な緊張がホール内を走り、満洲から来た企業首脳のひとりひとりの顔がひきつったように見えたのだった。

渡部が語りつづける。「新潟で大豆を下ろした輸送船、七尾で迫撃砲と弾薬を下ろした輸送船に、満洲、北朝鮮向けの機械類を積み込む。肩荷役ではどうにもなりません。クレーンが不足していて、この荷役作業に日数がとられ、歯がゆいばかりです」

こんなふうに渡部伍良は語って、じつは関釜《かんぷ》連絡船も近くおしまいなのですと言ったのではないか。

「一週間近く前の五月二十七日、金剛丸がやられました。みなさん乗ったことがおありでしょう。昔は黒と白に塗り分けられてスマートな船でした。

釜山を夜中に出港しました。連絡船は四月のはじめから、機雷で危険な下関港、門司港には入りません。そのときそのときで、博多港か小串港、仙崎港に入港します。

金剛丸は博多港に着く予定でした。朝の五時すぎ、博多湾の入口で触雷しました。排水設備をやられて排水できず、ほかの船に引っ張ってもらい、擱座《かくざ》させました。こういうのを任意擱座というのだそうです。幸いなことに、乗組員一人が死んだだけで、千二百人の乗客は無事でした[95]。

その二日前に新羅丸も機雷にやられました。この船についてなにも知らないので、調べてきました。新羅丸は関釜航路のためにつくられた最初の連絡船です。大正二年に就航しました。昭和十一年に金剛丸が登場して、新羅丸は引退し、改造されて貨物船となりました。

ところが、この四月一日に金剛丸の姉妹船の興安丸がやられました。そこで新羅丸をもう一度、関釜航路で使おうということになり、尾道ドックで修理を終え、下関へ向かおうとして、海峡東口の部崎《へさき》灯台の近くで機雷に触れました。

同じコースを先に行く船が通ったあとなので安全と思ったのですが、磁気機雷、音響機雷なら、それで大丈夫ですが、水圧機雷は、船が通るたびにその水圧でノッチがかかり、限度に達したとき爆発する仕掛けですから、どうにもなりません。五月二十五日の夕刻です。沈没しました」

「興安丸も機雷にやられたのですか」

「そうです。関門海峡の西口のさきにある蓋井島《ふたおいじま》の近くで触雷しました。応急修理をして、下関まで着きました。ほかの船が長崎まで曳航しました。今月中に修理は終わるそうです」

「金剛丸は修理できないのですか」

「損傷箇所はたいしたことはないようです。総トン数は七千トン、満載して二十ノットがだせます。これだけの船はいまの日本にはありません。修理したいのは山々ですが、無事に修理を終えたとしても、そのときには使うところがないでしょう。

二カ月のあいだに、この関釜、博釜《はくふ》航路の三隻が沈められるか、航行不能となりました。もう一隻、この航路の壱岐丸が四月五日に六連《むつれ》島の灯台の沖で触雷して航行不能となりました。これは貨物船です。釜山と北九州とのあいだで連絡船を運航することは近くやめることになります。

人員の輸送、雑穀の輸送をしてきた連絡船はすべて日本海に移します。朝鮮北端の清津、羅津《らしん》と新潟、敦賀といった日本海の港とのあいだを運航させることになります(96)」

ここで、現在、連絡船はどれだけ残っているのかという質問がでたのであろう。渡部伍良は持参のノートをひろげ、つぎのように言ったにちがいない。対馬丸、天山丸、景福丸、昌慶丸、徳寿丸と読みあげ、「これらのうちの何隻かは食糧を輸送するだけになるでしょう。もちろん、連絡船以外の船も、動くことのできる船はすべて日本海で運航していますが、敵の艦載機の襲来が毎日のことになり、毎夜、機雷を投下されることになれば、もうじきすべての船は身動きできなくなります」

「国力ノ現状」　頼みは八八《はちはち》

こんな話をして、渡部はつぎのようにつづけたのであろう。

「最初に申しましたように、来月はともかく、再来月のことは予測できません」

八八《はちはち》に頼るのが最後の望みとなります。

「私ひとりが知らないようだけど、八八とはなんです」と迫水が言ったのではないか。

「戦時標準船のE型です。第二次E型、第二次ということで、二E型、一般には改E型と呼ばれています。第三次E型もありますが、たいしたちがいはありません。総トン数が八百八十トン前後だから八八と呼ばれます。そこで八公《はちこう》の蔑称で呼ばれている、愛称かもしれませんね」

「南砂町の東京造船所でつくっている船ですね。川南《かわみなみ》工業でもつくっているでしょう」

産業報国会の理事をつづけてきた毛里英於菟がこんな具合に口を挟み、つぎのようにつづけたのではないか。

「東京造船所ならよく知っています。囚人が千八百人も働いていました。造船部隊と呼ばれていました。前橋刑務所の囚人が主体です。川南工業の深堀造船所だって、造船部隊が主力です。長崎刑務所の受刑者です。八幡製鉄所に隣接した三菱の若松工場でも八八をつくってきましたが、あそこも囚人が主体です。山口刑務所の囚人です。

そして播磨造船所の松の浦工場でもつくってきています。あそこにも造船部隊が入っています。高松刑務所[97]です。東京造船所より多かったようですね。昨年の末で三千百人だと聞いた覚えがある。

同じ昨年の末の数字になるけれど、東京から若松までで九千人の囚人が働いていたのではなかったかな」

「いったい全国の受刑者の総数はどのくらいなんです」

「四万二千人から四万三千人といったところでしょう」

「受刑者の二〇パーセントが造船所で働いているということだな。造船所以外、外で働いている囚人はいるの」

「土木作業をやっている者がいる。荷役をしている者がいる。トラック島に送られて飛行場建設の作業をしていた者もいる。千人ぐらいかな。だけど、もう送りだすこともできないし、送り返すこともできません」

「東京造船所だけれど、南砂町は空襲でやられなかったんですか」

毛里が答えたのであろう。「この三月の末に東京造船所に行きました。三月十日の空襲ですべて焼けてしまっていた。はじめて行ったのが昭和十八年の四月でしたが、船をつくりはじめる直前のことだったから、東京造船所のわずか二年の生涯につきあったことになります」

「渡部さん、ほかは焼けてないんですか」

「川南や若松はまだ焼けていませんが、ディーゼル主機をつくっている製造所、以前に紡績機械をつくっていた工場、炭坑用機械をつくっていた工場を動員したのですが、これらがつぎつぎに焼けてしまった。そして、鋼材がない、石炭、コークス、カーバイドがない。もはや、起工から進水まで十六日とはとてもいきません。もうすべておしまいです」

「へえー、進水まで十六日でつくっていたのですか」

「播磨造船の人に聞いたのですが、最初は進水まで七十日かかった。それが三十日になった。さらに十六日となった[98]。こう言うのです。しかし、これもいまは夢物語です」

「そうか、改E型は粗製濫造で評判の悪い船でしょう」

「たしかに粗製濫造です。第二次戦標船、戦時標準船はみんなそうです。

資材を節約し、短時間でつくることをめざしましたから、船首、船尾の方向への反りがない、甲板は左舷、右舷を通じて平らです。肋骨も直線です。二重底をやめ、船底は外板一枚だけの単底です。多くの部分を電気溶接にしたから、鋲打ち工を減らすことができました。溶接工のほうが養成は簡単です。艤装や居住区も徹底的に簡素化しました。とりわけ、大量生産をめざした八八は悪評ふんぷんです。搭載機関は、深堀工場が焼き玉機関、若松工場がディーゼル機関、速力は七ノットです。あまりにも遅い、強風や潮流に押し流される。石炭が悪いと五ノットしかでない。後ろから来る機帆船に追い抜かれます。こうして第三次E型は、八ノット以上としたのですが、たいした変わりはありません。

八八の船長や航海士からいろいろと話を聞きましたが、八八が怖いのは時化《しけ》です。貨物を満載すると海面から甲板までの高さは五十センチしかありません。ちょっとした時化でもたちまち水浸しです。危険だと思ったら、港か入江に逃げ込みます。じつは空船航海のときのうねりのほうがもっと怖いのだそうです。船は大きくパンチングします。いつもなにかにつかまっていないと思わぬ大怪我をします。船底が海面に叩きつけられ、船は激しく揺れます。いつ船体が折れるのではないかと不安でたまりません。なにしろ、八八の鋼材は不純物が多く、疲労強度は弱い。溶接に使う溶接棒の純度も高くない。いままでそんな事故を起こしたことはないのですが、心配して当たり前です。海上は平穏でも、うねりが大きいと引き返さねばなりません。

八八の悪口を言いだしたら、いくらでも言えます。

しかし、よくやっていると思います。船長は自分で気象状況をつかみます。無線の予報はありませんから、船内の気圧計が頼りです。そして風向き、雲の種類、雲の量、雲の動きに注意して、天気図をつくり、前線や気団の動きを予想します。これがなかなか正確なのだといいます。

この八八はもともとは石炭や鋼材を運び、瀬戸内海を中心に日本沿岸を運航するためにつくられた船です。ところが、つくられてからは、大連から撫順《ぶじゅん》炭を運んでくる、山東半島の青島から礬土《ばんど》頁岩《けつがん》と塩を運んでくる、連雲《れんうん》港から強粘結炭の中興炭を運ぶ、揚子江をのぼって大冶《だいや》鉄山の鉄鉱石を運んでくる。

そういえば、台湾の高雄に特攻兵器の震洋を運んだこともあるのだそうです。これらの輸送はいまはあらかた断念してしまいました。

　現在は、釜山から大豆を運んでくる、釜山の西の麗水から高粱を運んでくると大活躍です」

「八八はどれだけ積めるのですか」

「八八とばかにしたって、当然ながら貨物列車一本分よりはるかに沢山の食糧を運びます。

　待ってください。ノートを見ます。

　鉄鉱石が千五百トンです。撫順炭が千四百五十トン、北海道炭が千三百トン、米が千五十トン、大豆が千百五十トン、これが標準積高量です[99]。

　前に言いましたように、現在は大豆、高粱、とうもろこしです。そして八八は塩も運んできます。朝鮮南部の沿岸の港から塩を積み、北九州、山口県、島根県の港まで運びます。大きな船が通ることを断念している関門海峡を抜け、大阪まで輸送することだってあります。

　大豆は基準が千百五十トンと言いましたが、増積み一トンにつき五円の奨励金がでます。上甲板にさらに五十トン、百トンと積みます。奨励金が何百円とでます。船長が二〇パーセント、ほかの者には八〇パーセントを分配します。しかし、奨励金欲しさというより、積み込み港にある船舶運営会の支部がもっと積めもっと積めと督促をします。

そして船員たちもぎりぎり、波に甲板が洗われるぐらい積みたい。敵の潜水艦に見つかりにくいと思うからです。

基準の運航日数を一日短縮すれば百円、二日で三百円、三日で六百円が支給されます。これも船長、船員で分けます」

「さっき貨物列車と言われましたが、貨物列車はどれだけ積めるのですか」

「十五トンの有蓋貨車で、六十キロの袋入りの大豆、二百四十五袋を積みます。米なら二百三十俵です。もっとも、実際にはこんな面倒なことは言いません。米でも大豆でも、一輛十二トンが基準です。三十五輛から三十八輛連結の貨車は四百二十トンから四百五十トンです。

八八は貨物列車二・五本分を運ぶことになります。

それに貨物列車は海の上を走ることができませんからね。

そして八八は数が多い。これまでに四百五十隻ほど建造したのだと言います。昭和十八年末から日本沿岸、日本と黄海とのあいだで運航してきたから、沈められた八八はわずかです。

八八の引き渡しのときに、あそこを直してくれ、ここが悪いと乗務員が苦情を言うと、海軍の監督官が『つべこべ言うな。これは轟沈型だ。消耗品だ。設備に文句をつけるな』と大声をだしたものですが、じつは乗組員も、監督官も、八八がけっこう頑丈なことを知っていました。

時化を怖がる、故障を起こす、だが、それが理由で沈んだ船はない。敵の潜水艦と行きあっても、まず敵はねらいません。魚雷がもったいないと思うのでしょう。

こうしたことを乗組員は知っています。そして、乗組員の仲がいい。家族的にやっていかなければ、この小さな船は動きません。艦長から水兵までが和気あいあいの駆逐艦と同じです。

八八の船長は長い経験を積んだ者が多いのですが、機関長は資格はあっても新米、航海士、操舵手は鮭鱒採りの漁船や機帆船の乗組員、司厨《しちゅう》員まで入れて二十一人か二十二人の乗員のなかには、徴用の朝鮮人や台湾人がいて、寄り合い所帯、技術は劣るにもかかわらず頑張っているのは、家族的な雰囲気が理由です。

新潟、敦賀、伏木の港が使えなくなっても、一万トン、五千トンの船が使えなくなっても、ドラフトの浅い八八なら、小さな漁港に入ることができます。入江に簡単な仮桟橋をつくってもよい。空襲があるとわかっていれば島陰に潜むこともできます。

そんな漁港、入江をいくつか選びだし、鉄道の引き込み線を建設する計画があります。今週中に実行に移すつもりです。

小さな村の漁師の内儀《おかみ》さんに全員でてもらって、大豆の袋を陸に揚げます。彼女たちは力がありすます。召集された四十に近い第二国民兵が三人がかりでも、とてもかないません。

もっとも、問題があります。

大豆を入れる袋がありません。味噌、醤油を入れる樽がない、松根油を生産したが、入れるドラム罐がない、紙製のドラム罐をつくるといったことをする、(100)木炭を焼いたが俵がない、鰯が採れたが樽がない、ビールを入れる瓶がない、どこも容器がないのに音をあげていますが、大豆も同じです。

ジュート、黄麻ですね。麻袋と言っていますが、この麻袋がない。

ジュートはインドが原産地です。昭和十六年の昔に戻りますが、アメリカと英国は日本にたいして最後に石油を禁輸するまで、じりじりと禁輸品目を増やしていきました。そのとき、容器の輸出を禁止しました。覚えておいででしょう。アメリカがドラム罐の輸出を禁止する、英国が麻袋の輸出を禁止する、こういったことをしました。これがボディブローのように日本の経済にじわじわと効いてきました。

ジュートが輸入できなくなって、たちまち食糧の確保に支障がでてきました。麻袋は、台湾の砂糖、台湾の米、北海道の小豆、緑豆、馬鈴薯の澱粉、そして満洲の大豆ととうもろこしの輸送に必要です。農林省は空き袋の回収に懸命となり、回収のための一元組織をつくりましたが、この麻袋の不足には悩まされつづけました」

「代用品はないのですか」

「イチビや大麻を原料にしてつくってみたが、柔軟で堅牢なものができない。昨年は、真竹の節を除き、これを破砕して薬品で精錬して竹繊維をつくり、袋をつくってみたのですが、使い物にはならなかったようです。

今年になって、満洲の大豆、高粱、とうもろこしを短期間に大量に輸入しなければならなくなり、この三月末になって、農商省は大慌てで麻袋をかき集めることになりました。味噌、醤油、豆腐業界にただちに麻袋を返還せよ、返還不良の場合は配給を停止すると資材局長の通牒をだしました(101)。たいへんな騒ぎでした。土嚢に使っていた汚れた麻袋までを集め、応急修理をして満洲に送っています。これが千五百万袋から千六百万袋になります(102)。

この麻袋が必要とするところに届きません。やむをえず大豆をバラで輸送するようになっています。ところが、港に吸い上げ装置がない。日清製粉の鶴見工場には、本船からサイロへバラ小麦を移しかえる吸い上げ装置がありました。これを政府が借り、新潟港に据え付けました(103)。

だが、新潟港以外にはこれがない。バラの大豆を積んだ船が港に入る、慌てて人を集める。荷揚げには時間がかかります。雨が降ってきても、作業をやめるわけにいかない。そして、雨が降るなか、このバラの大豆を無蓋貨車に積むというひどいことにもなります。

港の引き込み線には、竹籠や風呂敷を手にした女の人が何十人、ときには百人ほども下を向いてなにかを探しています。積み込みのときに落ち、枕木のあいだに転がっている大豆を拾いにきているのです。芽のでたものまで拾っています。

情けない話になってしまいましたが、八八について最後にしたい話があります。満洲からの食糧輸送とはなんの関係もありませんが、我慢をお願いします。

つくっても、すぐに沈められる船をつくることはしないで、もう少し改E型、八八をつくっておけばよかったという意見がでたことがあります。この四月のことです。その席に播磨造船の相生工場の幹部がいました。真藤恒《ひさし》という人です。

現在なにをつくっているのかと尋ねたら、飛行機の製作をすることになったのだと言い、つぎのように語ってくれました。

毎日勉強しているのだが、飛行機をどうやってつくるかというシステム、その手順、材料の流れから、従業員の配置、生産の工程ごとに必要な資料がしっかりつくられ、整理してあるのに深刻な印象を受けたのだと言い、いつか造船に戻ることがあったら、この飛行機の生産方式をどのように造船に採りいれたらいいかを考えている(104)と語りました。

いつか造船に戻ることがあったらという言葉に、思わずかれの顔をじっと見たら、そのあとにかれが語った話が忘れられません。

日本でいちばんたくさんつくった輸送船は四百五十隻の改E型だが、アメリカでいちばん多くつくった輸送船を知っているかと言い、リバティー型だ、昭和十五年に建造をはじめた、二千五百隻以上をつくったのだと言いました。向こうはこんな数字を秘密にしていません。

数が多いだけではない。大きさがちがう。そこで積載能力が比較にならない。八八は鉄鉱石を千五百トン積めるとさっき言いましたが、リバティー型は一万トン近く積める。八八は無防備ですが、リバティーは前部に七・六センチ砲を二門、後部に高角砲を二門配備しています。そしてリバティーは重油焚きのディーゼル機関、燃料供給装置もついているから機関部員はわずかです。八八は石炭焚き、石炭は人力による投入です。

しかも、八百八十総トンの八八より、七千総トンのリバティーのほうがはるかに短時間でつくることができる。聞いたことがあるでしょうが、十時間二十分に一隻の割合でつくっているといいます。

そしてつぎのようにつづけました。改E型も電気溶接の部分があるが、リバティー型はすべてを溶接でつくっている。溶接工は鋲打ち職人と比べて、短時間に養成できる。これは前に申しましたよね。こうして大量の工員を養成した。しかも、溶接方向を上向き、横向き、下向きと三つに分け、単能化した。ところで、ふつうの鋼板は電気溶接の高温で変質する、特殊な鋼板を使わねばならない。日本ではこうした鋼板をつくっていない。

こうしたことのすべてが日本とアメリカとの力の差になっているのだと真藤氏は言いました。

おそらく私やほかの者が情けない顔をしたのを見てのことでしょう。船のことはなにもわからない私やほかの人たちに、つぎのような話をしてくれました。

改E型は八公と呼ばれてばかにされ、アメリカの輸送船と比べれば、釣鐘と提灯だと嘲笑されるでしょう。

しかし、改E型は未来の船となる可能性があります。将来の船はあんなに小さくなるということではありません。

これまで貨物船は、機関室、船橋、煙突を船体の中央に置き、出っぱりがあります。船首部と船尾部にも出っぱりがあります。そこで横から見ると上甲板に三つの島があるように見え、三島《みしま》型船と呼ばれてきました。

ところが、第二次戦標船は、八八がそうですが、出っぱりは船尾にひとつだけとなりました。船橋と機関室を船尾にもってきたのです。荷役が楽になる。船体の中央部のもっとも貨物収容能力の大きい部分が利用できるようになります。後部船艙を邪魔していた主機と推進機をつなぐ軸路が不要になります。

二十年のちの貨物船は、八八のように船尾機関船になるのではないか。こういう話を真藤氏はしてくれました。

私はその技師の横顔を見ながら、播磨や石川島が新しい生産方式を採用して、全長二百メートルの船尾機関船を建造するようになるときがいつごろくるのだろうかとぼんやり考えました」

「八八の長さはどのくらいですか」

「六十メートルちょっとです。

ずっとさきの夢物語はこれで終わりにしますが、人に知られていない八八、知っている人にはばかにされている八公のために弁明ができたばかりか、宣伝までできて今日はいささか嬉しく思います」

「国力ノ現状」　六月以降、海上輸送は危機的状況に

「四百五十隻の八八、このうち三百五十隻が活動しているとして、D51型と呼ばれる機関車が引っ張る貨物列車八百本分ですからね。八八がゲリラ的な活動をつづければ、もちろん八八だけではなく、すべての船を総動員して、今月から七月末までに六十万トンの大豆、高粱を運ぶつもりです」

渡部はつづけて、「来月には計画的な輸送はできなくなるかもしれませんが、小さな八八はもう少し頑張ります」と言ったのであろう。

毛里、美濃部、迫水は、はじめてにっこり笑ったのではないか。

三人はうなずき、美濃部が渡部に向かって、昼をここで食べていってくださいと言い、もうすぐパンが届きます。珍しくもない真っ黒なパンですが、北海道の友人が持ってきてくれたバターと鰊があるから食べてもらいます、留萌で採れた春鰊ですと語り、もちろんバターもほんものですと言いそえたのであろう。そして、お住まいはどうでしたと尋ね、焼けなかった、妻と子は愛媛に疎開していると渡部が答え、疎開と家の話をひとわたりだれもがしたあと、八公をつくった東京造船所の話をしてくださいと渡部が毛里に言い、迫水がつぎのように尋ねたのではないか。

「東京造船所という会社は聞いたことがないけれど、石川島の子会社ですか」

「われわれは東船《とうせん》と呼んできているんですが、東船は寄り合い所帯です。横河橋梁、松尾橋梁、宮地鉄工所という三つの橋梁メーカーと汽車製造、これら造船に無縁な四つの会社に、東京石川島造船所、六月中に石川島重工業と名前を変えますが、この一社を加えた五社が法人社員ということになる。東船は有限会社です。

石川島と三つの橋梁メーカーがそれぞれ一基ずつの船台を担当して、石川島の技術指導で八八をつくる。石川島から来た柴田清三郎という人が製作部長、この人が総指揮をとりました。主機、補機、艤装品は、これも石川島が提供する、すべての船の木部艤装は汽車製造が一手に引き受ける。こういった仕組みです。

はじめは、ほんとうに寄り合い所帯で、それぞれが事務所を持ち、動員された工員は職種間の横の連絡もないといった状態でした。十カ月たって、まだ一隻も完成しないというとき、前田龍男という海軍の造船官が管理官となって四カ月ほどがんばって、東京造船所を名実ともにひとつにしようと努力しました。事務所を一つにする、工員を船底班、外板班、甲板班といった具合に単能の専門職別に再編成する、こうして面目を一新しました。

囚人の話をしましょう。

洋品屋、豆腐屋、クリーニング屋、女郎屋の中年の親爺たちを集めて、かれらを溶接工、取り付け工、機械工にしても、能率は上がらない。若い、元気のいい囚人を造船所で働かせたらどうかということになりました。司法省の正木亮刑政局長は教育刑主義を熱心に唱えてきた人ですから、この試みに乗り気になり、この大量生産の造船計画の目鼻がつきました。

昭和十八年の二月に最初の囚人部隊が来ました。前橋刑務所長の掛樋松治郎という人が引率してきた。この人から聞いたのですが、受刑者は刑務所内では番号のついた布をつけているのだという。東京まで行くということで、囚人服はやめにして、浅葱《あさぎ》色の服に日の丸と氏名をつけることにしました。受刑者は二百人、看守は十人、手錠はかけない、列車は超満員、囚人と看守がタラップの手すりにつかまっているという状態です。上野駅に降りてはじめて点呼をし、一人も欠けていないと知って涙がこぼれたといいます。

かれらは石川島で溶接や鋲打ちの実地訓練を受けた。だが、二百人ではとても足りない。刑期三年以下で改悛の見込みのある者だけを選んだのではどうにもならないということになりました。

ところがそれより前、昭和十七年の秋に、小菅刑務所から造船の技能経験のある者を石川島造船所に送り込んでいるのです。五十人です。奉公隊という名前です。それが十年以上の長期受刑者、なかには無期刑の者もいるという。

それではということで、前橋刑務所は構外で働きたいと希望する受刑者をすべて東船に送りだすことにした。前橋刑務所には累犯十年以下の受刑者がいるのだそうです。千二百人が東船に来ることになりました。

昨年の夏には、小菅、府中の受刑者も入れて千八百人が働いていました。従業員三千人のうちの千八百人ですから、工場内には人殺しや傷害犯がごろごろいたのです。かれらはよく働きました。かれらが八八をつくったのです」

「逃げだした者はいなかったのですか」

「一人もいなかったのだそうです。三月十日の未明、工場の隣にあるかれらの寮が焼けてしまったときにも、逃げた者はいませんでした。

かれらはほんとうによく働いていました。しかし、なんといっても素人の集まりです。

石川島で訓練を受けた鋲打ち工が熟練したときになって、刑期が終わり、退所してしまう。さっき、渡部さんは鋲打ち職人と言いましたね。職人と言われるとおり、鋲打ち工は一人前になるのに十年かかるのだそうです。

そして鋼材をはじめとする用材の品質は悪い、舶用品、艤装品は足りない。それでいて月に六隻をつくったんだから、たいしたものです。

東船には何回も行きましたから、思い出がいくつかあります。

刑法学の大家、東大法学部の小野清一郎先生がお弟子さんと見学に来たのと行きあい、語り合ったことがあります。造船所の門の外に車が何台も止まっていて、紋付き羽織袴の人でいっぱいなのに驚いたこともあります。造船所の見学、視察にしてはどうもおかしな恰好の人たちだと思って事務所で聞いたら、浅草の親分がまもなく出所するというのです。門の外にいたのは親分衆から子分たちだ、住吉一家の親分も来ているというんです。若い者は数えるほど、年寄りばかりでした。

放免迎えと言うんですってね。博徒の世界では重要な、欠かすことのできない儀礼なんだそうです。

紋付き羽織袴ではないが、着物で驚いたことがもういちどあります。

洲崎川にかかる日曹橋《にっそう》という橋を渡って、朝早く工場まで歩いて行ったことがあります。出勤時間で大勢の人といっしょだったのですが、変わった女の子が前を歩いている。

新橋色《しんばしいろ》の大きな渦巻き模様のゆかたを着て、これまた新橋色の日傘をさしている」

「なんです、新橋色というのは」

「明治からつい最近まで、新橋芸者のあいだで流行った染め色です。薄い緑みのある青色です。そして、だらりと帯を下げ、片流しと呼ぶ結び方だとあとでこの子に教えられ、ゆかたの模様、日傘の色とともにいまだに覚えています」

「まさか、桃割に結っていたんではないでしょうね」

「それがおかっぱなんです。

洲崎の妓《こ》かなと思った。べつに意味はありません。工場へ向かう徴用工と勤労動員の学生たちのあらかたは、洲崎弁天町の遊廓を買収するか、借りるかした寮からでてきていた。それを知っていたから、洲崎の妓はどうしてしまったのだろうと考え、ついそんなことを思ったんです。それとも柳橋の芸者かなとも思った。

それにしても、造船工場にゆかたで通う女の子の職場があるのだろうかと不思議に思い、囚人の働いているところにいるのならこれは目の毒だ、徴用工、勤労動員の中学生だって気が散るだろう。工場長がよく黙っているなと思いました」

「美人だったの」

「うん、そのとき思った。御船京子にそっくりなんです」

「御船京子って、ＳＫＤにいた子でしょう」

「そう、ところが、この京子さんがタイピストなんだ。二年前には、まだあんな恰好で出勤できたんだね。もっとも二年前だって、ゆかたで出勤するタイピストはあの子ぐらいだったでしょう。みんなじろじろ彼女を見ていたし、桑の皮の繊維からつくったごわごわのカーキの服を着た電話交換室の小娘たちも窓から妬ましげに覗いていました。

タイピストとは名ばかり、ほんとうはお茶汲みだろうと思っていたら、これがたいへんによくできる、資材割り当て申請の面倒な数表を正確に打つ、候文《そうろうぶん》も間違いなく打つと言うんです。えーと感心したら、この子が書類を持ってやってきた。これまた、桑の繊維の作業服に着替えていましたが、驚いたことに、わたしと言わずに「あたい」と言う。高峰秀子ばりだ。浅草の魚屋の娘だということでした(105)。

去年の秋に行ったときには、この子を見る機会はありませんでした。空襲がはじまって、あの恰好で出勤はしなかったと思いますけどね。三月十日にはうまく助かったのならいいが。

そこで、空襲の話になりますが、三月末に月島の工場に用があって、帰りに東船に寄ってみました。

深川区、城東区の焼け野原と同じです。五万坪の構内にびっしりと建てられていた木造の工場、倉庫、工員の宿舎、すべて焼けてしまい、端のほうにわずかに数棟が残るだけでした。

驚いたことに、そんななかで、あちらに数人こちらに数人、復旧の作業をしている人がいる。家を焼かれ、肉親を失った人もいるはずです。感心しました。

囚人ですか。二階建て、十棟あった宿舎もすべて焼けてしまいました。三月十日の午後、部隊を二組に分け、巣鴨の東京拘置所、中野の豊多摩刑務所まで歩いて行ったのだそうです。焼ける前に布団を持ちだしていたから、布団を担いでの行進です。かれらはもうとっくに前橋に戻っているでしょう。いまごろは、冬の朝、夏の午後、ハンマー台で鉄材を曲げたり、鋲を打ちつぶす力仕事をしたことを思いだしているのではないかな。杉浦真弓という石川島から来ている幹部と、クレーンのあるところまで行きました。

あのクレーンはなんと呼びましたっけ」

「門の形をしたクレーンですね。ゴライアスクレーンでしょう」

「そう、ゴライアスクレーンですね。船台の建造途中の船は火をかぶっている。二つあるゴライアスクレーンは、どちらも運転席が焼けて、燃え残った配線が垂れ下がっている。かれは海を見ながら、昨年の三月末までに十七隻をつくり、すべて⑯が軌道に乗った昨年の四月からこの空襲までの十一カ月間に六十八隻の改E型をつくったのだと言いました。こちらに背を向けていたのですが、涙をこぼしていたのでしょう。

低い土地を造成し、葦《あし》の生えた岸辺に護岸工事をし、海路を浚渫《しゅんせつ》し、クレーンを設置し、工場を建て、機械、工具を入れ、寄宿舎を建て、中学生から囚人、浅草の魚屋の娘までを集め、教育し、死に物狂いの建設と操業準備をした。そして鋼材や鋳物、パイプや木の板が積み重ねられた迷路のような作業場に、鋲打ち機のすさまじい音が反響し、溶接機の青い光が照り映えるなか、五基の船台で一カ月に六隻の八八をつくってきました。

リベットを打つ空気ハンマーの音は消え、赤い土煙が舞うだけの無惨な焼け野原に変わってしまい、村はずれの火葬場にいるような匂いが、冷えた灰の匂いに混じって流れてくる。焼け残った木材を積んで焼いた遺体の匂いが残っているのです。そして引き潮になれば、洲崎川からつぎからつぎへと屍体が流れてくる。だれだって悔し涙がでます。艤装中の一隻は来月中には竣工させる、とかれは最後に言っていました」

ドアを叩く音がした。食欲をそそる匂いが入ってくる。毛里英於菟がよかったなと言い、迫水久常がバターを取りに行こうとして立ちあがる。油で揚げた鰊と黒いパンが机に並ぶ。

たしかに真っ黒なパンだ。黒いといえばライ麦パンだが、黒さがちがう。どうしてこんなに黒いのか、美濃部、迫水、毛里、渡部はなぜなのかを知っているのだろうか。真っ黒なパンのことは、村上兵衛の連隊で将校用の特配として月に一、二回あることは前に述べたが、かれはなぜ黒いのかを知ってはいまい。

昨年秋から小麦粉の製粉歩留りを九三パーセントまで引き上げているからだと渡部は

言うだろう。ふすまが混じっているだけではない、とうもろこしの粉、さつま芋の粉も加えているからだと付けたすにちがいない。とうもろこしの粉、さつま芋の粉を入れているというのは表向きの挨拶だ。

指定量目は一人四十五匁、百七十グラムだ。昔の、ふんわりした高級の食パンなら、厚切りにして三枚ほどであろう。レストランでだされて、とても三枚を食べられなかったのは、もちろん二百グラムのステーキがでたからだ。

ところで、百七十グラムのパンに仕上げるには配給の小麦粉が少なすぎる。そこでパン製造工場ではあらゆるものを加える。

製パン工場を覗いたら、美濃部も渡部も、えーっ、いったいこれはなんだ、これをどうするのだと驚くだろう。蜜柑の皮、柿の皮、乾燥させた桑の葉、乾燥させた野菜の葉が所狭しと積み上げてある。そうなのか、冬のあいだ、回覧板に「みかんの皮干したのを供出願います[107]」とあって、蜜柑の皮を隣組で集めていたのは、ここに来ていたのかと気づく。これらを粉にして全粒粉に混ぜてつくったパンは、あらゆる絵の具を混ぜ合わせたように真っ黒になる。そして、小さな、重いパンとなる。

黒パンを横に置いて、毛里英於菟がつぎのようにまとめたのではないか。

「大陸トノ交通ヲ確保シ得ルヤ否ヤハ　沖縄作戦ノ如何ニ懸ル処大ニシテ　最悪ノ場合ニ於イテハ六月以降殆ンド其ノ計画的交通ヲ期待シ得ザルニ至ルベシ」

「国力ノ現状」　四十すぎの男を召集して

午後一時だ。同じ六月五日である。

美濃部洋次、迫水久常、毛里英於莵は首相官邸本館内の小客間から書記官長室に移っている。なにを壊してつくったのか、急ごしらえの寝台が置かれている。営繕課の職員がこしらえた。官舎を焼かれ、着の身着のままの迫水はこの部屋に仮住まいだ。

討議をはじめる。

「国力ノ現状」はだいたい検討が終わった。残っているのは、国民の信念、士気といった問題だ。大多数の国民はいまなお、負けはしない、陸海軍に期待を寄せて大丈夫だと思いたがっている。だが、それが夢であり幻想だということを心の奥底で知っている。これはあらためて論じるまでもないだろう。書記官長、君が書いてはどうかと、ほかの二人が言ったのではないか。

私が書いてもいい、だれかを呼ぶ必要はないが、みんなで話し合ったらどうだろうと迫水が語り、美濃部、毛里がうなずいたのではないか。

かれらはどんな話をしたのであろう。

三人のうちのだれが語っても、言うことは同じであろう。

内地は戦場となった。だれもが侵入してくるB29を仰ぎ見て、情けないと思う。なぜ迎撃するこちらの戦闘機は敵の爆撃機の数よりもずっと少ないのか。大きな敵爆撃機に追いすがる戦闘機の小ささを見るのは、この戦争の全体を象徴しているようで、悔ししし腹立たしい。敵機はまだつぎつぎと上空に来るのに、高射砲の音が聞こえなくなって、妻や娘が「もうタマがなくなったんだわ」と悔しがる。

この戦争はまだどうにかなると思っていた人びとも、三月十日のあとには考えを変えた。

本所、深川が燃える業火ははるか遠くからも見えた。鉄道駅で、中仙道で、千葉街道で、日光街道、甲州街道で、避難民の群れを見た人びとは、煤《すす》で真っ黒な、生気のない、おびえた老人や子供の顔、真っ赤に焼けただれた手と腕の痛みをこらえる若い女の表情、そして、あらかたの人びとが汚れた裸足であったのを忘れることができない。そして、裸のマネキン人形を積み重ねたような焼死体の山の話、死体で埋まった学校のプールや隅田川の話を聞いて、だれもが大きなショックを受けた。

敵がつぎからつぎへと都市を焼き払っていくのにたいして、陸軍、海軍はこれを阻止できない。陸軍と海軍は国民を守ってくれない。軍にたいする国民の信頼感は薄れるばかりだ。

二カ月半前、三月十八日午後の衆議院本会議で、空襲災害対策についての緊急質問があった。安藤正純《まさずみ》が質問した。かれは東京の出身である。東京朝日新聞に入社、編集局長、取締役だった。大正九年からずっと衆議院議員だ。東京一区の選出である。六十八歳になる。

この空襲を大正十二年の関東大震災や昭和九年の関西風水害と同一視してはならぬと安藤は最初に言い、空襲は自然的な不可抗力ではないと説き、なぜ疎開を早く断行しなかったかと問い、軍防空の民防空への協力は十分だったのかと尋ね、防火か待避か、物が主か人が主かと質問した[108]。

美濃部、迫水、毛里、三人のなかには、新聞には載らなかった話を聞き知っている者がいよう。美濃部かもしれない。議員たちの強烈な感情と憤懣が爆発した様子をかれはあらためて語ったのではなかったか。

安藤の質問のあと、首相の小磯、陸相の杉山が答弁に立った。野次が飛んだ。不規則発言はだんだん激しくなった。三人目、内相の大達が官設消防は頑張ったのだと語りだしたときには、議員たちの感情のたかぶりは頂点に達した。からだを揺すっての大声、叫び声、怒りの声が議場に渦巻いた。目に涙を浮かべている議員もいた。内相が口を動かしているのは見えはしたが、なにも聞こえなかった[109]。

議員たちの怒りは女子供を守りきれなかった軍に向けられていた。

軍への信頼は崩れつつあるのだ。だからこそ、陸軍首脳は弁解しなければならず、強がりを言うことになり、敵の本土侵攻に備え、戦力のすべてを温存しているのだと説き、本土決戦で目にものをみせてくれるのだと言わざるをえなくなっているのだ。

こんな具合に語って、美濃部が軍の信頼を地に落としたものはまだまだあると言い、町で見かける二国《にこく》の老兵だと語って、ほかの二人がうなずいたのであろう。

現在、二国を召集していることは、その本人とその家族を悲嘆に追い込み、町で見かけるその二国の老兵は人びとを無力感に陥れるだけとなっている。ほかに手だてはないのだとだれもが思う。

結局、日本に秘密兵器はないのか。日本はV兵器を開発できなかったのか。陸軍省の局長や課長がマルケの研究がいま一息だと語り、熱線誘導爆弾の開発だ(110)、もうすぐだ、敵の空母を片端から沈めてみせると熱を込めて説いていたのだが、もはやだれもなにも言わなくなった。

これはただの風船なんかではないぞ、いまにわかると息巻いて、勤労動員の女学生と女子勤労挺身隊を総動員してつくった風船爆弾も、戦果らしい戦果を挙げることができないまま打ち上げをやめてしまった。アメリカの農業地帯の小麦を全滅させる黒穂《くろぼ》病や線虫《せんちゆう》を風船で運ぶことなど、敵の報復を考えれば、できるはずはなかった。

B29を片端から撃墜できるロケット機を一千機そろえる、これで東京も大阪も、航空機工場も安泰だと主張し、化学工場を総動員しての野心に満ちた大計画も、いつしかだれも語ろうとしなくなっている。

考えてみれば、大々的に宣伝したドイツの報復兵器、V兵器も戦局を一変させることはできなかったのだ。

結局のところは、陸軍は「屈強」の二字とはおよそ縁遠い老兵を召集して本土決戦をやるしかないのだ。哀れな二国に頼るだけなのだ。本土決戦と叫んだところで実体を欠いたレトリックにすぎない。

そこで説明しなければならないのは、二国と呼ばれる第二国民兵の徴集についてであろう。

大佛次郎は二カ月前の四月一日の日記につぎのように書いた。

「健康にかまわず徴用している海兵団の老兵、月に八十人は死に行くままなりと武山あたりの話。武ちゃんも弱い者は死んで行くとみえ子さんに話したそうである。

八百伊の亭主四十一才応召（第二国民兵）[11]」

第二国民兵とは、徴兵検査で丙種となった者だ。体格の劣る者、健康でない者だ。この丙種の者は徴兵免除になる。ところで、国民皆兵という原則があることから、丙種の者を第二国民兵と呼ぶことにしている。兵役に服する年齢の上限は四十歳だから、第二国民兵も期限は四十歳までだった。もっとも、そういう決まりになっているだけで、召集された第二国民兵はいなかった。

第二国民兵と第二がつくのは、もうひとつ、第一国民兵があるからだ。第一国民兵は、徴兵検査で甲種、乙種となった者だ。徴兵検査が甲種の者は、現役が二年、予備役の期間が十五年四カ月あるから、それが終わったあと、三十七歳から四十歳までが第一国民兵役となる。乙種の補充兵役の者は、予備役が終わるのが十七年四カ月あとになるから、これも三十七歳から四十歳までが第一国民兵役となる。

昭和十六年十一月に兵役法施行令の改正があり、必要に応じて丙種の第二国民兵も召集できるようになった。ただし、三十歳までとの制限がつけられた。

昭和十八年九月に徹底的な動員がはじまった。昭和十七年九月に「時局の重大性」を高級官吏や議員が口にしながら、徹底動員はその一年あとになったことは前に述べた(112)。理髪師、出改札係、売り子、車掌といった職業に男子が就くことを禁じ、家庭にいた若い女性を組織化して、女子勤労挺身隊を編成して、工場で働かせるようにした。大学生から中学生までが一年の三分の一を工場で働くか、農事を手伝うことになった。十月には、徴集延期の学生の徴集がおこなわれた。いわゆる「学徒出陣」である。

そして、兵役法施行令が再び改正され、第二国民兵も四十歳まで召集できるようになった。さらに十一月には、五年延長して、第一国民兵と第二国民兵は四十五歳まで召集できることになった。

大映の多摩川撮影所に勤める岡本潤を見てみよう。かれは昨年の三月に本籍地の埼玉県本庄町の役場に復役届をだした。かれは二十歳のときの徴兵検査で乙種合格だった。昭和十四年に四十歳になったときに第一国民兵役は終わり、召集の可能性はなくなった。ところが、兵役法が改正されて、兵役の義務は四十五歳までに延長されて、復役届をだすことになったのである。

こうしたわけで、徴兵検査で丙種だった第二国民兵の四十一歳になる八百屋の主人が召集されることにもなる。

四十一歳の第二国民兵を召集するのだから、当然ながら徴集者を増やす手だても講じられている。

以前は徴集されるのは甲種だけだったのが、乙種の者もすべて徴集されるようになっている。乙種は第一乙種と第二乙種があったのが、昨年から第三乙種をつくり、丙種だった者を第三乙種としてしまっている。丙種は結核に罹っている者だけとなった。

さて、大佛次郎は「健康にかまわず徴用している海兵団の老兵、月に八十人は死に行くままなりと武山あたりの話」と書いた。

武山とは三浦半島の武山にある横須賀海兵団麾下の第二海兵団のことだ。

横須賀市内にある海兵団が第一海兵団である。第一海兵団第一〇一分隊に所属する平井富士男が五月二十五日の夜に東京の火を見たことは前に語った。体の具合が悪く、入院したことがあり、ひどく衰弱していることも語った。

第二国民兵の兵籍は陸軍の管轄下にあり、かれをふくめて第一海兵団の応召者たちは、陸軍から海軍に払い下げられた者たちだと告げられ、クズの寄せ集めだと言われた。三十三歳になる平井が召集されたのは昨年の九月だが、身体検査は粗雑きわまるもので、結核の有無だけが基準となった。

呼吸器が悪ければ不合格になったから、平井よりずっと元気な者たちが「帰郷」することにもなった。「帰郷者」の行列のなかに、顔見知りの出版社の社長がいた。声をかけたところ、かれは平井に向かって、「作家には、こういう所はいい勉強になりますよ」と言った。その社長は動転しながら、とっさになんと挨拶したらいいかと迷い、精いっぱいの慰めの言葉をかけたつもりだったにちがいない。しかし平井の反応はちがった。喜びを押し隠しているかれに飛びかかり、食らいついてやりたいと瞬間思った。その興奮《き》が冷めたあとには、落莫とした思いが胸をふさいだ。あとになれば、流人の心境、鬼界《かい》ヶ島《しま》に流された俊寛《しゅんかん》の心境だろうと平井は思ったのだった。(113)

村山正三は日本郵船の本社に勤務していた。この一月、夕方に帰宅したとき、玄関にでてきた妻が黙ったまま紙片を差しだした。じーんとしたものが体内を走った。正三は玄関に腰掛けたまま、じっと召集令状に見入った。

かれは三十六歳である。しかも第二国民兵だ。自分のような者によもや召集はあるまいと思っていたのだが、かれと同じ条件の者がつぎつぎと召集されていくので、内心覚悟はしていた。区役所の使いの老人が「お気の毒ですね。私はお役目で来たのですが、すみません」と小さな声で妻に言ったのだという。

一月三十一日に横須賀海兵団に入団した。かれもまた、二国のような老兵は要らないと陸軍が言い、海軍に譲り渡されたのだという話を聞かされた。周りはすべて四十に近い男たちである。とても兵隊とは見えず、流浪の旅人のような集まりで、かれ自身、これが軍隊だろうかと心細く思ったのだった。

かれは現在、久里浜の見張り所にいる。敵機の監視員だ。

四カ月前に入団したときには、粉骨砕身国に尽くす、国家危急に殉じて悔いないという気持ちを持っていた。ところが、訓練らしい訓練はなく、弱い者いじめだけの制裁が半月ほどつづいた。言いつけにそむいたことはなく、一生懸命に尽くしているにもかかわらず、自分のような老兵をつかまえて、国賊、穀潰しの罵声を浴びせ、打擲《ちようちやく》を繰り返す毎日だった。

海軍とこの戦いとにたいするかれの見方は当然ながら悲観的なものになっている。三月十日の夜は、かれは城ヶ島の見張り所に配置されていた。かれは遠い夜空を焦がす赤い火をじっと眺めていたのだが、不思議なことに、留守宅はどうなったか、家の者はどうしているだろうということをまったく考えなかった。その夜にかれの家は焼けたのだった(114)。

平井富士男や村山正三のように、第二国民兵はすべて海兵団に払い下げとなっているのかといえば、そうではない。今年はじめに、陸軍は本土防衛のための兵備計画を立て、前にも述べたとおり、百五十万人が必要ということになった(115)。百五十万人とはたいへんな数だ。ものの役に立つはずのない二国を自分たちの側も取らねばならない。

戦いに勝っている側と負けている側とでは、天地黒白《こくびゃく》の違いがある。

勝っている側はどうか。

ガダルカナルで怯えながら戦った士官、迫撃砲弾が近くで何発か炸裂しただけで、すべてのものを投げ捨て泣きながら逃げた兵士が、鍛えあげられた強者《つわもの》となって再びタラワで戦い、つぎにサイパンで戦い、さらに九州上陸の準備をしている。四十すぎの男を徴集する必要など毛頭ない。

B29の搭乗員はどうか。

死傷者がでないかぎり、操縦士から銃手まで十一人のメンバーはつねに同じ爆撃機に乗り組む。昨年十一月二十四日に「三五七」、中島飛行機の武蔵製作所を目標とした最初の日本爆撃のB29十一人のメンバーがいる。三月十日未明の隅田川周辺の焼き討ちを含めて、四月十二日の八回目の武蔵爆撃まで計十九回の出撃に加わった。そして四月十三日夜の東京西北部の焼き討ちが二十回目、十五日夜には川崎、二十六日には鹿児島の出水《いずみ》飛行場、二十八日には宮崎飛行場、このあと飛行中止や故障がつづいて、五月十四日に名古屋北部、二十三日夜に東京南部、二十五日夜に東京中心部、そして二十九日の横浜の焼き討ちが二十七回目、六月一日の大阪淀川周辺が二十八回目、今日の神戸の焼き討ちがかれらの二十九回目の爆撃飛行となった。厚木、松山、大分、鹿屋の各部隊を笛と太鼓で探し、どれだけの数の士官と下士官を集めてみたところで、これだけの町を焼き、数多くの女子供を焼き殺してきたこの十一人には到底及ばない。かれらはあともう一回出撃すれば、戦闘任務飛行三十回の完了となり、本国帰還となる[116]。

高級指揮官はどうか。

はじまりは砲術屋で、そのあと航空学校で学び、空母に乗り込んだことがあり、海軍大学で戦略部長を務めたことのある海軍少将がいた。

昭和十七年十一月、ガダルカナル北端のツラギ沖で三川軍一率いる第八艦隊と激突し、巡洋艦八隻と駆逐艦十八隻の艦隊を率い、危うく全滅しかけ、自分自身も戦死するところだったのがその海軍少将だった。ところが、その負け戦をした司令官がマキン上陸の指揮をとったことにはじまり、三年足らずのあいだに、百戦錬磨の自信にあふれた水陸両用作戦の大権威となり、これまでに何回となく「ランド　ザ　ランディングフォース」の命令を発してきている[117]。

二十日ほど前、五月十七日の朝日新聞にその提督の昇進のニュースが載った。太平洋方面水陸両用部隊司令官、すでに海軍中将になっていたリッチモンド・ケリー・ターナーをトルーマン大統領が海軍大将に任命したというのだ。

新聞にその説明はなかったが、二月十九日に硫黄島上陸作戦の総指揮をとり、四月一日、沖縄の渡具知《はぐし》海岸に上陸する部隊と支援部隊の総指揮をとって成功させたのが、かれの大将昇進の理由だった。

負けている側は惨憺たるものだ。

いくつかの戦場を挙げてみよう。いずれも陸軍の軍人だが、ブナを守った山本重省連隊長、テニアンを守った緒方敬志連隊長、ビアクを守った葛目直幸連隊長、硫黄島を守った栗林忠道師団長、かれらは強い義務感と勇気を持っていた。だが、山本は昭和十八年一月に、緒方は昭和十九年七月に、葛目は昭和十九年八月に、栗林はこの三月に、戦死するか自決するかしてしまい、かれらの部下たちも戦死し、自決してしまった。名誉も喜びもなかった。かれらが死を賭けた努力は無に終わった。

ケリー・ターナーのことをもう一度述べておこう。大将となったターナーは交替となり、沖縄水域を離れた。第五艦隊司令長官のスプルーアンスも交替し、第五艦隊は第三艦隊と名称を変え、第五十八機動部隊は第三十八機動部隊と名前を変えることになる。ターナーはともに交替したスプルーアンスと休暇に入る。

このこと自体は秘密ではなかった。東京帝国大学法学部助教授の丸山眞男は三月に召集され、宇品《うじな》の船舶司令部参謀部情報班にいる。三十一歳になる。一等兵のかれは、同盟通信の「海外政治」と「海外経済」の日報から重要ニュースを取りだし、「備忘録」に記している。上官の指示があってのことか、それとも、かれ自身関心があってのことか、とくに注意を払って書き写してきたのは、アメリカとソ連のあいだの軋み、もうひとつ、重慶と延安政府のあいだの対立である。かれはまた敵側の重要人物とその官職に注意を払い、備忘録に記入する。五月末のこと、かれはつぎのように記した。

「スプルーアンス　第五艦隊司令長官　ターナー水陸両用部隊司令官　休養ノタメ一時本国帰還[118]」

丸山とかれの説明を聞く上官の参謀たちは知る由もないが、休養のあとスプルーアンスとターナーはつぎの南九州攻略作戦の立案にとりかかることになっている。

日本側の話に戻れば、敵側によって無力化され、放置された島には、消耗疲労した守備隊が残っている。輸送路を断ち切られてしまっているから、かれらをブーゲンビルから、ラバウルから、あるいはスマトラから内地に戻すことはできない。満洲から送り戻す部隊の数は限られている。

頼りはただひとつ、この二月に徴兵検査をした大正十五年生まれの若者だ。正確に言えば、大正十四年十二月から大正十五年十二月までに生まれた者だ。ざっと七十万人だろう。かれらの徴集をすすめている。この痩せた、栄養不良の、未経験の初年兵をいわゆる「決戦師団」に充当することにしている。

これだけではとても足りない。まだ八十万人が必要だ。文字どおり根こそぎ動員となる。第二国民兵役の四十に近い者、四十過ぎの者を召集しなければならない。

そんな大動員をしたところで、兵士たちに与える武器はないと整備局長が言い、作戦部長の宮崎周一が、いや構わないと言ったことは前に述べた。かれらは「沿岸配備師団」に加えられる。迫撃砲もなければ、対戦車砲もない。機関銃も持たなければ、小銃も持たない。

以前は、町で兵士、水兵たちを見れば、だれもが凛々しいと感じ、頼もしいと思ったものだった。連隊のラッパの音が朝夕に聞こえてくる町で育った少年少女なら、兵隊さんは優しく、親切ときまっていた。だが、現在は、前に見たとおり、町で見かける二国の老兵は、人びとを無力感に陥らせるだけだ。

二国の男たちは、かれら自身が互いを見比べて思うとおり、とても兵士には見えない。しかも、その恰好が人びとをがっかりさせる。よれよれの軍服を着ている。不細工なつぎをあてている。持っている水筒はこれまた不細工な鋳物製か竹筒だ。草鞋《わらじ》ばき、よくて地下足袋、腰に柳行李の弁当箱を結んでいる。

兵士たちは小銃を持っていない。穴掘りや材木運び、さつま芋を植えるのに小銃は要らないが、じつは兵営にも小銃はない。

狩猟家が持っていた猟銃はとっくに供出させられた。中学校や在郷軍人分会にあった軍事教練用の三八式の歩兵銃は、地元の連隊によって回収された。白い布をかぶせて引き渡し式をやった。

二百人の兵士がいて、銃剣はみなが吊っているが、小銃は十梃あるだけ、その小銃も元は青年学校の教練用だったものだ。銃口内は錆びついている。「銃腔腐食」という。使い物にならない。

どこの倉庫からひきだしてきたのか、三十年式歩兵銃を持っている兵士たちがいる。日露戦争のときに使った遊底覆《ゆうてい》いのない古銃だ。三八式歩兵銃の弾丸で間に合うが、薬莢が焼きつきやすく、針金でひきださなければならない。

銃剣すら持たない兵士たちがいる。銃剣がものの役に立つとも思えないが、小銃とちがって、銃剣なら兵士たちの手でつくることができる。村の鍛冶屋で銃剣をつくっているところもある。

一日に鍬を一本、せいぜい二本をつくっていた小さな鍛冶屋は、コークスの配給がなくなってとっくに閉じられていたのだが、この仕事場を借り切っている。どこからかコークスを手に入れてきて、円匙《えんぴ》と呼ばれているシャベルをつくり、鍬をつくり、つるはしをつくっている。

穴を掘るのが最大の仕事だから、シャベルとつるはしはいくつあっても足りない。鏨《たがね》を使って材料のドラム罐を割っている兵士がいる。真っ赤になった鉄を大きなハンマーで打ちのばしている兵士がいる。五キロの重さの金槌をひとりで打ちつづけることができず、ふたり、三人と代わる。その片手間に銃剣づくりだ。

竹の鞘におさめたこんな銃剣を腰に吊った兵士が農家にやって来て、腹が減っている、なにか食べるものをくれとせがんでいる。

乞食のような兵士たちの一日の摂取熱量が二千キロカロリーから千三百キロカロリーだとは前に述べた。

この哀れな状況の兵士たち、士気が高いとはお世辞にも言えない兵士たちを頼りに、陸軍首脳は本土決戦を本気でやるつもりなのか。

毛里、美濃部、迫水はため息をつき、つづいて国民のあいだで倫理観が薄れつつあることを話題にしたのであろう。

列車は窓からの出入りが常識になってしまっている。出入口から通路までは人と荷物でいっぱいだから、だれもが窓から降り、窓から入らなければならない。窓をあけようと必死で叩く人がいても、車内の乗客は眠ったふりをしている。

焼け跡の整理だとか、家族の疎開についていかなければならないと言って、工場を休み、そのままでてこない者が多い。ヤミの日雇い仕事をすれば、リヤカーで疎開荷物を運んでも、防空壕を掘っても、一カ月の給料を一日で稼ぐことができるからだ。

焼け残った家から当たり前といった顔で物を持っていく人たちがいる。防空壕に入っているあいだに、家に泥棒が入る。ラジオを盗み、自転車を盗む。家にいれば、逆に防空壕に入れてある非常用の食糧が盗まれる。警察に届けてもでてくるはずはないし、ヤミで買った米や酒だったらはじめからあきらめるしかない。

銭湯の流し場にいて警戒警報がでたら、石鹼や下着、下駄が盗まれるのを覚悟しなければならない。灯をおおって暗くするから、「板の間稼ぎ」のチャンスとなる。

駅や車中でちょっとしたすきに鞄が盗まれ、風呂敷包みがなくなるのは、ごくごく当たり前のことになってしまっている。一流旅館に泊まった客がラジオの真空管を盗む。ホテルに泊まった客が毛布を持ちだす。

だれも他人を信用しなくなっている。人びとが現在ほど相互不信に陥っているときはないのではないか。あらゆる統制は国民をがんじがらめにして、人びとの関係はゆがみ、すさんでしまっている。とるに足らない手続きに二日も、三日もかかる。だれもが疎開荷物を送りだすのに苦労を重ねた。米の配給に三時間も待たされ、タオル一枚の配給に半日の行列を我慢しなければならない。

こんな話をつぎつぎとしたのであろう。

そして、いったい敵はいつごろ本土に侵入するだろうという話に移り、われわれは敵の本土上陸を十月以降とみて、七月、八月、九月の「国力ノ現状」を検討してきたのだが、陸軍は現在、敵の上陸をいつと見ているのかと美濃部が迫水にあらためて尋ねたにちがいない。

「国力ノ現状」　この冬にどのくらいの死者がでるのか

迫水久常が言ったのではないか。

「統帥部は七月に南九州に来攻した場合にどのように防衛するか、つづいて九月に関東に来攻した場合にどう戦うかといった文書を今度の会議に提出するために印刷していまず。

しかし、統帥部は七月に敵が上陸すると見てはいません。われわれが聞き知っているように、九州上陸作戦は十月か十一月になると判断しているようです」

迫水はつづけて語り、会議で配布される予定の文書を見せてもらったのだが、陸軍の見通しでは、七月に南九州に侵攻の場合、航空機と水上・水中特攻によって輸送船約百九十隻を撃沈する、来攻予想輸送船千隻、二十個師団の約八割の上陸を許すことになる。

九月に関東に来攻した場合、三十個師団から四十個師団のうちの四分の一を叩き、二千隻の輸送船の四分の一は撃沈できるだろうが、残りは上陸してしまうと見ていると語ったのであろう。(119)

その数字を信じるなら、九州では十六個師団が上陸するのを許すことになる。関東では二十二個師団から三十個師団を上陸させてしまう。敵の上陸作戦が二カ月、三カ月さきに延び、十月、十一月になったとして、この間になにができるだろう。沿岸部につくっている地下坑道の数が増え、長さがもう少し延びるのは間違いなかろう。爆雷、迫撃砲、特攻隊、体当たり舟艇の配備ももう少し増えよう。だが、これら戦備のわずかな積み重ねが決戦の成り行きにどれほどの影響を与えるだろうか。

山あいの壕に隠された守備隊の火砲は、敵の上陸用舟艇が接岸して前扉を降ろしかけるのを待って必殺の砲火を見舞う。上陸し、弾孔に潜む敵海兵隊の小隊を迫撃砲団で吹っ飛ばす。夜の闇にまぎれ、銃剣と日本刀で敵の陣地を襲う。救出にくる舟艇を待ち、波打ち際で身動きできないでいる敵の大隊を殲滅する。残念ながら、そんな光景を思い描く者はいない。

ちょっとのあいだ、だれも口を開かなかったあと、この冬には二千万人が餓死するといった推測がある、どう考えると、美濃部か毛里が言ったのではないか。

二千万人が餓死するのではないかといった話は、だれかれが語ってきている。前に見たとおり、志賀直哉は福井にいる娘に宛てた五月十二日付の手紙で、「アメリカでは二千万人餓死者が日本にできるだろうといっているが、此数は恐らく六大都市（もう大都市というのも変だが）の人口を合わせたもののように思われる」と書いた。

だれから聞いたのであろう。

同じような話をした人がほかにもいる。五月七日のことだ。

大佛次郎が目黒の宇佐美公館に招かれた。宇佐美とは宇佐美寛爾である。華北交通の総裁だ。かれの東京の公邸が中国式に呼ばれるのは、そのように呼ばれることをかれが望んでいるからだろう。

以前に大佛が北京に遊んだとき、宇佐美が招待してくれたことがある。それからのつきあいだ。今回はいつまで滞在の予定かと大佛が尋ね、明日、上海行きの飛行機に乗るという答えが返ってきた(120)。

宇佐美について述べておこう。

かれは参謀本部の招きで大陸の交通線の実情を説明しに東京に来ている(121)。六十一歳になる。東京帝大をでて、鉄道省ができる以前の鉄道院に就職し、大正九年に満鉄に移った。大陸鉄道経営の表裏を知悉し、表の工作、裏の工作を自在にやり、関東軍の将官、佐官に信頼されてきた。こうして、かれは四千五百キロの鉄道網と八万人の従業員を抱える華北交通の総裁となっている。

華北交通といえば、麴町飯田町から故郷の群馬県甘楽《かんら》郡の小幡町に疎開した茂原照作のことを以前に語ったことがある(122)。四十四歳のかれは神田の出版社に勤めていたが、華北交通の従業員募集の新聞広告を見て、華北の田舎駅に勤務したいと思い、余暇にさっま芋の温床を仕立て、駅の近くの農民に沖縄百号のつくり方を教えたいと夢想したのだった。

宇佐美のことに戻る。かれは美食家で、絵画から刀剣、骨董を蒐集して豪奢な生活を送り、独身であり、周辺に謎めいた雰囲気をただよわせ、当然ながら味方も多ければ敵も多く、かれを嫌っている者からは陰謀家、奸雄《かんゆう》と非難されてきた。

かれの名前が岸信介と絡んでとりあげられたことは前に語った。もう一度述べよう。衆議院議員の津雲国利《つくもくにとし》が軍務課長の赤松貞雄から聞いたという話をして、岸は新党をつくろうとしているが、どこからもカネはひきだせないのだと語り、岸の金主となる宇佐美寛爾もあぶないのだ、華北交通の幹部が密輸の容疑で憲兵隊の取り調べを受けているのだと言って回ったことがある。今年二月のことだった[123]。

東条英機の満洲在任は短くはなかったが、どうやらかれは、宇佐美と親密な関係を結ばなかったようだ。

宇佐美をめぐるさまざまな噂を耳にした人が、徳川頼貞伯の邸だった目黒の公館に招かれ、赤い絨毯を敷いた階段を静かに下りてくる中国服姿のかれをはじめて見て、モンテクリスト伯とはこのような人ではなかったかと思ったという話がある[124]。モンテクリスト伯に擬せられた日本人は、おそらく宇佐美が最初であり、最後かもしれない。大佛もかれに大きな関心を持ち、かれをモデルに小説を書きたいと思ったことが、それこそ、伊藤整が日露戦争の歴史小説を書きたいと思っていた時期(125)にあったに相違ない。

宇佐美は大佛に向かって、木戸内府に頼まれているのだが、木戸孝允《たかよし》公の伝記を書いてもらえないだろうかと言った。それより四日前、高輪台にある山下太郎の邸の晩餐会に木戸幸一と陸軍大臣の阿南惟幾、そして宇佐美が招かれた。そのときにでた話だったのであろう(126)。宇佐美は初対面の内大臣とのあいだにつながりをつくろうとして、そんなことを木戸に勧めたものにちがいない。

その日、大佛が驚いたのは、もうひとりの招待客、山下太郎が語った話だった。

山下太郎について述べておこう。五十六歳になる。どこへなにを運べば大きな利益をあげることができるか機敏に見抜き、いくつもある障害を飛び越えくぐり抜け、それをみごとにやってみせてきた商売人である。第一次大戦に際しては、硫安を輸入して大儲けをし、台湾米を移入して儲けた。ロシア革命の混乱に乗じ、ロシア軍貯蔵の鮭罐を安く買い入れ、巨大な利益を得たこともある。大正の末から最近まで満鉄の社宅六万戸をつくった。煉瓦造り、二階建て、ガス管が入り、スチーム暖房のしっかりした家で、歩道は赤煉瓦敷きだ。かれは大金持ちになり、満洲太郎と呼ばれ、「三井、三菱、山下か」と過大な賛辞を浴びた。日本興業銀行と関係が深く、政商と言われてきたが、かれは華北交通総裁の恩顧も受けてきた。

山下は、今年の末には二千万人が餓死すると見る人がいるのだと話して、大佛を驚かせた。たいがいの噂を聞き知っている大佛だが、この話は聞いたことがなかった。桁がちがうのではないかとかれは疑ったが、山下は平然とした顔で、なんの動揺もない。朝鮮の米が入らず、塩がなくなるのだと言った。どうやら、かれ自身がそう思っているようだった。[127]

大佛次郎は家に帰って、妻の酉子《とりこ》に山下が語った話をした。酉子が半信半疑なら、かれもいくらなんでもと重ねて思ったのである。

そして矢代幸雄が語ったべつの話を酉子に喋った。矢代も宇佐美公館に来ていた。安井曾太郎が描いた宇佐美の肖像画を見にきたのだった。矢代は五十四歳になる。美術史家だ。実際には、その肩書以上の能力の持ち主なのだが、この戦争のなかではなにもできない。二千万人が餓死すると山下が話したあと、大磯に住んでいる矢代は、辻堂あたりで流行っているという話をした。

酒の配給があり、酒屋にガラス壜、徳利を持った人が並んでいる。なかには漆塗りの一升入りの角樽《つのだる》をぶらさげた老人もいる。その行列のなかに見たことのない娘がいる。東京からの疎開者が増えているから、見知らぬ若い女がいても珍しくはない。ところがおかしなことに、その若い女性は大きなざるを手にしている。彼女の番になった。帳場にいる女の子が手渡された購入通帳に目を通したが、不審なところはない。その娘がざるを差しだした。枡を手にした酒屋の主人が娘の顔を覗き込んで、これはざるだろう、酒は漏れてしまうと言った。

その娘が、入れてください、漏れませんと答えた。主人がなにをばかなと言いかけると、漏らなかったら日本は勝ちますと娘が言った。

主人がその気迫に押されて、注ぎ場の台に置いてある酒樽のところへ行き、呑み口をひねり、一升枡をあてた。そして、その枡の酒を娘の持つざるに少しずつ注いだ。酒屋の主人も、彼女のうしろにいる人たちも、ざるをじっと見守った。ざるになみなみとお酒が入った。

その娘が立ち去って、みんなははっと気づいた。どこの女だ、どこへ行ったと大騒ぎになったが、若い女性の姿はどこにもなかったというのだ[128]。

次郎と酉子はどうしてざるから酒が漏れなかったのだろうと話し合った。そして、二千万人の餓死の話に戻ったのであろう。

大佛は天保《てんぽう》の飢饉でどれだけの人が死んだのかと考えたのであろう。一八四〇年代のアイルランドの飢饉で百万人が死に、百万人が海外に脱出したのだということは記憶していたにちがいない。百科事典で天保の飢饉を調べたのであろう。死者は二十万人から三十万人だったという。

大佛は九州、そして関東が戦場になると想像してみたにちがいない。戦場になるとしても、二千万人の死者は大きすぎる、一千万人でも多すぎると思ったのかもしれない。

たしかに一千万人でも多すぎるのだろう。九州の人口は昨年二月の人口調査で九百九十六万人だった(129)。現在、一千万人を超すのではないか。九州を防衛する第十六方面軍が九十万人だ。九州全島が無人になるほどの餓死者、戦死者がでることはよもやあるまい。では、どのくらいの死者がでるのだろう。冬になる前にアメリカ軍は九州に上陸することは確実だ。そこで、この冬になにが起きるか。

美濃部、毛里、迫水はうなずきあい、毛里が語りはじめたのであろう。

前に触れたとおり、かれは首相秘書官の松谷誠から情報を得てきている。

松谷誠は四十二歳になる。有能な政務幕僚だ。昭和十八年三月に参謀本部の戦争指導班長となった。かれは真剣に戦争の終結を考えてきた。かれは毛里の創意と想像力に敬意を払い、一昨年の十一月から、かれと「和平へ転移」の問題を討議してきたことは前に記した。参謀総長の東条に忌避されて、昨年七月に支那派遣軍の政務参謀に飛ばされたことも前に述べた。三カ月で東京に呼び戻され、杉山陸軍大臣の秘書官となり、つづいて阿南陸軍大臣の秘書官となった。そして、四月二十五日に阿南の指名で、陸軍派遣の総理大臣秘書官となり、綜合計画局の参事官を兼任することになっている。

毛里が語るのは、松谷から聞いた話だったのではないか。

志布志《しぶし》湾か宮崎の沿岸に敵軍が上陸する前、そして上陸したあと、八万の宮崎市民、七万の延岡市民、六万の都城の市民、鹿屋市の五万人、平野に住む住民が二十万人、あわせて五十万近い人が宮崎と熊本の両県にまたがる九州山地の五家荘《ごかのしょう》の村々、あるいは五木村や高千穂町、椎葉村へ逃げることになろう。日が暮れて、敵の偵察機の爆音がしなくなってから、月明かりのなか、熊笹をかき分け、転んだりすべったりしながら山道を登っていく。まさに平家の落人《おちうど》だ。いや、北部ルソンの山岳地帯を退却する第十四方面軍の将兵、居留民たちと同じだ。

高知の海岸に敵が侵攻したら、高知市と平野の住民の二十万人が四国山地へ逃げることになるだろう。

山地へ逃げた老人と女、子供たちは、飢えと病気、機銃弾、油脂焼夷弾で殺されよう。マリアナのB29はお役ご免とはなるまい。本州、九州、四国の焼け残った小都市を休むことなく焼きつづけるだろう。鹿屋とその周辺の航空基地を飛び立つ敵の戦闘機は絶えまなく線路と道路の上を飛び、列車とトラックにロケット弾を放ち、人影に機銃弾をそそぎ、中・晩稲の刈り入れをしている人びとに機銃を向けるだろう。広い平野の水田では、稲刈りは日暮れと早朝の仕事になる。

そして敵軍が関東に上陸したら、地上の地獄はさらに広がるだろう。

毛里英於莵は最後に数字を挙げたであろうか。

この凄惨な、一方的な戦いは、この冬に飢えが主因の病死者を含め、まちがいなく三十万人、四十万人を殺すことになるのではないか。それとも、もっと多いのか。五十万人、六十万人だろうか。

迫水久常は黙って聞いていたのであろうが、同じような話をべつの陸軍の軍人から聞いたばかりではなかったか。

十一日前の五月二十三日の深夜、迫水は瀬島龍三と会った。

瀬島は参謀本部の作戦部員である。連合艦隊司令部の陸軍参謀を兼任している。先月は鹿屋の海軍基地にいた。現在は市谷台に泊まるか、日吉に泊まるかの毎日だ。かれが緻密な考えの持ち主であることは、士官学校在学時代から現在まで、だれもが認めてきた。開戦以来ずっと作戦課にいて、すべての作戦の設計にかかわってきた。

瀬島は迫水と遠い姻戚関係にある。瀬島は二・二六事件で首相岡田啓介と間違われて殺された退役陸軍軍人、松尾伝蔵の娘の清子と結婚している。松尾伝蔵は岡田啓介の妹の夫であり、迫水の妻の万亀は岡田の二女である。迫水は四十二歳、瀬島は三十三歳だ。総理官邸の裏門前にある書記官長官舎で会った。官舎が焼けたのはこの二日あとである。

迫水は、南九州に来攻予想の輸送船千隻の約八割の上陸を許すことになると予測している参謀本部の防衛計画書に目を通す以前だったから、南九州に敵の十六個師団の侵入を許してしまって、ほんとうにこれを撃滅できるのかという問いかけはできなかった。

敵軍はいつ、本土のどこに上陸するのか、どのくらいの兵力となるのだろう、海上での殲滅はできるのか、陸軍は上陸した敵軍を撃攘《げきじょう》できるのかと迫水は瀬島に尋ねたにちがいない。

戦争大綱の審議が近々あることを瀬島は承知し、迫水と会えば、本土決戦に成算はあるのかという問いになると知っていたから、瀬島はかれに会いたくなかった。一作戦課員が外部の人間に軍の機密を漏らすことはできない。だが、会うと決めれば、かれに事実を語り、自分の考えていることを言わねばならないと決意することになった。

かれは上陸した敵軍を殲滅できないと語ったのであろう。敵軍が九州、関東に上陸したとき、こちらの空軍はすでに壊滅してしまっていると言ったにちがいない。敵軍が上陸すれば、朝から夕方まで上空を飛びまわる敵の観測機がわが方の前進陣地の位置を砲兵隊に知らせ、一分間に四発を射つことのできる一〇五ミリ砲がこちらの陣地を狙い撃ちする。歩兵は敵の大砲と戦う術《すべ》がない。つづいては敵の戦車が戦場の支配者となるのだと言い、こちらの戦車はとるに足らず、対戦車砲もわずかだ、爆雷に頼るしかないのだと語ったのであろう。

洞窟内に潜み、夜を待つ兵士たちの難敵は、敵の歩兵が持つ携帯用の火炎放射器だ。ガダルカナル戦のときには敵は火炎放射器など一挺も持っていなかった。昭和十八年にはまだ、ひとつの海兵師団に二十挺があるだけだった。その年十一月のタワラの戦いで、敵海兵師団が持つ火炎放射器がこちらの陸戦隊の死命を制した。いまや海兵師団は二百挺以上を持つようになっている。[130] そしてなによりも面倒なのが、煙幕を張ったあと、洞窟に近づいてくる火炎砲戦車と火炎砲装甲車だ。こんな具合に瀬島は説いたのではないか。

火炎の長さはどのくらいなのかと迫水が尋ねたなら、携帯用の放射器の火炎の長さが三十メートル、戦車、装甲車に搭載しているのが百五十メートルほどにもなるという答えが返ってきたであろう。迫水の頭に浮かんだのは、道路を、強制疎開によってできた広場を這うように走る、白色の、ときにオレンジ色の二十メートル、三十メートルもの長さの火流のことであり、この火流に呑みこまれたこの三月からの空襲の犠牲者たちのことであったにちがいない。

迫水が再び口を開いて、九州に敵が上陸したら、ルソンの戦いのようになってしまうのだろうかと問うたら、瀬島はなんと答えたのであろう。

一般住民はどうなるのかという問いに、瀬島はなんと答えたのか。この冬には二千万人の死者がでるといった噂があるが、どう思うかと聞いたのであろうか。

二千万人は二桁多いだろう、この戦いをつづけていけば、この冬には二十万人、三十万人が死ぬことになると瀬島も語ったのであろうか。[131]

その夜のことをもう少しつづけよう。

午後十時に迫水のところへ来た瀬島が帰ったのは、警戒警報のサイレンが鳴った午前一時を過ぎてからだった。一時三十六分に空襲警報のサイレンが鳴った。南の方向、目黒、大森、蒲田、荏原が燃える火を、迫水も瀬島も見たのであろう。空襲警報が解除になったのは午前三時五十分だった。

迫水は眠ることができないまま、長男の久正に宛てて手紙を綴った。その最後につぎのように書いた。

「家も、お父さん、それからお祖母さん、お母さん、その他の子供たち、そうしてお前、篤子と、それぞれ散り散りばらばらになっているが、お前は長男としてこれから家を立派にまとめて行かなければならない務めもある。この戦争がどうなって行くかによって、若しお父さんが御国に殉じたということを聞くような場合があったら、決して悲しんだりあわてたりしてはいけない。お前の雄々しい心の中にこそお父さんは生きているのだ。お前はお母さんたちとの連絡、それから篤子との連絡をよく取るようにして、一人立ちになって強く生き抜き頑張り通して御国に尽くさねばならない。

昭和二十年五月二十四日

久常(132)」

「国力ノ現状」「局面ノ転回ヲ冀求《ききゆう》スルノ気分アリ」

今年の冬になにが起きるかと、美濃部、毛里、迫水が話し合っているのではないかという話に戻ろう。

この冬には、二十万以上の人が死ぬかもしれないと毛里が語り、迫水がうなずいたのであろう。

ところで、毛里、美濃部、迫水が知らず、大佛次郎、志賀直哉が知らない、だれも知らない大災害があった。

山下太郎が語った二千万人の死者は論外として、その十分の一に及ぶ死者のでたところがある。一昨年から昨年のことだ。

昨年三月、陸軍はビルマの北、インドのアッサム領内のインパール平原を攻略しようとして、第十五軍の八万人以上の部隊を投入した。わが方に加わっているインド国民軍一個師団も戦場に向かった。

アッサムを占領してしまえば、インド国民軍はインド解放軍となって、インド全土の独立運動は一気に激化するだろうとスバス・チャンドラ・ボースが自信たっぷりに語り、参謀総長の東条英機はそれを信じた。

ボースはインド独立運動の指導者だ。かれはベンガルの住民に絶大な影響力を持ち、獄中にいて、ベンガルの中心都市、カルカッタの市長に当選したこともある。インドを脱出し、ドイツに逃げていたかれを日本に招致したのは陸軍である。ボースが昭南で自由インド仮政府の首班となったのが昭和十八年十月だった。

第十五軍の攻撃は二カ月あとには、無惨な負け戦となるのだが、もしも、インド国民軍がインパール平原を突破でき、ベンガル州に入っていたら、どうなったであろう。チャンドラ・ボースはベンガル住民の熱烈な歓迎を受けたであろうか。

陸軍とインド国民軍の首脳は、その作戦を開始する前の昭和十八年、カルカッタ、ダッカへのビルマ米の輸入が途絶えたことにはじまって、ベンガルの大平原がサイクロン、洪水に見舞われたことで、その広大な地域に飢えがひろがっていたこと、そしてその途方もない大被害についてはなにも知らなかった。

英国政府がなんの対策も講じないことが最大の理由で、多くの人が餓死し、飢饉によって荒廃した地域をつぎに襲ったのが、コレラ、マラリア、天然痘だった。昨年はこれらの伝染病がいよいよ猛威を振るった。総計二百万から三百万、もしかしたらそれ以上の人が死んだ[133]。

繰り返して言うが、毛里も迫水もこうしたことをまったく知らない。政府がその飢餓になんの手も打たなかったことから、三百万人が死んだ。こういうことを知ったら、迫水、美濃部、毛里はどう考えることであろう。

美濃部が迫水に向かって、戦争指導大綱の「方針」と「要領」をもう一度見せてくれと言ったのであろう。

明日の戦争指導会議に提出する大綱の「方針」は、「飽ク迄戦争ヲ完遂シ以テ国体ヲ護持シ皇土ヲ保衛シ」というものだ。

「要領」は第一項で、「速カニ皇土戦場態勢ヲ強化シ　皇軍ノ主戦力ヲ之ニ集中ス」と唱っている。

第二項は「対ソ対支施策ノ活発強力ナル実行ヲ期シ」と説き、「以テ戦争遂行ヲ有利ナラシム」とつけ加えている。

第三項は「物的国力ノ充実特ニ食糧ノ確保並ビニ特定兵器ノ生産ニ国家施策ノ重点ヲ指向ス」と言っている。

毛里は四月に戦争指導班がつくった草案の相談にのったから、第二項が「要領」の眼目であり、ソ連の仲介によって、戦争終結を図るといったもっとも大事なくだりを入れたこと、それが参謀次長によって削られてしまったことを承知している。毛里はこの事実を美濃部と迫水にすでに話したのであろう。

ところで、「要領」の第二項は、ソ連に和平の斡旋を求めるというくだりを削ってしまったあと、「ソ連ニ対シ徹底セル外交ヲ行イ　戦争ノ遂行ヲ容易ナラシム」とした。

一昨日の六月三日、迫水が陸軍の軍務局長と海軍の軍務局長と協議し、「方針」と「要領」の最終的な検討をおこなったとき、さらに文言を変えた。陸軍軍務局長の吉積正雄の主張を入れ、「対ソ対支施策ノ活発強力ナル実行ヲ期シ　以テ戦争遂行ヲ有利ナラシム」とした。重慶政府と延安政府にたいする外交工作をおこなうことをつけ加えたのである。

前に見てきたとおり、昨年の後半から、多くの人が重慶政府との交渉の糸口を探し、延安政府への接近を望み、さまざまな工作をやってきた。いまや戦いの最終段階に入って、最終段階に入ったからこそ、敵の陣営の裂け目がいよいよ広がり、中国の奪い合いがその争点になるのではないかと人びとは考えるのだ。

迫水久常に協力した外務省政務局第一課長の曾禰《そね》益は、御前会議で発表する「世界情勢判断」のなかで、「重慶ト米トノ関係ノ現況ニ照シ当面日支間ノ全面和平ヲ実現セシムルコト至難ナルモ」と記しながら、つぎのようにつづけた。

「支那ノ再戦場化、米完勝ニ依ル東亜制覇ノ前途ニ対シテハ一抹ノ不安ヲモ包蔵シアルト共ニ他面延安勢力ノ浸潤拡大就中『ソ』ノ圧力増大ノ可能性ニ就イテハ深刻ナル苦悩内在シアリ(134)」

このような状況を睨み、大東亜省総務局長の杉原荒太は重慶との和平を急ぐべきだと説き、今月はじめ、そんな意見書を陸軍、海軍の関係者に配ったこともある。日ソ支の連携によって対米英和平を有利に運ぶという考えである。

迫水久常や美濃部洋次は知らないが、昨日と一昨日、三日と四日の両日、広田弘毅がソ連大使のマリクと会談し、日本、ソ連、支那の三国で「善隣関係」をつくりたいと説いた。当然ながら、これは東郷茂徳の考えでもある。東郷は、マリクとの交渉を依頼した広田に向かって、つぎのように語っていた。「将来ソ連と米国と対抗するに至るべき関係上、日本が相当の国際的地位を保つはソ連にとっても、有利なるを説いて、かつまた日ソ支三国団結して米英に当たるの必要あるを説示すべきでありましょう[135]」

だが、「日ソ支の連携」といっても、クレムリンが選ぶ相手は、重慶政府となるのか延安政府となるのか、東郷茂徳にも、マリクと語った広田弘毅にも、まったくわかっていない。

それはともかく、広田であれ、東郷であれ、杉原であれ、曾禰であれ、かれらが考えをまとめていく過程はいずれも似通ったものとなる。いったい日本はどうなってしまうのであろうと考え、日本の未来はどこの国が決めることになるのかといったことに思いがおよべば、だれもがこんな不快な想像を頭から追いだし、われわれの未来はわれわれが決めるのだと考えて、敵陣営の分裂を見込んで、あれこれ新しい形の日本外交の夢を描き、「日ソ支の連携」を説くことになる。

だが、「日ソ支の連携」といった構想が、この戦争をつづけるあいだに実を結ぶはずのないことはだれもが気づかざるをえない。戦いが終わったあと、どうなるかわからないながら、講和条約を念頭においての戦略なのだと考えることになる。

結局はソ連に和平仲介を求める考えに戻り、つぎのように考える。

ドイツとの戦いが終わって、ソ連とアメリカとの関係はいよいよ悪化をつづけている。ポーランド、ルーマニア、ブルガリアでも、クレムリンはソ連に友好的な政府をつくろうとしている。ソ連がアメリカと対立するであろう未来図のなかで、スターリンは東アジアにおける日本の地政学上の位置を認めることになるにちがいない。当然、スターリンは日本をパートナーにする考えを持つはずだ。

武力を使うことなしに、スターリンは日本との交渉で望むすべてのものを獲得できる。そして、日本のために「国体ヲ護持シ皇土ヲ保衛」できるように、和平を斡旋することになれば、それこそ西暦二千年まで、大多数の日本人はソ連が日ソ中立条約を遵守してくれたことに感謝し、そればかりか日本のためにやってくれた努力に恩義を感じることになる。スターリンはこうしたことを考えないはずがない。

さらに人びとは考える。

日本は明治のはじめに逆戻りして、四つの島に押しこめられることになるだろう。焼け残った重工業の設備は賠償として持ち去られることになる。

少なからずの人が同盟通信のつぎのようなニュースに目をとめ、日本から撤去されることになるのは、鉄鋼、軽金属設備、機械類、石油精製工場、造船工場、機関車、貨車、商船隊では終わらないと思うことになったはずである。

半月ほど前、五月の中旬に開かれたアメリカの繊維品輸出協会の年次大会で、協会理事長が演説し、日本が経済再建のために繊維工業を利用することを阻止しなければならないと説き、日本の繊維製品を世界の市場から締めださなければならないと言い、臨席した国務次官補のウィリアム・クレートンという男が日本の使用可能な繊維工業機械は賠償の一部として中国に引き渡すべきだと主張していた(136)。

日本がこのさき生きていくためには、経済の基盤を社会化していくしかないだろう。和平仲介をしてくれるソ連との提携が日本の生きる道となると人びとは漠然と考える。

戦争指導大綱「要領」の第二項は曖昧な形に変えられてしまったが、和平の斡旋をソ連に求めるのが、「要領」の真意であるとだれもが考えている。

「要領」の最初の草案をつくるときに協力した毛里英於莬は当然、そう思っている。かれはモスクワからの呼びかけが近くあると見ている。ソ連の和平提唱はアメリカ軍が日本本土に本格的な上陸作戦をおこなう直前を選ぶにちがいないと予見している(137)。来月か再来月だろう。

ソ連の和平勧告を契機として、和平提案を受け入れるか、徹底抗戦かの論議が表面化することになる。

そこで、毛里、迫水、美濃部は、この両者の争いに決着をつけるのが、かれらのつくる「国力ノ現状」となるだろうと考える。

和平転移か、戦いをつづけるかという選択を迫られ、政府幹部、宮廷首脳たちに最後の決断を促すのが、この「国力ノ現状」の診断書となる。この冬には餓死者もでる恐れのある食糧事情、そして鉄鋼、アルミニウムの生産はまもなくゼロになること、こうした「国力ノ現状」のすべてを明らかにすれば、これが徹底抗戦の主張を空しいものにするはずだ。

そして、この診断書に載せる「民心ノ動向」も、政府幹部と宮廷首脳たちに少なからぬ影響を与えるのではないか。

迫水が半紙に書きとめていた要点をまとめ、ほかの二人にまわしたのであろう。

「国民ハ胸底ニ忠誠心ヲ存シ　敵ノ侵寇《しんこう》等ニ対シテハ抵抗スルノ気構エヲ有シアルモ他面　局面ノ転回ヲ冀望《きぼう》スルノ気分アリ。

軍部及政府ニ対スル批判逐次盛トナリ　動《やや》モスレバ指導層ニ対スル信頼感ニ動揺ヲ来シツツアル傾向アリ。

且国民道義ハ頽廃ノ兆シアリ(138)」

いいだろう、ところで冀望とは難しい字だなとだれかが言い、冀には願う、望むという意味があるだろうとべつの者が言い、迫水自身かそれともほかのだれかが、「冀望」

を消し「冀求《ききゅう》」とし、どうだろうと言い、望むというより、もっと強く、求めるにしたほうがいいだろう、それがいいと語り、「局面ノ転回ヲ冀求スルノ気分アリ」と読みあげ、ほかの二人がうなずいたのではないか。

そして、この「民心ノ動向」を「国力ノ現状」の最初に置こうということで一致したのであろう。しかし、陸軍はこのような文言に黙ってはいまい、削ってくれと文句をつけられることになるだろうと言ったにちがいない。削らせず、つけ加えることにさせればよい、木に竹を接ぐことになり、われわれの言わんとすることはだれにもはっきり理解できることになるとべつのひとりが語ったのではないか。

迫水がうなずき、秋永長官のところに持っていく、そのあと、陸海軍の幹事補佐に見せ、夕方までに印刷にまわすと言ったのであろう。

部屋に残った毛里英於莬と美濃部洋次は思案にふけるのだろう。秋永長官がこの「国力ノ現状」を御前会議で読みあげる。なにをするのが可能か、なにをするのが正しいのかを、天皇は考えられることになるのではないか(139)。

陸軍省軍務課、守山の報告に顔をしかめる

同じ六月五日の昼すぎだ。

陸軍省軍務局軍務課の課長が会議から戻ってきて、待ちかまえていた高級課員が差し

だした朝日新聞の守山義雄の文章に目を通す。なんだこれはと言い、前の席の者に声をかける。いちいち指で追っていき、ここがまずい、これもよくないと言う。

明日、六月六日には最高戦争指導会議を開き、本土決戦の基本大綱を決め、明々後日、六月八日には御前会議、そして臨時議会を召集しなければならないという大事なときにどうして人びとの士気を阻喪させるようなものを載せてしまったのかと課長は眉をしかめる。

それを掲載することになった理由を知っている者もいる。羹《あつもの》に懲りてのたぐいの失策である。

半月前の五月十七日付の新聞に「在欧邦人五百十名」といった記事が載ったことがある。同盟通信の電報だった。ドイツの三百六十人、それにフランス、オランダ、イタリアからドイツへ移った百五十人が、ベルリン、ハンブルグをはじめいくつかの町にいて、それぞれ隣組をつくり、元気にやっているといった内容だった。

前に述べたことだが、守山輝子がベルリン籠城組のなかに夫がいることを知ったのはこの記事を読んでのことだった。そのとき読者がいぶかしく思ったのは、ドイツ在留邦人の動静を伝えながら、それがドイツ敗北以前のことか敗北以後のことか、肝心の点がぼやけていることだった。ドイツが敗けてしまったあとのことなら、百五十人の日本人はソ連軍の保護下にいるのか、アメリカ軍に捕らえられたのか、なにも触れていなかった。そしてそのニュースがなぜ満洲里から打電されたのか、それもわからなかった。

「最近の情報によれば」とその記事は伝えていたのだが、じつはその情報を持ち帰ったのは前ベルリン駐在公使の松嶋鹿夫《しかお》だった。五月十五日に満洲里に到着したドイツ引き揚げ第一陣の団長だった。

この引き揚げ者の最初の一行を国境駅の満洲里に迎えた新聞記者たちは、ヨーロッパに残る日本人の動静、敗北したドイツの状況について矢継ぎ早に質問した。

陥落したベルリンの秩序は整然としていた、配給も以前と同じようにおこなわれていたと団長の松嶋が答えた。何回聞いても、同じ答えが返ってきた。そんなことがあるのだろうか、嘘をついているな、おとぎばなしを喋りやがってと記者たちは不愉快に思った。記者のひとりが随員のひとりにそっと聞けば、いよいよとなってドイツ政府の幹部はどこかへ逃げてしまい、日本大使館はどこへも折衝の持っていきようがなく困りはてたのだという[140]。だが、ソ連占領下のドイツの状況については曖昧な話が聞けただけだった。

あとになれば、記者たちは、松嶋の説明と随員の話がきれいごとに終始したのは、あとから引き揚げてくる者たちのためにソ連を刺激しないようにと気をつかっていたからだと気づいたはずだった。

ところで、満洲里からのその電報に目を通して、満洲里の新聞記者に輪をかけて怒ったのが情報局の役人だった。国境駅に松嶋鹿夫の一行を出迎えた新聞記者たちは敗戦ドイツの実情を知らなかったが、東京の情報官は外電の断片から敗戦ドイツの状況を承知していた。あの公使はなにを絵空事を言っているのだと怒った。

こんな甘ったるい談話を新聞に載せてしまったら、戦争に負けたところで、国民の生活はなんの変わりもないと宣伝するのと同じではないか。敗戦主義を助長するだけだ。

松嶋鹿夫の談話に朱線を引き、そのあらかたを削ってしまった。ドイツに残っている日本人の生活はドイツ敗北以前かその後のものかわからないようになってしまった。前ベルリン駐在公使の松嶋の名もださないほうがいいということになり、松嶋一行の満洲里到着のニュースも削らざるをえなくなった。

満洲里から守山義雄の長文の電文が入ったのは、それから二十日ばかりあとのことだった。国民の士気を鼓舞し、安心を与えるものでは決してなかった。だが、国民に覚悟を促すのには十分な内容だと情報官は思った。削った部分があったのかもしれないが、それはわずかだったのであろう。守山が言おうとしたことは、そのまますべてを新聞に載せてしまった。

陸軍省軍務課から、守山のあの記事はなんだという電話がかかってきて、情報局の幹部はしまったと思ったにちがいない。

軍務課は直接、朝日、毎日、読売、日本産業経済、同盟通信に警告しようということになったのであろう。

つぎの三点が紙に書かれる。

一、物量ニ屈シタトイウノハ不可　二、ソ連ノコトヲ賛エテハイケナイ　三、敗戦の様相ヲアマリハッキリ書クコトハ不可[141]。

ところで、市谷台の部課員は、前に松嶋鹿夫が語らなかったこと、今回、守山義雄が書こうとしなかった重大な事実が二つあるのを承知している。

ひとつは、モスクワから乗せられた列車の他の車輛はソ連軍の兵士でぎっしり詰まっていたという事実である。

もちろん、ソ連軍が満洲国境へ送られているといった情報は耳新しいニュースではなく、積み重ねられてきた情報につけ加えるもうひとつの情報にすぎない。

そしてもうひとつは、ソ連軍に占領されたドイツの町々で起きた出来事である。大部分の引き揚げ者はソ連軍に占領されたベルリンの町の状況を知らなかった。かれらはベルリンの郊外の疎開先の宿泊所に籠城していた。ソ連軍に占領されると同時に、かれらは手回りの荷物とともにソ連軍のアメリカ製の大きな軍用トラックに乗せられた。ベルリン市内の鉄道駅まで運ばれる途中、かれらは幌のあいだから瓦礫の町を覗いただけだった。だが、かれらは身の毛のよだつ話を聞いていた。ソ連軍の暴行と殺人と略奪の話である。

はじまりは東プロイセンやシュレージエンから逃げのびてきた避難民が語る恐ろしい話だった。ベルリンの市民を恐慌状態にさせた話題であったが、日本人の耳に入りにくい噂でもあった。だが、だれかが聞き込めば、たちまち小さな日本人のコミュニティのあいだにその話はひろまった。もちろん、松嶋も守山も聞き知っていた。

ソ連将兵はいたるところで「フラウ　コム」と怒鳴り、顔に煤を塗り男装している婦女子を地下室からひきずりだして暴行し、これに逆らおうとする丸腰の男を殺していた。そして、かれらは、焼け残った家から、ありとあらゆる品物、カーテン、電話機から、電燈のスイッチ、ドアの錠前までを略奪し、ダイムラー・ベンツ、テレフンケン、ジーメンスをはじめとして工場という工場から、これまたありとあらゆるものを運びだしていた。

参謀本部の作戦課員のなかには、守山義雄の特電が載った新聞を隣の机の同僚に渡し、机の端の「哈特諜《はとくちよう》」の綴りに目をやり、じっと考え込む者もいるにちがいない。はたしてスターリンは日本人に恩義を売ろうとするだろうか。あの独裁者が考えていることは違うのではないか。

満洲に早い秋が来る前、と言うよりはこの夏のある夜明け前、ソ連の機甲師団と飛行機の編隊が一斉に満洲の国境を突破し、闇を焦がす大攻勢をかけてくるのではないか。満洲の防衛線はどこにするか、いまだにしっかりと決まっていない。曖昧なままだ。だが、防衛線をどこに敷くか、しっかり決めてもその結果は同じである。ハルピン、新京、そして開拓村の日本人は、東プロイセン、ダンチヒ、シュレージエンのドイツ人と同じ運命に陥るのではなかろうか。

石橋湛山、守山の報告にうなずく

同じ六月五日である。

石橋湛山《たんざん》も守山義雄のその文章を読んだ。

かれは秋田県平鹿《ひらか》郡の横手町にいることは前に触れた。人口二万一千人、県下では秋田市、能代市につぐ大きな町だ。妻の梅子と長女の歌子、歌子の子の朝子といっしょだ。横手町で生活をはじめて一カ月がたつ。かれは横手町に東洋経済新報社の機能の半分を移している。


三月十日未明にかれは鎌倉大町の別荘にいたが、妻は芝の自宅にいて火に囲まれ、やっとのことで逃げた。家は焼かれ、記録と蔵書も失った。

横手町に移って、寝巻きに着換え、布団に足をのばす感触をかれは久しぶりに味わった。これまた久しぶりにちまきをご馳走になった。広い水田に囲まれた土地だから、ヤミ米は簡単に買える。海の魚はないが、用水路で釣ったという鯰《なまず》を何度かもらった。夕方、柳の枝の釣り竿を何本も川岸にさしておき、朝早く上げてまわるのだという。

かれは大正十三年から東洋経済新報社の主幹である。主幹とは、かれに言わせると社主兼主筆のことだ。かれはほかの社説執筆者と相談し、問題を選び、自分でも社論を書いてきた。

かれが清沢洌と協力してきたことは前に述べたし、この横手町で清沢の死を聞いたことも前に記した。清沢が徳富蘇峰を批判しようと語り、石橋がやろうと言ったことも前に述べた。

石橋は書こうとする社論の問題点を清沢と論じて、世界はどのように動いているのか、この戦いはどのようにして終わることになるのか、そして日本はどうなるのかを語り合ったことが何度かあったから、清沢の説く明晰な見通しと主張に耳を傾けたこともあった。

昨年の十月のことだ。昨日、宮内大臣就任の親任式があった石渡荘太郎は、そのとき大蔵大臣だった。石橋が提案し、石渡がうなずき、人選をして、戦時経済特別調査室といった研究会をつくることになった。いまさら「戦時経済」もない。これは戦後経済の調査室だった。

大蔵省からは幹事として山際正道が出席した。四十三歳のかれは現在、次官だが、そのときは総務局長だった。東京帝大の荒木光太郎、大河内一男、油本《ゆもと》豊吉、東京産業大学の中山伊知郎、日本銀行調査部長の井上敏夫、興業銀行調査部長の工藤昭四郎、正金銀行調査部長の難波勝二、そして小汀利得《おばまとしえ》、高橋亀吉、石橋湛山がメンバーとなり、週一回の会合を開いた[142]。

石渡荘太郎が大蔵大臣を辞めたあともこの研究会はつづいたが、小磯内閣が倒れ、石渡が内閣書記官長を辞めたあとに中止となった。

今年一月の研究会でのことだった。日本の領域はどれだけになるだろうということが議題になった。

カイロ宣言の日本処理案の内容をはっきり知らない者がいたようだった。昭和十八年十一月のその宣言は、満洲はもちろんのこと、台湾、澎湖《ほうこ》島を中国に返還させると説き、朝鮮を独立の国にすることを決意すると言い、日本を江戸時代に戻すといった空恐ろしい中身だったから、政府は全文を発表することはせず、首相の東条と外相の重光は日本を「三流国に陥れるもの」と非難しただけだった。

日本はどうなってしまうのか。この五十年のあいだに築きあげた在外資産と貿易拠点はすべてなくなる。北海道、本州、四国、九州の四つの島に八千万人が押しこめられることになる。耕地面積はわずかだ。工業に必要とされる原材料はなにもない。

空襲はこのさきもつづいて、産業施設はどれだけ破壊されることになろう。商船隊はすでにない。そして、残った機械と設備は賠償となって撤去される。

戦時経済特別調査室の集まりに出席した中山伊知郎は総毛立つ思いだった。この大きな人口を抱えてどうやって生きていくことができるのだろう。

工藤昭四郎も同じだった。敗戦など考えられない、もしそういうことになったら日本の経済は成り立たないと思った。(143)必要とする食糧総消費量の二割を輸入しなければならないのだ。昭和のはじめの生活水準にまでどのようにして回復することができるのだろう。

だれかが言った。支那を相手の戦いをしてきたのだから、台湾はとりあげられる。だが、朝鮮は日韓併合で得たものだから、問題はないはずだ。朝鮮が残れば、食糧は自給自足できるのではないか。

べつのひとりが言った。カイロ宣言の大筋がそうであるとしても、外交交渉によって、これをどうにかして緩和させなければならない。

だれも真剣に考えたことのない事柄だった。だれかとこうした陰晦《いんかい》な明日の問題を討論したこともなかった。こうしたことを論じたことがある人にしても、このような主題は公的な場で論議することも、気楽に語り合うこともできないから、ごくごくわずかな人たちが秘密裡に論じるだけのこととなり、それぞれが孤立した集まりでの討議となった。海軍大学校研究部員という肩書の高木惣吉が数人の研究者と検討してきたこと、毛里英於菟と松谷誠がこうした問題を論じ合ってきたことは前に記した。石橋湛山は清沢洌と日本はどうなるのかと突っ込んだ話し合いをし、どうすべきかを語り合ったことがあることも前に記した。

石橋の度胸が坐っていたのは「一切を棄つる覚悟」を持っていたからである。植民地放棄論を展開し、「帝国主義を擲《なげう》て商工主義を奉じ」「今日の過大を引き締めて有効なる最小軍備主義にあらため」と大正時代に説いた三浦銕太郎《てつたろう》の主張を採るときがきたと考えている。大正十四年に三浦の後を継いで主幹となった石橋は三浦の「小日本主義」の考えを受け継いできている。

そこで、石橋は「戦時経済特別調査室」のメンバーに向かって、四つの島で生きていく覚悟をしなければならないと言い、四つの島になったら、四つの島で食べていくように工夫すべきだと説き、やり方によってはそれができると主張した。

中山伊知郎は石橋の率直で堂々とした論旨に感銘を受けた(144)。

中山は明治三十一年の生まれだ。四十六歳になる。ずっと東京商科大学で教えてきた。東京産業大学と前に記したのは、これが新しい校名なのである。

余計なことをつけ加えておこう。「商」という言葉を役人と軍人が嫌い、学校、企業の名前から「商」を外させてきた。こうして神戸商科大学が神戸経済大学に、岩谷直治商店が岩谷産業に、武田長兵衛商店が武田薬品工業といった具合に変わっている。おかしいのは、昭和十八年十一月に商工省と農林省を再編したとき、軍需省と農商省としたことだ。なぜ農経省としなかったのであろう。

中山伊知郎のことに戻れば、かれが石橋湛山の主張を忘れることができないでいるとき、ジョン・スチュアート・ミルの「経済学原理」の一節をあらためて読み直し、これなのだとうなずくことになった。

第一編第五章第七節の文章である。ミルは「どうして国々はこのように速やかに荒廃から復興するのか」と問うて、自分で答え、つぎのように述べている。

「国々が荒廃の状態から非常に早く回復し、地震、洪水、台風、戦争の破壊による災害のすべての痕跡がごく短い期間のうちに消滅してしまうことは、しばしばひどく不思議なこととされてきた。この不思議がなんであるのかの説明は、資本が絶えず消費され、再生産されるからなのである。

外敵がある国を砲火と銃剣によって荒れ果てた状態にしてしまい、その国にあった殆どすべての動産を破壊するか、持ち去ってしまい、すべての住民が零落してしまっても、数年あとには、すべてのものは戦前と同じになる。

この自然の治癒力を見て、人びとは意味もなく驚く。それとも、これほど大きな損失をそんな短いあいだに回復できるのは、貯蓄の原理の驚くべき力を立証するものと言われてきた。

じつはこの問題で驚くことはなにもないのである。

敵が破壊したものは、その国の住民自身によって、しばらくあとには破壊されるものだったからである。住民がこのように速やかに再生産するところの富は、たとい災難がなくても、やはり短い期間に再生産される必要があり、再生産されたものなのである。

この再生産のあいだ、人びとは前に生産していたものを消費することはなくなるが、このことを除いて、なにも変化はないのである。

荒廃から速やかに回復するかどうかは、その国の人口が減ったかどうかにかかっている。もし、その国の有用な人口がそのとき根絶されず、そのあとに餓死することさえなければ、人びとは前から持っていた能力と知識を使い、破壊されなかった土地と施設、傷つけられなかった、傷つけられてもたいしたことのない恒久的な建物を利用すれば、以前の生産量を生産するための条件はすべて備わっているわけである。

ある程度の窮乏は避けられないとしても、働くことができるだけの食料、これを買うだけの対価物があれば、かれらはごく短い時間で、前と同じ大きさの生産物をつくることができるようになり、全体として以前と同じような富と資本を得ることになる」(145)

ミルがこれを発表したのは一八四八年だった。かれが知っていた戦いは、十八世紀の最後の十年間と十九世紀の最初の十五年間、それこそ間断なくつづいたヨーロッパの二十五年間の戦いのあとだった。

かれは戦いによって荒廃した国々のそのあとを見て、資本の蓄積ではなく、人間と技術、知識さえ残っていれば、物の生産はすぐにはじまり、思いのほかに早く復興するものだと説いたのである。

中山は石橋の説くことはミルと同じだと考える。四つの島で生きていけるというのは、日本人の働く意欲と能力、教育、そして今度こそは世界に対応できる柔軟な機構を持つこと、なによりも大切なことは、われわれがこうした信条に信頼を置くということだ。(146)

中山はこんな具合に考え、なによりも自信を持つことが大事だと思ったのである。

石橋湛山のことに戻るが、かれが東洋経済新報社を秋田の横手町に移したのは、三月九日夜の大空襲が原因だった。日本橋本石町《ほんごく》の本社は無事だったが、その日を境に東京は一変した。芝西久保の石橋の家も焼かれてしまったが、そんなことよりも、その翌日から印刷工場の従業員の出勤率がガクンと落ち、作業が大幅に遅れはじめ、もとへ戻る見込みがなくなってしまった。

東洋経済新報は新年号から表紙とも十六頁としていたが、三月三十一日号からは表紙ともで八頁立てとした。それでも東京で印刷するかぎり、半月刊か月刊にしなければならなかった。

横手町に小さな印刷工場を持っていたことが幸いした。湛山の生まれ故郷は山梨、妻の梅子は福島の生まれで、秋田とはなんの関係もない。横手に東洋経済の経済倶楽部の熱心な会員がいた。その人に頼まれて、業務を停止した出羽日報の印刷工場を買ったのだが、そのときには、東洋経済新報をそこで印刷するようになるとは思ってもみなかった。

手持ちの紙と資材、そして編集局の一部を横手に移し、原稿は東京本社から鉄道便で送り、組版、印刷、製本、発送のすべてを横手ですることにした。

五月五日号から横手版の「東洋経済新報」がでるようになった。梅子が指揮をとり、家族総出で発送を手伝うのも、はじめての楽しい経験である。

万事順調か。とてもそうはいかない。

印刷のインクにはボイル油を混ぜなければならないが、貯蔵品がなくなれば、秋田では補充のあてがない。磨滅する印刷用のローラーの修理には、膠《にかわ》とグリセリンが必要だが、これも秋田では入手できない。機械が故障し、資材がなくなったら、秋田では印刷をつづけることは不可能なのだ。

小さな印刷工場ですらこの有様なのだと石橋は思う。航空機工場をはじめ、すべての工場が辺鄙な山あいの製糸工場や国民学校、横穴壕に疎開しようとしているが、機械を運び込み、やっとの思いで据え付けたところで、資材と部品の運搬に難渋することになろう。切削油ひとつなくなっても機械は動かせないし、しめっぽい息苦しいトンネルのなかで、機械の上に吊るした二十燭の電球が切れれば、予備の電球はどこにあるのだと大騒ぎになる。いや、東京、名古屋の工場から機械を運びだしても、小さな田舎駅に放りだし、雨に濡れ、赤錆が浮きでたままになっているのが大部分だ。牛車で地下工場の近くまで運んでも、横穴ができあがっていないから、近くに置きっぱなしとなっている。もはや、まともな生産など望めないのだ。

そして、八頁立てとなった東洋経済新報のことに戻るが、なによりも頭が痛いのは、社説の書きようがないことだ。かれは六月一日の日記につぎのように記した。

「昨日来、社説の題目の選択に悩む。神にも見離されたかに見ゆる時局に対し、云うべき所を知らず(147)」

今日、五日、石橋は守山義雄のベルリン陥落あとの最初の特派員報告を読んだことは、はじめに述べた。よくぞ書いてくれた、これを利用しようと考える。

つぎの号、六月二十三日号の社説にとりあげよう。「奇蹟は遂に現れず」という題にしようと思う。「戦争は畢竟《ひっきょう》するに物理的戦力の争いで、之れを越えたる奇蹟は到底望み得ないと云うこと」と書こう。

そしてつぎのように結ぶことにしようと思う。

「結論は斯くて甚だ平凡だが、独逸今日の悲境に由って来たった原因は、指導者と国民と両者に共に有したと言う外はない。而して斯かる平凡の結論のでて来る理由は、蓋《けだ》し国民は最後まで指導者の画策に、指導者は又最後まで国民の奮闘に、互に他を信頼して、所謂奇蹟の発生を待てる為めではなかろうか。奇蹟は今日の戦争には現れない。頼るは我が実力のみ。亦我々の深く覚悟を要する所だ(148)」

ところで、朝日新聞の守山義雄の報告を読んだ人びとのなかには、この記事の上段に載ったもうひとつの記事が気がかりだった者もいるにちがいない。

新たに宮内大臣に就任した石渡荘太郎の馴染みのある顔写真が載っている。志賀直哉も、有田八郎も、石橋湛山も、いささか腑に落ちかねる思いで、解説記事に目を通して、行間を読もうとしたはずである。

「……石渡氏はこの経歴が示す如く従来全く宮内関係の地位に就いたことがなくこの意味から言って同氏の宮相就任は唐突であり意外の感じを与えるかも知れない。

大蔵省の三羽烏と称せられる賀屋興宣、青木一男両氏に比して政治家としての幅と奥行が広く深い。殊にその資質に官僚的な暗さがなく誠実さが人を打つ。

……何よりも石渡氏の持つ資質が主なる理由である、従って石渡氏が宮相に就任したことは一見唐突のようであるがこの内実を考えれば決して唐突でなく寧ろ非常に適材としての必然性をもつ。殊に戦局は極めて重大、国家の運命というものを全国民がひしひし感じているこの段階において蔵相として又米内、小磯両内閣の書記官長として政治的に豊富な経験をもつ同氏が宮相に就任したことは極めて意義が深い」

首をひねった者もいるであろう。これを執筆した記者は宮内大臣がどのような力を持っているか知らないはずはない。いったい、新宮内大臣にこの記者はなにを期待しているのだろう。

辞任した松平恒雄のほうに関心を向け、これはおかしいぞと思った者もいる。ソ連駐日大使のヤコブ・マリクは、松平が米英と秘密の和平交渉をはじめるために宮相を辞めたのではないかと疑っている。(149)そこでかれは思案し、広田弘毅が私を訪ねてきたのはなんなのであろう、東郷茂徳は西と東の両方の道にさぐりを入れるつもりなのかと考え込むことになるのであろう。

だが、新宮内大臣のために熱弁をふるった記者も、かれが書いた記事に首をかしげた読者も、石渡荘太郎を内大臣にしようという計画があったことを知らない。

もちろん、陸軍の軍務局でも、だれもなにも知らない。今日、衆議院書記官の鈴木隆夫のところに陸軍軍務課員の田島俊康が情報交換に来た。

松平宮相が辞めたがと鈴木が尋ねたのにたいし、木戸内府も辞めるらしいと言い、米内海相も辞めたがっていると語り、そのときは現内閣は総辞職だと語った。(150)

後継の内閣首班は陸軍の現役大将となるのかと鈴木が問うたのにたいし、とても重臣が奏薦しそうもないと言い、重臣たちは甘くなっている、この程度で戦争を切りあげたいようだと言った。

このあと、貴族院の空気も捨て鉢だと田島は語るのだが、収集した情報の解釈からわかるとおり、捨て鉢なのはかれも同じなのである。

同じ今日のことだ。読売新聞政治部の松本幸輝久は石渡荘太郎に会った。松本は特派員としてシンガポールに行ったことがあり、フィリピンにもいた。フィリピンから帰国したのが昨年の十二月、ルソン島が戦場となる直前だった。

かれは石渡と親しい。昭和九年に石渡が主計局長だったときからのつきあいだ。松本は官僚出身の政治家にたいする評価は低いが、石渡だけは例外だ。一見、泥臭そうに見えるが非常に知的で、悪い意味の政治性はないが、良い意味でとりまとめの力があり、貫禄不足に見えるが根は重厚だと、べた褒めだ。これだけの政治家はいないと高く買っている。新宮内大臣を褒めるのは、かれの記事を書いた朝日新聞の記者だけではない。

どうして宮内大臣なんかにと問う松本に、松平秘書官長と木戸内大臣に勧められ、断りきれなかったのだと石渡は言葉少なく語った。

そのあと松本は焼けてしまった内閣法制局が間借りすることになった議事堂内の一室(151)に行き、村瀬直養《なおかい》に会った。村瀬が第二次近衛内閣のときに内閣法制局長官だったときから、松本はかれをよく訪ねている。行政管理と法律に精通している村瀬は再び法制局長官だ。五十四歳になる。

石渡新宮内大臣に会ったという話をすると、村瀬が残念がる。木戸を引きずりおろし、石渡を内府にすべきだったのにまことに惜しい機会を逸したと語る。松本はそうだったのだと気づき、ほんとうにそのとおりだとあらためて思う(152)。

第28章

梅津、米内、鈴木、木戸はなにを考えるのか（六月六日〜八日）

「今後採ルベキ戦争指導ノ大綱」を決めねばならないのだが

今日は六月六日である。

鉛色の空にわずかながら青空がのぞいている。このところ東京には敵機の襲来はない。六月三日の深夜に警戒警報がでて以来、東京にサイレンは鳴らない。

空襲による覚醒と興奮がないと町の人びとは困るようになるのだと皮肉な見方を日記に記したのは植草甚一である。かれは人びとの微妙な心理を二週間前の五月十九日の日記につぎのように書いた。

「空襲ヲウケルコトハ皆ノ本当ノ商売ノ様ニナッタ、ナイトソノ合間ニ感情ノモツレガ露骨ニナル、アルトソレガ消滅スル、戦争ノツヅク限リ、適当ナ空襲ガ必要トナッテシマッタ」(1)

徳永直《すなお》の家でもそうだ。

徳永は四十五歳になる。作家だ。世田谷三丁目に住む。妻のトシヲはずっと体の具合が悪かった。見舞いにきた徳永の友人が枕元で、「頑張れよ、独ソ戦だよ」と言って(2)、トシヲを喜ばせた。彼女は微笑みを直に向けたのである。

かつては徳永とその友人は共産党系の労働組合の印刷工であり、ともに転向したものの、いまなおソ連に親近感を持ち、ドイツ軍の侵攻をはね返し、ソ連軍がついに勝利したことがなによりも嬉しい。

ついでに言うなら、直とトシヲがいちばん嬉しかったのは、スターリングラードの長い攻防戦がソ連軍の勝利で終わったときだった。

ふたりがスターリンの名が付いたその都市の奪還をひそかに喜んだのは、前に述べたことだが、枚方《ひらかた》の火薬工場で働く勤労動員の中学生に付き添っている歴史の教師の北山茂夫もそうなら、何度も刑務所を出入りした、現在は福島県南会津郡の田島町に疎開している渡部義通もそうだった(3)。

直とトシヲのあいだには四人の子供がいる。十八歳になる長男の光一は勤労動員で昭和飛行機に、十六歳の長女の洋子は鉄道局の切符計算係となっている。

空襲は恐ろしいのに、空襲があると気が晴れるのはどうしてだろうと徳永が子供たちに語ったことがある。空襲の断続的なサイレンが鳴りはじめるといちばんに泣き声をあげる洋子が「おかしいわね。あたしも空襲があると、二三日はせいせいするわ」と言ったのだった(4)。

空襲はメタンフェタミン一錠、二錠の働きがあり、脳の動きを刺激し、心臓の鼓動を早め、緊張がつづく。空襲が終われば、生き残った、家族も無事だった、家は焼け残ったという安堵感が二、三日つづく。隣組の人びととの連帯感もつづく。

だが、空襲が終わって四日目、五日目となれば、荷物を疎開させたいのだが、どうにもならない。あれだけ注意していたにもかかわらず、昨夜、風呂屋で大事にしていた石鹸をとられてしまった。もう二年近く消息のない南方にいる息子のことが気にかかる。夫の革靴が破れかかっているが代わりの靴がない。米びつの米がいよいよなくなるが今月はとてもヤミ米を買う余裕はない。身のまわりのすべてに心配ごとがあり、それが隣人にたいする不平不満にもなる。だからこそ、数日のあいだの一体感を生む「適当ナ空襲」が必要となっているのだ。

だが、姉と二人で住む植草甚一の永田町の家も五月二十五日の夜に焼かれてしまった。勤務先の映画館の事務室を仮の住まいにしている。ほかに何家族もが寝泊まりしている。かれが新宿文化劇場の主任であることは前に述べた。

同じ夜、徳永直は六畳間に寝ているトシヲと子供たちの入っている防空壕のあいだを何十回と行き来した。ガラガラという音が家の真上めがけて落ちてくる。「お父さんお父さん」とかれを呼ぶ妻の声が聞こえて、かれは家に駆けあがった。どこにも焼夷弾は落ちていない。少しさきの炎で家のなかもほの明るい。妻が半分ほど起きだして、「彼岸花がさ、あんなに真っ赤にさ、きれいねぇ」と言った[5]。妻が実際に赤い火を見てのことか、幻覚なのか、かれにはわからなかった。

家は焼けなかったが、妻は正気に戻ることなく、この三日前、六月三日に死んだ。

東京都の三十五区の市街地の半分以上が焼失してしまった。東京都長官の西尾寿造《としぞう》は部下からつぎのような数字を受け取っている。三十五区内に百五十万戸があったが、二十万戸が強制疎開で壊され、八十五万戸が焼かれた。現在、残るのは都心を外れて周辺に散らばる四十五万戸である(6)。焼くだけ焼いてしまったのだから、東京への空襲はもうないのであろう。そこで、人びとの感情のもつれは激しくなるばかりだ。

首相と外相、それに陸海軍の最高責任者、軍需相、綜合計画局長官、内閣書記官長、陸海軍の軍務局長の乗った自動車がつぎつぎと宮内省庁舎の玄関前にとまる。最高戦争指導会議の集まりだ。

「今後採ルベキ戦争指導ノ大綱」を審議するための会議である。

戦争指導大綱は毎年つくられてきた。体裁のよさ、見栄えのよさを第一義とし、すべての問題を網羅し、重々しい言葉をつなげたものとなった。

とはいっても、戦争指導大綱には、陸軍と海軍がそれぞれ成し遂げねばと考える条項があったし、熱意を込めたくだりがあった。

第一回の戦争指導大綱は昭和十七年三月につくられた。これに先立つ四カ月のあいだに、マレー、オランダ領東インド、フィリピン、ビルマといった広大な地域を制圧してしまったのだから、「今後採ルベキ戦争指導ノ大綱」は当然ながら自信にあふれたものとなった。付属文書には昭和十七年度の国民のカロリー摂取量までを記載し、国民生活のすべてに目をくばっているのだと得意然としていたことは前に述べた。

そして、その大綱の最大の焦点は、陸軍が守勢を望み、海軍がさらに積極的な攻勢作戦をつづけると主張して、双方が譲らず論議が紛糾し、その大綱の中心となる項目が玉虫色となったことだった。

なぜ海軍は攻勢を説いたのか。

その前年、昭和十六年の六月、大島駐独大使がドイツ軍のソ連攻撃は近いと何回も告げてきて、海軍首脳は陸軍がソ連と戦う決意でいるのではないかと恐れ、不安に駆られ、陸軍の関心を南に向けさせようとして、南部印度支那への進駐を声高に説くようになったことは前に述べた。(7)

同じことの繰り返しだった。海軍がインドを攻略すべきだと説き、オーストラリアを占領しようと主張したのは、陸軍が極東ロシアの夏に備えているのではないかと警戒し、満洲国境でソ連に戦いを仕掛けるのではないかと恐れ、陸軍の主力戦闘部隊を南方占領地から満洲に移動させせまいとしてのことだった。

二回目の「今後採ルベキ戦争指導ノ大綱」が決まったのは昭和十八年九月だった。情勢は一変し、アメリカ軍は空中、海上、地上において絶対優勢であり、わがほうはすでに反発力を欠いていた。しかも敵側は、新たに竣工する空母、戦艦、巡洋艦を真珠湾に揃えようとしていた。この空母を中心とする機動部隊がやがて自由に洋上を行動し、新しい侵攻作戦をおこなうことになるのは目に見えていた。
「大綱」の「方針」の第一項、「決戦戦力特ニ航空戦力ヲ急速増強シ　主導的ニ対米英戦ヲ遂行ス」の箇所と、「方針」につづいての「要領」の冒頭、「万難ヲ排シ　概ネ昭和十九年中期ヲ目途トシ米英ノ進攻ニ対応スベキ戦略態勢ヲ確立」のくだりに、海軍の熱い期待があった。

つけ加えるなら、前に述べたことだが、これは毛里英於菟、美濃部洋次、迫水久常の構想が基本にあった。

ところで、昭和十九年中期までに、太平洋正面に海軍はどれだけの戦闘機隊を展開する予定でいたのか。「方針」のなかにも「要領」のなかにも、昭和十九年にどれだけの航空機を生産するかを明示していなかった。同じときに定めた「大綱ニ基ヅク緊急措置」のなかでも生産機数を掲示できなかった。

「生産目標」を掲げ、「必成ヲ期ス」と述べたのはアルミニウムだった。二十一万トン以上とした(8)。航空機一機平均のアルミニウムの必要量は五・五トンだ。ざっと三万八千機である。月産三千機となる。そのとき、昭和十八年九月のことになるが、陸海軍合わせて生産数は月に千五百機だった。

アメリカとの戦いをはじめて二回目の「今後採ルベキ戦争指導ノ大綱」は、向こう一年のあいだに航空機の生産を二倍にすること、これに尽きた。

だが、航空戦力の増強は期待を裏切った。マリアナ海戦はミッドウェーの海戦につづく二度目の海軍の総力をあげての海戦だった。こちらの艦上機は四百七十機、敵の艦上機は二倍の九百五十機だった。この海戦に敗退して、東条内閣は倒れた。

三度目の戦争指導大綱を定める会議を開いたのは後継の小磯内閣であり、昨年の八月だった。

「大綱」の「方針」が冒頭に「敵ノ継戦企図ヲ破摧ス」と唱ったのは枕詞にすぎなかった。「帝国ハ徹底セル対外施策ニ依リテ世界政局ノ好転ヲ期ス」が、首相から新参謀総長、だれもが期待することだった。

そこで「要領」には、「独ソ間ノ和平実現ニ努ム」の項目があり、ソ連との「国交ノ好転ヲ図ル」の項目があり、重慶に「政治工作ヲ発動シ支那問題ノ解決ヲ図ル」といった項目が賑々しく並んだ。[9]

しかし、小磯内閣の外交工作は思いどおりにいかなかった。モスクワへの特使派遣はソ連側に拒否されて終わり、繆斌《ミヨウヒン》工作は逆に小磯内閣を総辞職に追い込んで終わった。過去の「大綱」がすべて屑籠に捨てられ、現在、四度目の、おそらく最後の「今後採ルベキ戦争指導ノ大綱」をつくらねばならなくなっている。

大綱の草案を作成するのはいつも陸軍である。今年の原案をつくったのも陸軍だ。いよいよ本土決戦を唱わねばならないのだから、陸軍がそれをつくる一層の責任がある。

陸軍省軍務課長の永井八津次が内閣に陸軍原案を届け、海軍省の政務担当課長の末沢慶政に同じ原案を渡したのがいまから五十日ほど前の四月十五日だった。

海軍側はふーんといった態度だった。そんな紙くずは放っておけとだれかが怒鳴ったことであろう。海軍が沖縄の戦いに全力を投入しているときに、陸軍はなにをやっているのだ、沖縄の守備隊はどうして攻勢にでないのだとだれもが憤激していたときだった。海軍は海上特攻隊を編成し、大和を沖縄に出撃突入させ、航空部隊を注ぎ込み、体当たり攻撃をおこなっているさなかだった。

海軍省軍務課の若手幹部たちが各新聞社の論説委員に向かって熱弁を振るい、各地の軍需工場で演説をしてまわり、海軍の特攻機は沖縄周辺の敵艦船を片端から沈めている、この攻撃をつづけることができれば、沖縄の敵軍が手をあげるのも時間の問題だと語ったことから、前にも述べたとおり、沖縄の敵軍が降伏したという話となって誤り伝えられ、東京でも名古屋でも人びとが万歳を叫んだのが四月十八日と十九日だった。

それから一カ月がたち、五月の下旬になった。海軍の沖縄決戦も終わってしまった。陸相は首相に大綱の審議を催促した。首相はうなずいた。戦争大綱を決め、臨時議会を召集しようと考えた鈴木貫太郎は書記官長の迫水久常にこの準備を命じた。迫水は秘密のうちに作業をはじめ、陸海軍の担当官とも協議を重ねた。大綱案と付属文書をまとめ、主要行事の予定表をつくった。

迫水は美濃部と毛里の協力で、「国力ノ現状」の診断書をつくったことは、すでに述べた。

そして昨日の閣議で、今日六日の最高戦争指導会議、明日七日の臨時閣議、八日の御前会議、つづいては臨時議会の召集といった日取りを正式に決めた。

そこで今日の午前九時から開かれる最高戦争指導会議となるわけである。

ところが、本土決戦の決行を決めるこの会議に陸軍の最高責任者が出席していない。参謀総長の梅津美治郎が不在だ。

梅津美治郎が今日の会議に出席できないのは、単純な理由による。低気圧が日本海に入って荒れ模様となり、大連に向かう梅津の飛行機が米子で足どめをくい、六月二日の朝に大連に着く予定が六月四日の朝となり、日程が大きく狂ってしまったからである。それだけのことだ。

だが、梅雨どき、湿った南の強風が吹き荒れ、日本海を飛行機が飛ぶことができないことがあるのは、満洲との往復に飛行機を利用しつけている高級軍人ならだれもが知っていることだ。六月一日、二日、三日と、どうしてかれは米子にとどまったのか。出張を中止にして、なぜ東京へ戻らなかったのか。

ほんとうの話をするなら、参謀総長がわざわざ大連へ行く用事などありはしないのだ。

梅津が大連へ行ったのは、関東軍総司令官の山田乙三《おとぞう》と支那派遣軍総司令官の岡村寧《やす》次《じ》の二人に会うためだった。かれらと膝をつきあわせて話し合い、かれらにこちらの考え、計画を説き、かれらを説得し、かれらの反対をひるがえさせる必要があるのなら、たしかに参謀総長が大連に行く必要はあっただろう。

しかし、梅津にかれらを説得する問題はなにもない。

梅津にとって、山田にとって、そして岡村にとって、重大な問題は当然ながらある。いよいよ最後の戦いとなる本土防衛の戦いを迎えるにあたって、満洲にソ連軍が攻めてきたらどうするか、中国ではどのように戦うのかという行動方針である。

だが、これらの課題は一応の措置をとることがすでに決まっていた。

いったい参謀総長はなにを考えているのか

ここで少々長い話をしなければなるまい。

今年の一月のはじめに、参謀本部の作戦計画の担当者たちはアメリカ軍が上海と杭州周辺地域に上陸作戦をおこなうのではないかと予測した。華北から七個師団、武漢地域から一個師団を揚子江下流地域に移す計画を立てた。さらに満洲里に近い海拉爾《ハイラル》の第六軍司令部を杭州へ移動させようとした。

毎回、同じことだった。総長をはじめ、次長、部長、課長がずるずると会議を重ね、いくつか文書をつくっているあいだに情勢は大きく変わった。四月一日、アメリカ軍が沖縄本島に上陸した。つづいて市谷台には、シベリア鉄道で満洲国境へ軍隊が運ばれてきているとの情報が入りはじめた。

華北の七個師団を揚子江三角地帯に移動する計画はご破算となった。逆に満洲、華北の兵力を増強しなければならなくなった。

では、揚子江下流地域の防禦はどうしたらよいのか。そんなことどころではなくなった。敵が沖縄を制圧すれば、そこを跳躍台としてつぎには済州島を襲うのではないか。九州へ大挙殺到してくるのもそれほどさきのことではないと参謀本部の部課長たちは気づいた。

市谷台のだれもがいよいよたいへんなことになったと思った。この状況は、最終的局面を迎える直前の、この一月はじめのドイツの東部戦線と同じだった。

ロシア軍がシュレージエンを席巻し、首都ベルリンそのものに攻撃をしかけようとの構えをとったとき、ドイツ側はその防禦正面に七十五個師団を配置しているだけだった。ところが、バルト沿岸、ノルウェー、ハンガリーに孤立し、遊兵となっている戦力がこれまた七十五個師団あった。

いや、ドイツの例を挙げる必要など毛頭なかった。敵の反攻がはじまった昭和十八年から現在の沖縄の戦いまで、こちら側の守備隊の最大の弱点は、その絶対数が少ないことではなく、あまりにも広く分散していることだった。そしていままた同じだった。

本土防衛のために、いまや四十過ぎの第二国民兵を徴集しなければならなくなっている。ところが、遊兵はいたるところにいるのだ。

もはや広東とその周辺地域に十万を超す兵力を置いておくことはなんの意味も持たない。支那派遣軍と南方軍をつなぐ回廊づくりなど、どうでもよいことだ。北は包頭《パオトウ》から南は海南島の三亜までに散在する百五万の支那派遣軍の兵力配備と作戦計画を全面的に再検討し、中国の戦線を縮小し、その兵力を華北、満洲、なによりも日本本土へ戻さなければならないのだ。

ところでソ連軍の侵攻に備えて、華北、華中から満洲防衛のために数個師団を送り込んだとして、それだけでは気休めにしかならない。ソ連がヨーロッパ戦線から転送してくる軍隊に質量ともに敵うべくもない。満洲全域を防禦することを断念して、その防禦線を縮小しなければならない。

満洲の防禦線をどこに引くかという問題は、昨年八月、九月から論議されてきた。北部満洲、中部満洲の守備隊を後退させ、南部満洲に防禦線を引くのがいいのではないかということになった。新京と大連、新京と圖們《ともん》を結ぶ二つの鉄道が挟む地域を防禦し、撫順炭鉱、鞍山製鉄所、水豊ダムを確保するという計画だった。

しかし、居留民と地方行政機関を残して、軍だけが後方に引き下がることはできない。だからといって現在の兵力と装備では、国境地帯で統制ある作戦を維持できるのはせいぜい十日か二週間だろうとは総司令官と参謀たちが承知していることだ。

　この一月につくった関東軍の作戦計画は、「進攻スル敵ヲ、オオムネ国境地帯ニオイテ撃破スルニ努メ、……ヤムヲ得ナイ場合ニハ、南満、北鮮ノ山岳地帯ヲ堅固ニ確保シテ、アクマデ抗戦シ……」となった。つづいて四月の関東軍の作戦具体案は、「各軍ノ作戦地区に縦深ヲ持タセ、持久計画ニ即応デキルヨウ兵力ヲ全満洲（朝鮮ヲ含ム）ニ縦深配置シ……[10]」となった。

　まずは司令部だけをうしろへ下げようという目論見だった。参謀本部はうんと言わなかった。ほうっておかれた。

　ところで、沖縄に敵が上陸する直前、ソ連軍の東への移動がまだはっきりとわからない前、この三月末のことになるが、天野正一が自分の考えを明らかにした。

　かれはこの二月に服部卓四郎の後を継いだばかりの作戦課長であり、陸軍士官学校第三十五期、四十六歳になる。

　満洲の防禦線をぐっと南に引き下げる案を立てた。関東軍の考えと同じだった。

　中国戦線では、広東の第二十三軍の半分近くを揚子江三角地帯へ持っていくことにした。そして最大、最強の兵団であり、中国のもっとも奥地に布陣している第六方面軍を撤収させ、その大部分を満洲へ、一部を本土へ転用することにした。

　第六方面軍は支那派遣軍の主力であり、主役である。漢口に司令部を置いている。湖北から湖南、広西に半円状、一千キロのあいだに陣を布いている。支那派遣軍総兵力の三分の一を占める兵員を擁し、三つの軍によって編成されている。

三つの軍のうち、第三十四軍は湖北に駐留している。第二十軍は湖南の長沙、衡陽《こうよう》を押さえている。第十一軍は敵中奥深く突進し、広西の桂林、柳州を占領している。

自他ともに認める最精鋭の兵団がこの第十一軍である。かつては岡村寧次、阿南惟幾が司令官をやり、宮崎周一が作戦課長をやり、天野正一が作戦主任をやった。

天野正一の戦線整理の提案のことに戻るが、たちどころに反対意見に囲まれた。作戦部長の宮崎周一は満洲の抵抗線を引き下げることに反対し、湖北の武漢からの撤収にも首を振った。四月に入ってからは、陸相に就任したばかりの阿南惟幾と次官の柴山兼四郎も武漢撤退に反対した(11)。かれらは広西からの撤収はやむをえないと考えたが、湖南からの撤退にも反対した。

反対なんかしてはいられないのだと承知しながら反対したのは、全戦場のなかで、ただひとつの攻勢正面を確保したいという理屈抜きの願望があるからだった。積みあげられた電報と情報の要約の山は気が滅入るものばかりだった。沖縄とルソンでは爆撃と砲撃で痛めつけられ、多くの戦死者をだしながら、じりじりと後退していた。ビルマでは英国軍の戦車部隊によって最後の防禦線が崩壊していた。この上、湖南を捨て、武漢までを見捨てようというのか。

そして支那派遣軍総司令官の岡村寧次が強気そのものであり、市谷台にはかれにたいする遠慮があった。序列が重んじられる軍人の世界で、かれは梅津に次いでの最古参なのである。

六十一歳になるかれは、大将、中将合わせて十二人の軍司令官と百万を超す兵員の上に君臨し、広大な地域を支配してきた。そしてかれは、昨年十二月の桂林、柳州の攻略のあとには、四川を攻撃すべし、重慶を攻略するぞと説くようになっていた。

陸相の阿南惟幾、次官の柴山兼四郎、作戦部長の宮崎周一が中国戦線整理の必要をはっきりと承知しながら、第六方面軍の撤収を言いだせないほんとうの理由がここにあった。たったひとり、意気盛んなばかりか、魅力にあふれ、登場しさえすれば周囲が明るくなるといった岡村将軍の存在がなによりも嬉しかったのである。

沖縄にアメリカ軍が上陸して、さすがの岡村も四川作戦を断念したようだった。だが、かれは湖南からの軍の撤収を認めようとしなかった。重慶に軍事圧力をかけないで、どうやって蔣介石に和平を言わせるつもりかとかれは語った。かれはまた、本土に向かう米軍は鬼だが、大陸に来る米軍はお客なのだと説いた。蔣介石に悲鳴をあげさせ、米軍を大陸に上陸させねばならない、これがお招きしたお客なのだと説明した[12]。

それでも岡村は広西の桂林と柳州からの撤退を受け入れた。四月半ばのことだった。だが、湖南の問題は手が触れられずに残った。一日も早く決着をつけなければ、本土の決戦にも満洲の危局にも間に合わなくなるのは必至である。食いちがう意見、対立するさまざまな要求にけりをつけ、決断をくださなければならないのは参謀総長である。梅津美治郎は部下たちの報告を黙って聞きながら、葉巻の煙をゆっくりと吐きだすだけだった。こうして四月は終わってしまった。

前に述べたことだが[13]、繰り返そう。五月二日に天野正一は宮崎周一と膝詰め談判をした。これも前にふれたとおり、宮崎と天野は昭和十三年には第十一軍で作戦課長と作戦主任だった。市谷台に来るまでは第六方面軍で再びコンビを組み、参謀長と参謀副長だった。煙ったい存在の作戦課長、服部卓四郎を前線にだし、気心の知れた天野を漢口から呼び返したのが参謀本部の作戦部長となった宮崎である。

天野が武漢からの撤収を説き、満洲南部の防衛にとどめるべきだと語れば、宮崎が武漢を捨てては中国を制圧できないと頑張り、満洲の防禦線を引き下げて、日本の道義はどうなるのかとかれの持論を繰り返した。互いに遠慮のない二人の話し合いはたちまち激しい言い争いとなった。

落ち着きを取り戻した宮崎が自分自身に問いかけるように呟いた。

「いったい、この戦争の結末は日清戦争の前か後か、さらにさかのぼって御維新のときに戻るのだろうか」

作戦課長はしばらく黙っていたが、口を開き、いずれにしたところでソ連はかならず攻撃してくるでしょうと言った。作戦部長は黙ってうなずいた。

つけ加えるなら、相手の楽観的な主張に一歩距離を置こうとするときには、ソ連は背中から切りかかってくるぞと言うことになり、希望を必要とする雰囲気にしようとするなら、哈特諜《はとくちょう》の綴りを顎で指し、ソ連は日本を味方につけたいにきまっていると語ることになるのは、だれもが同じだった。

同じ五月二日の夕刻、宮崎周一は軍務局長の吉積正雄と話し合った。このときには宮崎もはっきり決意を固めていた。

満洲と中国の防禦線の問題は、もはや「用兵問題たらんよりは国家問題である。大臣と総長において決め、国家として決すべき大事だ」と宮崎は語り、陸相にも直接的な責任があると軍務局長に説いた。参謀本部が独自に決める統帥問題ではないと言ったのである。大臣から総長を説得してもらいたいと宮崎は吉積に頼んだ。

作戦課長の天野正一のほうは次長の河辺虎四郎に迫った。「とてもこの様子では間尺に合いそうにも思えません。いかなる方策でもいいから決めていただきたい」

翌五月三日、梅津はやっと決断をくだした。宮崎周一に指示を与えた。華南の第二十三軍と湖南の第二十軍から四個師団を抜き出し、満洲へ移すようにと命じた。これはすでに非公式に決まっていることだった。

それだけだった。

湖南から撤収するのかしないのか、武漢をどうするのかについては梅津はなにも言わなかった。またも決定を引き延ばした。

満洲の防禦線については二股をかけた。後方陣地は奉天、吉林の二省を含めるなら、これでよいと梅津は告げ、わがほうも余力のあるところを示す必要があるから、国境地帯にもできるだけ増員すべきだとつけ加えた。

宮崎は総長のこのなんともいい加減な決定にひどくがっかりした。かれから報告を受けた河辺は憤慨した。かれは日誌に胸のつかえを吐きだした。

「長時日ノ検討ヲ以テ、総長ノ決裁ヲ催促スルコト数次、当初極メテ達意徹底的ナル案ヨリ起リテ、彼方此方ノ痛シ痒シヲ慮リ、而モ泥田ニ脚ノ支那戦場ノ実相ニ余儀ナクセラレ、尚又支那、満洲等各最高指揮官ノ感情的気持ニモ遠慮シテ、遂ニ右ノ如キ思切リ悪キ円満的ナル彌縫策ヲ纏メラレタリ。……

熟慮モ慎重モ結構ナレド斯クモ愚図附イテ居テハ此ノ戦局ニハ間ニモ合ワズ。而モ適宜下僚案ヲ採ッテ勇断的ニ之ヲ認メントモセラレズ、此ノ辺ノ処謂ッテハナラヌガ慊《あきた》ラヌ気持深キヲ偽リ得ズ⑭」

湖南と武漢をどうしたらいいのか。梅津は素知らぬ顔だった。次長の河辺は自分が南京へ行き、支那派遣軍総司令官を説得することにした。このさきで説明するが、岡村がはじめたばかりの湖南の攻勢計画は惨憺たるものになっていた。かれは河辺に向かって、相変わらず威勢のいいことを言ったが、かれも自分が指揮をとる戦場での敗北と、もはやどうにもならない全体の情勢を認めざるをえなかった。湖南からの撤収はやむをえないと譲歩をしてみせた。だが、武漢の放棄は絶対に認めようとしなかった。

五月二十七日、梅津はやっと命令をだした。「支那派遣軍総司令官ハ努メテ速ニ概ネ湖南、広西、江西省方面ニ於ケル湘桂、粤漢《えつかん》鉄道沿線ノ占拠地域ヲ撤シテ兵力ヲ中北支方面ニ転用シ同方面ノ戦略態勢ヲ強化スベシ……[15]」

武漢地区から撤収するとは、とうとう言わなかった。

関東軍総司令官にたいする命令は、ソ連と接する国境地帯を守るのか、南満洲に後退するのか、相変わらず曖昧をきわめていた。

河辺虎四郎は日誌に、「一刀両断ナル大統帥ノ構想ヲ欠キ、アチラコチラヨリ突込マレヌ様――否ナ、突込マレテモ一応言イ逃レ得ル所ヲ捉エテ置カントスル考エ方[16]」と憤懣を書きつらねた。

宮崎周一も怒っていた。ずるずると決定を二カ月も遅らせたあげく、中途半端な決定をし、すでに軍事情勢はその決定を追い越してしまっていると慨嘆した。

「敵ハ支那大陸ニ上陸スルコトナク、直接本土ニ来攻スルニアラズヤ。此ノ際、上海、武漢ハ如何ニスルヤ。……満鮮ニ徹底的ニ兵力集結スルヤ。尚本土ニ兵力転入スベキニアラズヤ[17]」

作戦課長、作戦部長、参謀次長のいらだちと怒りについて長い説明をしたが、参謀総長がわざわざ大連に行く必要はないと前に述べたのは、こうしたわけからだった。梅津は大連で、武漢を放棄せよと支那派遣軍総司令官に迫るつもりなどさらさらなく、北満洲は見捨てよと関東軍総司令官を説得しようとも思っていなかった。

もちろん、このような談判をし、命令をくだすつもりがなくても、梅津は大連へ行ってもよかった。六月六日の最高戦争指導会議までに戻って来られるのなら、梅津の好みからは遠いが、六月二日の夜に開催することになっていた「三大将のお別れ会」に行ってよかった。

予定ではそうなっていた。最高戦争指導会議を開く一日前、六月五日までには東京へ戻ることができると梅津の部下たちは考えていた。

だが、梅津が米子でずるずると足どめをくい、いよいよ大連へ向かうときには、六月六日の会議にでられなくなることをかれは承知していた。ほんとうなら、かれは岡村寧次と山田乙三に宛てて、大連行きを中止すると電報を打ち、米子からただちに東京へ戻るべきだったのである。

梅津美治郎が考えていたこと

いったい梅津美治郎はなにを考えているのか。

言うまでもないことだが、統帥部の最高責任者は自分の判断、信念をよりどころにして主導権を発揮しなければならない。敵の九州上陸が三カ月か四カ月さきに迫っているときになってなお、ずるずると決断を引き延ばしているのはなぜなのか。

かれは決断ができないのか。

部下に助言を求めることなく、世論を気にすることなく、かれは決断をくだしたことがある。

前にも触れたことだが、昭和十一年二月の反乱事件のときに、かれはほかの師団長のように右顧左眄《うこさべん》し、態度決定を先延ばしにしなかった。第二師団長だったかれが陸軍中央に打った電報は、反乱部隊にたいする強硬措置をはっきり求めたものだった。

陸軍大学を首席で卒業したかれは、出世コースを着実に歩んできたのだが、人に先んじてのこの態度決定がかれの出世をさらに確実なものにした。二月の反乱の後始末、いわゆる「粛軍」の指揮をかれがとることになり、寺内寿一《ひさいち》、中村孝太郎、杉山元の三人の陸軍大臣に仕えた。中村を辞めさせ、杉山を担ぎだしたのはかれだったし、発足する林内閣を牛耳ろうとした石原莞爾一派を抑えたのも、次官のかれがやったことだった。大次官、名次官と言われて当然だった。

ノモンハンの負け戦のあとには、関東軍の立て直しを図り、植民地軍の永年の悪習を是正したのもかれだった。関東軍司令官としてのかれの評価が高かったからこそ、昭和十五年の夏、米内内閣の末期には、つぎの陸軍大臣は梅津か、東条という声が陸軍部内では高かったのである。東条は梅津の二期下、そのとき陸軍航空の面目を一新し、陸軍内の褒賞を得ていた航空総監だった。そしてその年の七月、近衛内閣の陸軍大臣になったのは東条だった。

梅津が満洲から戻り、参謀総長となったのが昨年の七月だった。そのかれが重要問題への介入を避け、決断を引き延ばすようになったのは、市谷台のだれもが、いよいよ本土決戦にすべてを賭けるしかないと思うようになってからのことである。

かれが最高責任者として当然しなければならない態度決定を避けることから、この四月はじめ、陸軍大臣が杉山元から阿南惟幾に代わり、参謀次長が秦彦三郎から河辺虎四郎に代わったとき、総長の梅津も辞めるべきだという声が市谷台の中堅幹部のあいだに上がったが、雑音で終わった。だが前に見てきたとおり、次長の河辺、作戦部長の宮崎、作戦課長の天野の梅津を非難する声はさらに大きくなっている。それらの声が梅津の耳に届かなくても、かれは部下たちの不満と怒りを承知してきたはずだ。どうしてかれはなにひとつ決めようとしないのか。

参謀総長になるようにと命じられたとき、かれは息子の美一に向かって、「今度もまた後始末だよ」と漏らしたのだという[18]。

なるほど、かれは二・二六のあとの陸軍次官をやり、ノモンハンの戦いのあとの関東軍司令官をやった。だが、かつての後始末は陸軍の立て直しであり、関東軍の立て直しだった。三度目の後始末は尋常な仕事ではない。かれが美一に語ったときには、参謀総長としてどのような後始末を考えていたのかはわからないが、今年に入ってからは、後始末がなんであるのかはもはやはっきりしている。

この戦いをやめることである。

阿南惟幾も、天皇も、ほかのだれも同じだが、一度勝利を収めてからだと言う。だが、台湾沖航空戦のような大戦果をほんとうにあげたとして、だれがそこで戦いを終わりにすると言いだせるのであろう。

そもそも、そんな勝利をあげることができないことを、いまはだれもが知っているはずだ。

敵を海上で叩くことはもはやできない。そして海岸の防衛陣地は、空と海からの砲爆撃に叩きのめされ、粉砕される。そのあとの戦いは、どんな戦いになるのか。

現在、市谷台の幹部たちが考えていること、やっていること、語ることは、アメリカとの戦いをはじめる前に、海軍首脳の永野修身や及川古志郎、山本五十六が考えていたこと、やっていたこと、説いていたことと似ていなくもない。昭和十六年の秋、アメリカとの戦いに自信を持てず、戦いを避けたいのが本心でありながら、かれらはそれを口にだすことができないまま、アメリカと戦うのだと叫び、戦うための準備に明け暮れしていた。

市谷台の幹部たち、陸軍大臣の阿南惟幾、参謀次長の河辺虎四郎や作戦部長の宮崎周一は、ギルバートから沖縄まで、これまでただの一度も勝利を収めることができなかった対上陸防禦の戦いが、このつぎの九州の戦いに限って敵を上陸拠点で打ち破ることができるのだと思うはずがなかろう。ところが、そんなことはだれも口にできない。戦うのだと言い、敵軍を撃滅するのだと説いている。

そして参謀総長の梅津美治郎もまた、戦いをやめるときだと言うことができない。そんな素振りを見せもしない。だが、かれはなにもしていないわけではない。なにひとつ決めることができないと部下たちに批判されてきたそのこと自体が、かれのやってきたことなのである。

本土の決戦を真剣に考えるのであれば、満洲の防衛線をずっとうしろに下げ、中国では武漢から撤収し、火砲から小火器まで、優秀な指揮官、戦い慣れた下級士官、兵士たちを送り返し、九州、四国、本州に配置しなければならない。次長の河辺、作戦部長の宮崎、作戦課長の天野が考え、説いてきたことだ。

だが、本土で戦うことになる前にこの戦いをやめるのであれば、武漢の占領をつづけたまま重慶政府と延安政府の双方に睨みをきかせるのが得策であろう。同じように、本土で戦うことになる前にこの戦いをやめるのであれば、満洲全域をしっかり守っているとみせかけることもソ連にたいして必要であろう。

梅津美治郎が考えているのは、こういうことなのである。

次長から作戦部長、作戦課長、課員たちが、決断を引き延ばす総長に不満を抱き、やっと最後になって、総長が「不同意にあらず」とぽつりと言うのを、無責任な態度だ、官僚的だと陰で非難されていることを、前にも述べたように梅津が知らないはずがない。だが、かれは相変わらずだれにたいしても能面のような顔を向け、本心はもちろんのこと、必要なことも語ろうとしない。

かれは戦争をやめるつもりでいるのだが、戦争をやめるしかないと自分で言うつもりはない。陸相の阿南惟幾に言わせるつもりか。そんな考えはいささかもない。

いよいよ戦争指導大綱を決める会議を開かねばならなくなって、かれは海軍大臣の米内光政にひそかに期待するようになっているのであろう。

かれは米内が最高戦争指導会議で国策の転換を説き、戦争終結の問題を持ちだすのではないかと考えている。

五月十一日から開かれた三日間の六人の構成員だけの会議で、海軍大臣はこれからおこなうことになる対ソ交渉の最終目的は戦争終結の仲介を頼むことだと示唆した。

そして、梅津がこれは重大だと思ったのは、五月三十日の重臣たちとの懇談会で、「わが国の将来について、重臣諸公の意見を伺いたい」と　米内が問いかけたことだ。

翌五月三十一日の六相懇談会、首相、陸相、海相、そして三人の無任所大臣の集まりでも、米内は戦いはもはやまったく見込みはないと語り、一日も早く講和すべきだと説いたことを、陸軍次官から報告を受けていた⑲。

米内光政は戦争指導会議で戦争指導基本大綱の根本的な修正を迫るにちがいない。梅津はこう考えているのだ。

梅津だけではなかった。木戸幸一の耳にも、米内海軍大臣の尋常ならざる発言のすべてが入っていた。そこで、かれを内大臣の椅子から逐おうとする陰謀があることを六月二日に知るまで、あるいはそれを知っても、そのあともなお、今日の戦争指導会議が終了するまで、かれもまた、米内光政が陸軍の本土決戦論に反対し、その会議で戦争遂行は不可能だと説くのではないか、和平転換を提案することになると思っているのではないか。

そこで梅津だが、大連に行こうとして天候不良のため米子の皆生《かいけ》温泉に六月一日の夜に泊まり、二日夜も泊まり、やっと四日の朝九時に大連に着くまでのあいだ、梅津は何度か思案をめぐらしたのであろう。

私が六日の朝までに東京へ戻って、最高戦争指導会議に出席すれば、米内のその主張に黙っているわけにはいかなくなる。参謀総長の私は戦争の継続を説き、本土決戦をやらねばならないと主張しなければならなくなる。

どうすればよいか。

最高戦争指導会議の開催が決まったときから、梅津には思い浮かぶことがあったのだろう。かれにとって、けっして愉快な思い出ではないはずだが、あの手を使うしかないと考えたのではないか。

七年前、昭和十三年一月のことだ。

梅津は陸軍次官だった。大次官だと言われていたことは前に言った。陸軍大臣は杉山元だったが、首相の近衛は「あれは馬鹿だよ。万事、梅津任せだよ」と陸相杉山のことを言っていたのだった。たしかに杉山は重要問題のすべてを梅津に相談し、次官の考えを採り入れていた。そして梅津は軍務局長の後宮《うしろく》淳をしっかりと押さえていた。

そのとき、華北の戦いは華中に飛び火して、すでに日本軍は上海、南京を占領していた。その戦いの節目節目で、陸軍次官の梅津が決意を固め、陸軍大臣に助言していた。

その十分に実力のある大次官が十日間の華北出張を決めた。参謀本部の部長や課長は陸軍次官が東京を離れることに反対し、出発を延期するようにと申し入れた。差し迫っての重大事は北京、天津にはなく、東京にあった。

国民政府とのあいだで和平交渉がおこなわれていた。参謀本部は国民政府の回答を待っていた。政府側はいつまでも返事など待つことはないと説き、和平交渉は打ち切りにすべしと主張し、なおも和平交渉をつづけるべきだと説く参謀本部と対立していた。

昭和十三年一月九日に梅津は軍務課長の柴山兼四郎を帯同して東京を飛び立った。前にも触れたことがあるが[20]、そのとき柴山は陸軍省内で戦争不拡大派の筆頭であり、和平交渉を継続すべしと主張していた。そして梅津がいちばんの信頼を置いていたのが柴山だった。

現在、五十六歳になる柴山は陸軍次官であり、相変わらず梅津はかれを信頼している。ところで、梅津が東京を留守にしているあいだに、まず一月十一日に御前会議が開かれた。国民政府が和平を求めてこないなら、このさき国民政府を交渉の相手とはしないと決めた。

首相の近衛文麿が陸軍顔負けの強硬態度をとったのだが、このとき、かれが右翼世界の首領たちに脅されていたということは前に語ったことがある[21]。

ところが、和平を望む参謀本部がもう一度会議を開くようにと求めた。国民政府との和平交渉をつづけたいと説き、一月十一日の決定をくつがえそうとした。戦うべしと叫び、強硬論を説くのはつねに陸軍統帥部と決まっていたわけではないのである。

一月十五日に大本営・政府連絡会議が開かれた。だが、まる一日がかりの会議の結果も前と同じだった。政府側は総辞職するぞと統帥部を恫喝し、参謀本部は政府の主張に従わざるをえなくなった。そして翌一月十六日、政府は「国民政府ヲ対手トセズ」の声明を発表したのだった。

このような重大な態度決定をすることがわかっている東京を離れて、どうして陸軍次官は行く必要のない天津へ行ったのか。北京に近い軍事要衝の保定に五日間もとどまったのはなぜだったのか。かれが大腸カタルに罹ったというのはほんとうのことだったのか。

かれが参謀本部の主張を支持していたのであれば、そして、外交交渉をやめよと説く近衛と外相広田、そして陸軍省内の主戦派の部課長たちの主張を抑えねばならぬと考えていたのであれば、はたしてかれは東京を留守にしたであろうか。出張先で大腸カタルを患ったであろうか。

かれは戦いをつづけなければならないと考えていたのだ。

どうしてだったのか。二月の反乱事件の後始末をしたかれは、退役に追い込まれた将官から営内の将校集会所に集まる多数の年若い士官までのあいだに、その厳しい処断にたいする不満と怒りが鬱積し、梅津の独裁と非難されていることが気がかりだったはずだ。そこで、かれは、そしてまた大臣の杉山は、華北、華中の戦いを終わりにするのではなく、戦いをつづけることこそが、軍内の目に見えない溝を埋めるのを助け、第二の暴発を予防するのに役立つと考えたのではないか。

梅津は戦いをつづけたいと望む自分の本心を明かさないまま、和平妥結に反対であることを隠し、自分の考えを通すということをやったのではないか。そこで、参謀本部からのかれへの働きかけを嫌ったからこそ、東京を離れたのではないか。そして陸軍省内でもっとも強い和平派であり、参謀本部の主張の擁護者である柴山を東京から引き離したのであろう。

どうしてかれはそんな姑息なことをしたのであろう。かれが昭和十一年二月の反乱に示した決断を思い浮かべる人は不思議に思うであろうし、昨年の末から現在までのかれの優柔不断さにじりじりしてきた人なら、いかにもかれらしいやり方だったとうなずくにちがいない。

なるほど、かれは重大な態度決定をしたことはあったが、ほんとうのことを言えば、かれは自分の考えを真っ先に明かすことは少なかった。

かれは反対意見に神経質なのである。かれは人嫌いであり、人と打ちとけることができない。同じ大分県出身の衆議院議員の金光庸夫や東条内閣の後半で国務大臣だった後藤文夫と親しくしているといっても、ほかに懇意にしている政治家がいないというだけのことだ。記者会見を嫌い、仰々しいことが大嫌い、演説をするとなれば、前の晩に何回も練習しなければならない。息子の美一が語るとおり、豪放磊落からは程遠く、親分肌の雰囲気などみじんもない。

自分の考えどおりにことをすすめようとするとき、反対する者を説得することよりも、自分と同じ考えの者がでてくるのを待つ。そのためには、重大な会議を欠席さえすることになる。

かれにとって、けっして愉快な思い出ではないはずだと前に言ったとおり、かれは昭和十三年一月の華北出張を後悔しているにちがいない。その月十六日の「国民政府ヲ対手トセズ」の声明は間違っていた。それはともかく、同じことを現在しなければならないと梅津は考えたのであろう。

梅津は皆生温泉にとどまっていた六月一日、二日のあいだにつぎのように思案をめぐらしたのであろう。東京に戻らず、私は大連に向かう。私が出席しない会議でなにが起きるか。私が戻れなかった場合、最高戦争指導会議にでるようにと次長の河辺には言ってある。

会議に出席する河辺は米内の主張に反対しよう。だが、米内はこの陸軍統帥部次長の反論を相手にすまい。昭和十三年一月に参謀総長は閑院宮《かんいんのみや》だった。高齢を理由に会議には出席することはなかった。代わりに次長の多田駿が出席していたことが、首相近衛、外相広田、陸相杉山に軽く見られ、統帥部の和平の主張が葬り去られることになった大きな理由だった。

今回はどうか。外相の東郷茂徳が米内の側に立つだろう。軍需相の豊田貞次郎も戦いをつづける国力はすでにないと言いだすかもしれない。阿南が河辺の側に立ったところで、本土決戦をおこなうのだと決めることは不可能となる。河辺は私からすべてを任されてはいないのだから、つづく局面でどのような態度をとってよいのかわからず、退場するのが次善の策だと考えるにちがいない。軟弱論に怒ったかにみせかけ、かれは退出するだろう。

会議は中断となる。四人の最高戦争指導会議の幹事たちの協議がはじまる。内閣書記官長迫水久常、陸軍軍務局長吉積正雄、海軍軍務局長保科善四郎、綜合計画局長の秋永月三といった顔ぶれだ。

四人の幹事のあいだの合意はできまい。もちろん、六月八日の御前会議を開くことはできなくなる。私が大連から東京へ戻るまで会議は再開できない。そのあいだに首相は天皇に、すべての経緯を申し上げざるをえなくなる。内大臣の木戸も収拾に動きだすことになろう。そこで私が東京に帰るまでには、戦争を終結させねばならないという新しい主題が論議の中心課題になろう。

梅津はこういう見通しを立てていたのではないか(22)。ところで、かれの全計画は米内光政が戦争の継続は不可能だと主張することにかかっていた。

米内光政が考えていること

だが、梅津が知らなかったのは、米内は米内で、かれにはかれ自身の計画があったからこそ、戦いを終わりにしなければならないのではないかと重臣たちに問いかけ、閣僚たちに謎を掛けていたことである。

米内が五月三十日に重臣たちに質問し、翌三十一日に無任所大臣たちを前にして戦争終結の問題を語ったのは、木戸幸一に代わる新内大臣のために道を掃き清めようとしてのことであったのを、だれも知らず、もちろん梅津もまったく知らなかった。

三十日に米内は首相と陸相に向かって、この戦争をどうするかの肚が決まっていないまま、臨時議会を召集するのには反対だと言った。ところが、首相はトコトン戦いをつづけるのだと言って、臨時議会を召集するのだと頑張った。米内は辞任をほのめかした。かれは首相と陸相に閣内不統一だと脅したのだが、そのときは本気ではなかった。

石渡荘太郎が内大臣になろうとするとき、かれは辞めるわけにはいかなかったし、辞めるつもりもなかった。陸軍にたいして先手をとらねばならない。内大臣になる石渡にただちにやってもらうことは、天皇の了承を得て、首相に向かって、最高戦争指導会議の開催を延期したほうがいいのではないか、臨時議会の召集も延期したほうがいいのではないかと説いてもらうことだ。内閣と統帥部にたいして、本土決戦を考え直せという天皇の重大なシグナルとなる。このように考えたはずだ。

ところが、松平恒雄の構想、そして米内が協力した内大臣の木戸幸一を辞めさせる計画は失敗に終わった。六月三日のことだ。米内の大きな期待は絶たれた。本土決戦を決める最高戦争指導会議は開催されることになる。かれは会議で国策を転換すべきだと言うつもりはなかった。

それから三日がたつ。現在、米内はどうしたらよいと考えているのか。木戸幸一に圧力を加えつづけるしかないと思っていよう。かれはつぎのように考えているのではないか。

ドイツが降伏してから一カ月になるにもかかわらず、木戸は国を救うためになにもしようとしない。だからこそ、松平宮相は大臣を辞めて、木戸を道連れにしようとしたのだ。木戸はお上に泣きつき、その椅子にしがみついた。だが、かれが受けた打撃は間違いなく大きく、ひどくこたえているはずだ。

かれにつづけて打撃を与えねばならない。私は辞任すると私自身が周囲の者に語ることだ。五月三十日にも、それを語った。このさきも辞任するとつづけて言うことにする。総理と陸相は、なぜ私がそう言うのかと考え、自分たちの本土決戦論に反対してのことだと思い、ほかの閣僚、部下の保科や高木もそう判断することになる。

だが、肝心の木戸はそうは思うまい。かれは自分への脅しだと理解しよう。はじめは宮内大臣が自分を辞めさせようとして辞任し、つづいては海軍大臣が自分に抗議して辞任しようとするのだと気づいているはずだ。

木戸に好意を持たれていない皇太后は㉓、私が辞めようとする理由と松平宮内大臣が辞めた理由のあいだにつながりがあると気がつかれ、松平と米内の二人は、やらねばならないことをやろうとしない木戸を内大臣の椅子から逐おうとして辞任したのだし、辞任しようとするのだと合点されることになれば、天皇もまたすべてのことを理解されるのではないか。

つづいての木戸の思案はつぎのようになると米内光政は考えるのではないか。

戦争終結の問題は、陸海軍の責任者が発議することであって、内大臣が口をだす事柄ではない、そんなことを私のところに持ち込まれるのは迷惑千万だと逃げてきた木戸だが、かれがやらなければならないことを、やっとやることになるのではないか。

米内光政はこんな具合に考えているのであろう。

そして、今日の、もちろん六月六日だが、最高戦争指導会議は梅津欠席のまま朝九時にはじまり、なんの波瀾もなく午後六時に終わる。

梅津美治郎はあらためて考える

今日は六月八日である。午前九時だ。

昨日は大阪が焼かれた。午前十一時から十二時半までの空襲だった。四百機が来襲した。三月十三日の夜の空襲、六月一日の昼間の空襲につづき三度目だ。そして今日の午前零時すぎから、敵は関門海峡と福岡湾、唐津湾に総計二百七十九個の機雷を落とした。(24)五月二十八日からなか十日をおいての機雷投下となる。

東京では、午前十時五分から宮内省第二期庁舎で御前会議が開かれる。

大連での会議をおえた梅津美治郎はまたも米子に近い皆生温泉に滞在している。天候が悪く、東京に戻ることができない、御前会議には出席できないと、かれは昨日のうちに市谷台に告げてある。

だが、荒れ模様というほどではない。雨は小雨だ。庭のはずれの低い塀の向こうには砂丘が重なって、その先に灰色の海が見える。美保湾である。水平線の地蔵埼も美保関《みほのせき》も見えないが、白波は多くない。ところどころにさざ波の峰が砕けるのが見えるだけではないのか。たいした風ではない㉕。午後になれば大丈夫だそうですと部下が言うのにたいして、かれはうなずいたのではないか。

一昨日の最高戦争指導会議が混乱なく終わったことを、かれはすでに承知している。本土決戦をやることが決まった。今日の御前会議は一昨日の会議を繰り返すだけとなる。だからこそ、かれは無理をしてでも東京に戻ろうとしないのだ。東京に戻ってからどうしたらよいのかとかれは考える。その考えに、米内光政はどうして和平提案をしなかったのであろうかという疑問が挟まるのだろう。

最高会議には、五人の構成員と次長の河辺虎四郎のほかに、三人の幹事が参加した。河辺は私の代わりだ。

米内光政が国策の転換を言いだせなかったのは、河辺と陸軍の軍務局長が会議で起こったことを秘密にできず、たちまち市谷台すべてが知ってしまうことになるのを恐れてのことだったのであろうか。

一昨日の会議が海軍大臣の発言から混乱のうちに終わってしまい、戦争指導大綱の審議が流れることになったら、帰国した私はお上に私の考えを申し上げることにするつもりだった。

計画は狂ってしまった。どうすればよいのか。同じことをするしかあるまい。私がお上に戦いの現実を内奏することだ。

だが、今日の御前会議に私が出席しなかったからといって、今日の会議で、河辺虎四郎と豊田副武が説くであろうこととまったくちがうことを申し上げるわけにはいかない。

配布される文書には、敵軍が七月に南九州に来攻した場合、二十個師団のうち十六個師団の上陸を許すことになろう、九月に関東に三十個師団から四十個師団が来攻した場合、二十二個師団から三十個師団の上陸を許すことになると書かれているはずだ。

そして、敵上陸軍にたいしては、「攻勢ヲ発揮」「刺シ違エノ戦法ヲ以テ臨ミ」「敵ヲ大海ニ排擠《はいせい》殲滅セズンバ断ジテ攻勢ヲ中止セザル……」[26]と読みあげるのであろう。

本土に敵を迎えて、ルソン、沖縄で戦ってきたような持久の戦いをとることはできない。だが、決戦を挑めば、「刺シ違エ」などできるはずもなく、たちまちわがほうは潰滅してしまい、戦いの大勢は瞬時のうちに決してしまう。

だが、こんなことをお上に申し上げれば、次長の河辺虎四郎は困った立場に追い込まれる。そこで敵が本土に侵攻する場合についての私の予測を述べるわけにはいかない。天皇に申し上げるのは、大陸における戦いのことになる。

支那派遣軍総司令官に直接、湖南、広西、江西からの撤収を命じたこと、関東軍総司令官に作戦準備を命じたことを上奏する。これは文書にしなければならない。それとはべつに支那派遣軍総司令官と関東軍総司令官の報告をお上に申し上げることにする。

梅津美治郎はこんな具合に考えるのだろう。

振り返ってみよう。

四日前の六月四日、大連で、梅津は支那派遣軍総司令官と関東軍総司令官から軍状報告を受けた。

岡村寧次はすでに二カ月前の元気はなかった。

前にも述べたとおり、かれは昨年十一月に支那派遣軍総司令官となる以前、第六方面軍の司令官として、桂林、柳州攻略作戦の指揮をとっていたから、全陸海軍の司令官のなかで勝ち戦をつづけているのは自分ひとりだと意気軒昂だった。かれはつぎに四川作戦をやるぞと言って、部下に研究を命じた。東京から来た参謀本部、陸軍省の部局長や課長を壁に掛けた大きな地図の前に連れていき、重慶を攻めるぞと言い、相手が返事をしなければ、そんな気弱なことでどうする、ろくなものしか食べていないからだ、今夜はご馳走するぞ、もう少し元気をだせと言ったのだった。

だれよりも強気な岡村ではあったが、大連の満鉄総裁星ヶ浦官邸の会議で、参謀総長に向かって、四川作戦をやるべきだとはもはや口にださなかった。

岡村の高慢の鼻をへし折ったのは、かれの芷江《しこう》作戦である。

四月中旬に開始し、五月はじめに大きな死傷者をだして後退することになった芷江作戦のすべては、漢口の第六方面軍司令部からの戦況報告を読んでいたから、当然、梅津は知っていた。かれは岡村がもはや逆らうことができなくなったと承知していたからこそ、湖南放棄を岡村に命令することになったのである。

ここで芷江作戦のことを語らねばならない。

芷江はアメリカ陸軍の第一線の航空基地だ。日本軍が占領した衡陽《こうよう》から直線で二百八十キロほどのところにある。湖南省にあるが、四川省に近い。衡陽をめぐっての攻防戦があった昨年七月に芷江の米空軍は活動をはじめた。

十月末に衡陽飛行場に前進した日本航空部隊と芷江飛行場の米空軍は、この地域の制空権をめぐって戦った。こちら側の戦闘機の絶対数が少なく、補充がきかないこと、加えて、衡陽に設置した野戦用の電波警戒機の性能がいまひとつだったことから、勝負は簡単についた。こちらの戦闘機は一日のうち払暁と薄暮の数十分を利用できるだけとなり、結局、第一飛行団は後退せざるをえなくなった。

つづいては、芷江飛行場の敵機は桂林、柳州に向かって進撃する第十一軍の兵站線をしつこく襲うことになった。

第十一軍が桂林、柳州を占領したのは昨年の十一月はじめである。この作戦の総指揮をとった第六方面軍司令官の岡村寧次は、前に何度も述べたとおり、同じ十一月に支那派遣軍総司令官となった。十二月、岡村は芷江飛行場を覆滅すべきだと説き、四川省を攻撃する、重慶を攻略すると言いだした。

市谷台、第六方面軍、そして傘下の第二十軍と第十一軍の幹部たちは、いずれもこの計画に懐疑的だった。とりわけ参謀本部が強く反対した。フィリピンが戦場になろうというとき、大兵力を四川の奥地に投ずるなどとんでもないと言った。日本本土の防衛に主力を注がねばならなくなっているのだと説いた。だが、自信満々の岡村の理屈と熱意に押され、今年一月、参謀総長は「多数の小部隊をもってする挺身奇襲作戦」ならいいと指示することになった。大部隊を投入しないかぎり、この作戦が成功する公算はほとんどないと考え、第六方面軍の参謀、第二十軍の幹部がいずれも反対すると読んでのことだった。

そこで、重慶攻略の計画は影が薄くなりはしたが、芷江飛行場の攻略は本決まりとなった。

作戦の開始は四月十五日だった。まずは資江《しこう》を渡らねばならない。つづいて雪峯山の山地帯に入る。二千メートルから千メートルの山がつづく。この山間を縫って、向こう側の平地にでる。もう一本の川、沅江《げんこう》がある。ここまで直線距離で二百キロある。沅江の対岸に攻略目標の芷江飛行場がある。

六万の兵員を投入し、主力の右翼部隊を突進させ、芷江を前に転回させ、開いた鋏を閉じ、この地域を守る十万の重慶軍を包囲殲滅するという腹づもりだった。もちろんこれは表向きの説明で、敵の大半は包囲の目をくぐり脱出すると見ていた。それはともかく、支那派遣軍総司令官の岡村は、芷江を占領したら、だれにも有無を言わせず、四川の敵の心臓部に大攻勢をかけるつもりでいた。

ところが進撃を開始してまもなく、四月下旬には、第二十軍の将兵と司令部の参謀たちは、戦いの様相がかれらが知っていたそれまでの戦いとまったくちがうことを知った。市谷台の幹部たちにとってみれば、お馴染みの戦いになったと言うべきなのであろう。ビルマの戦い、フィリピンの戦い、沖縄の戦いと同じ戦いとなった。物量を相手とする戦いとなった。

どうしてこんなことになったのか。それまで、ヒマラヤ山脈を越える輸送機は乱気流に悩まされ、密雲が視界を奪い、雹《ひょう》や霙《みぞれ》に見舞われ、パイロットは命懸けだった。四川省の航空基地、成都に空輸される武器弾薬は少量だった。輸送機一機の輸送量は三トンに満たなかった。その上、自分が使う航空燃料を四十ガロン罐で運ばねばならず、それは輸送量の六〇パーセントにおよんだ。ところが昨年の後半、ビルマの低い山地を越えて空輸できるようになって、輸送量は倍増した。

それに加えて、今年の一月の末、蔣介石が待望していた陸上輸送路が復活した。ビルマ・ルートの開通である。ジープを先導に百台を超す大型トラックの列が二月三日に雲南省の省都、昆明へ到着し、第二陣のトラック部隊がすぐあとにつづいた。

トラック輸送が可能となって、軍需品の輸送量はいよいよ増大した。蔣介石は、それほど先のことではないと考えている共産軍との戦いに備えて、ヒマラヤ越えで運ばれてきていたアメリカ供与の山砲、迫撃砲、重機関銃、弾薬をアメリカの目を盗んで集積、貯蔵しておく必要がなくなった。

こうして日本軍と戦う重慶軍は面目を一新することになった。

第二十軍の各部隊は正面からの頑強な阻止、迎撃に遭遇した。アメリカ供与の重火器によって装備した重慶軍の戦意はかつてなく旺盛だった。航空掩護を受けた敵は、昼のあいだにこちらの陣地を奪い、夜に入ってこちらが奪い返すという血戦がつづいた。

わがほうの迫撃砲の数発の射撃にたいして、敵の迫撃砲は迅速、正確な集中砲撃を返してきた。二百キロの戦線正面の右翼を受け持つ重広支隊では、この集中射撃を「スコール射撃」と呼んだ。第三大隊長の佐々木大尉は戦訓で読んだ南方戦場のような熾烈な火力に、海からはるかに遠い湖南のこの戦場で直面することになるとは思ってもみなかったと嘆じることになった。

戦線の中央を前進する歩兵第百三十三連隊の連隊長加川勝永は敵の弾薬量の豊富なのにびっくりした。敵は迫撃砲の弾幕射撃を連続不断におこなってきた。それこそ沖縄の戦場と同じである。夜間に火網の間際を縫って接近しても、敵はただちに火力を集中してきた。手榴弾も、弾幕を張るかのように集中的に投擲してきた。敵の陣地のひとつを占領したとき、敵が残した手榴弾の大箱の数の多さに驚いたこともあった[27]。

アメリカ第十四空軍の密接な対地協同も、以前とはまったく変わった。

アメリカ人将校一人と下士官二人、兵若干のチームを八組つくり、蔣介石軍の各師団に配置して、空地連絡の任務をおこなわせるようになっていた。それとはべつに、アメリカの諜報、破壊工作機関のOSSの隊員はこちらの陣地近くに忍び寄り、無線機を使い、上空の飛行機と連絡をとっていた。

わがほうの陣地を襲ってくるのは、P51とP41、P38だった。一日に平均六十機が、二、三機あるいは単機で戦場上空を絶えず飛びまわり、地上からの指示に従い、超低空でわが陣地を銃撃し、ロケット攻撃をおこなった。

最初にテニアン島で百五十発を投下したナパーム入りの爆弾を、敵はこの戦場でも使った。翼にとりつける落下式補助燃料タンクにガソリンとジェリー状のナパームを入れ、信管をとりつけただけの簡単な爆弾である。正確さには欠けたが、ナパームの長い炎は三十メートル四方を焼き尽くした。歩兵第百九連隊の戦闘詳報は「石油罐ヲ再三投下シ焼夷弾ニ応用セリ」と言い、「敵ハドラム罐ヲ投下スル」とも言った。木佐木支隊の第三大隊は「ガソリン撒布ノ焼夷弾攻撃ヲ反復シタ」と語った。「点火ドラム罐ヲ投下シタ」と報告した連隊もあった。(28)(29)(30)

そして、戦況を重大な様相に変えたもっとも大きな理由は、敵の兵力が圧倒的に優勢なことに加え、機動力が段ちがいに向上したことだった。第二十軍は昼間の行動ができなくなったのにひきかえ、敵増援部隊の集中は迅速だった。敵は建設した軍用道路を利用し、夜のあいだにアメリカ製のトラックで兵員を前線のすぐ近くまで輸送してきた。

作戦を開始して二週間がたった。主導権は完全に敵側に移った。第二十軍の支援と連隊は雪峯山山系の隔絶した高地、谷間《たにあい》に分散したまま、優勢な敵軍に分断、包囲され、中隊が全滅し、大隊が壊滅し、支隊司令部が包囲され、連隊が玉砕を覚悟する事態となった。

宝慶の第二十軍戦闘司令所と漢口の第六方面軍司令部の幕僚たちは、積み重ねられていく暗い戦況報告に、これはたいへんなことになったと身震いした。敵軍の最初の退却は欺瞞だった。敵の仕掛けた罠に頭を突っ込んだのだと気づいた。作戦を中止する以外になかった。

第六方面軍司令官の岡部直三郎は合理主義者だ。昭和十八年に陸軍大学の校長だったとき、必要なときに退却するのは当たり前だ、ほかの言葉に言い換えるといった姑息なことをするなと説いたものだった(31)。

かれは部下に命じ、引き下がらせようとした。五月四日、第二十軍司令部は麾下の各部隊に「反転」を命じた。装備、携行荷物をあらかた捨てての退却である。

後衛は追尾する敵軍と交戦をつづける。主力は後退路の制高地点を押さえる敵軍と戦う。昼は敵戦闘機の攻撃を受ける。夜は敵砲兵の標定射撃を受ける。このような戦いをつづけながらの後退は惨憺たるものとなった。

南京の支那派遣軍総司令部と市谷台が恐れることになったのは、意気あがる重慶軍は反転後退する第二十軍を蹴散らし、一気に宝慶、衡陽を攻略するのではないか、そして広西省から撤収中の第十一軍にも決戦を挑むのではないかということだった。完全アメリカ装備の二万の兵員が昆明から芷江飛行場に空輸されたという諜報報告が入っていた。芷江飛行場には、つづいてさらに増援軍が送られてきているのかもしれなかった。

だが、梅津美治郎が大連に向かう直前、五月の末には重慶軍の行動はめっきり消極的となり、第二十軍の退却を妨害しなくなった、重慶側に新作戦をおこなう意図はないとの報告が漢口から届き、南京と市谷台はほっと一息入れた。

総司令官の岡村寧次と同様、強気で、楽観的だった第二十軍の軍司令官、坂西一良は部下たちの敗北感を払拭しようとした。この作戦の目的は、第十一軍の反転擁護、重慶軍の総反攻の企図にたいする威力偵察であったと言い逃れをするようになった。

岡村寧次も、この作戦は第十一軍収容の意味もあったのだ、第十一軍は総軍の虎の子であり、これを無事に転進させたかったのだと強弁した。そして前に述べたとおり、かれは中央の命令にやっと従うことになり、湖南からの撤収に応じたのである。

おそらく大連で、梅津は岡村から芷江作戦のことはなにも聞かなかったのであろう。だが、梅津に随行した作戦課長の天野正一が、岡村に同行した支那派遣軍総司令部第一課長の西浦進から説明を受けたにちがいない。梅津は天野から話を聞き、戦いの定型は大きく変わった、最後の安定した大陸の戦線もまもなく容易ならぬことになると覚悟をしたはずであった。

昨六月七日から皆生温泉に滞在する梅津美治郎はこうしたことを思い浮かべ、天皇につぎのように申し上げようと考えるのであろう。

アメリカ軍が揚子江下流三角地帯に上陸作戦をおこなっても、「決戦ヲ指導スルコトナク　適宜該方面ノ要域ヲ確保スルコト(32)」と支那派遣軍総司令官に指示し、持久の策をとるようにと命じたことを言上し、これがなぜなのかを説明する。

沖縄では、敵は四月一日に四個師団を上陸させた。べつに待機部隊が二個師団、戦略予備が一個師団あった。揚子江下流地帯に敵が侵攻するとなれば、十二分に計画、準備された八個師団を上陸させることになろう。

そこで、揚子江下流三角地帯を守る第十三軍の実情を説くことになる。

第十三軍は八個師団と六個旅団を持つが、火力はわずかであり、なによりも弾薬が足りない。しかも、上海だけでなく南京、徐州、福州、温州までに分散している。アメリカ軍が上陸しても、機動力を欠くから、とても迅速に望む地点に集結できない。たとえすべてを結集できたとしても、アメリカ上陸軍との戦力の差はあまりにも大きすぎる。

そこで、芷江作戦について申し上げねばならないとかれは考えよう。

かれは大連に行く前、天皇に芷江作戦の最後の戦況上奏をおこなったはずだ。芷江を攻略することを断念したとは言わずに、坂西や岡村が説いたようにこの作戦は第十一軍の撤収擁護がねらいだったと都合よく説明を変えていたのかもしれない。

それはともかく、アメリカ空軍の支援とアメリカ供与の豊富な火力を持った重慶軍の戦力は第二十軍の戦力を大きく上回っていることを申し上げようとかれは考えるのだろう。

このように説明すれば、第二十軍よりも第十三軍は戦力が劣る、その第十三軍よりも、寄せ集めの本土の軍隊の戦力はさらに劣る、この本土守備軍にアメリカ軍と決戦できる力があるのだろうかとお上は当然ながら気づかれることになろう。梅津はこう考えるのではないか。

第十三軍は爆薬が不足していると言ったが、ひとつ述べておこう。現在、上海の第十三軍の作戦参謀である伊藤昇が業務連絡のために東京に来ているが、かれが悔しがっている。第十三軍では機関銃以下の小火器はあり余り、使う人が足りないという状態だ。ところが、小銃さえ不足している内地にこの機関銃を運ぶすべがないとかれは嘆じているのだ。[33]

梅津美治郎は単調な灰色に閉ざされた美保湾を眺めながらうなずくのではないか。今日、「戦争指導ノ基本大綱」が本決まりとなっても、明日か、明後日、私がお上に揚子江下流三角地帯の第十三軍の火力はアメリカ軍と比べてとるに足りないこと、杭州、上海の周辺にアメリカ軍が上陸しても決戦できないことを申し上げれば、本土の戦いとなる以前に大転換の決断をしなければならないとお上はご理解になろう。[34]

いったい総理はなにを考えているのか

同じ午前九時だ。東京は曇っている。梅雨入りを間近にひかえて、不安定な天気がつづいている。

首相官邸の執務室には鈴木貫太郎がいる。一時間あとには御前会議が開かれる。戦争指導大綱を決める御前会議を開き、つづいて臨時議会を開こうと主張したのは鈴木貫太郎である。

いったい、かれはなにを考えているのか。

昨日、六月七日の陸軍大臣の執務室での話し合いから語ろう。陸軍大臣の阿南惟幾は次長の河辺虎四郎、次官の柴山兼四郎、軍務局長の吉積正雄を呼び、八日の御前会議に枢密院議長を加えることになったと語り、そのように決まった経緯を説明して、つぎのように言った。

「御前会議に重臣を出席させたいと首相が言った」

重臣とは枢密院議長と内閣総理大臣前官礼遇者である。

「そこで重臣の顔ぶれだが、重臣の肩書はないものの、牧野元内大臣を入れてはどうか。内大臣を十年にわたってつづけた牧野伯は十二分に重臣の資格があると言い、ついては東条大将を欠席させてはどうであろうかと首相は私と米内大臣に相談をもちかけた。

私は首相に向かって、同意できないとただちに述べた。どうしてそういうことをしなければならないのかわからない、東条大将を欠席させるなど、東条大将に死を与えるに等しい。初期作戦のときにだれが東条大将を恨んだか、今日そのような言を弄するものありとせば、もってのほかであると私は言った。米内大臣も、どうもおかしいと言った。

つづけて私は首相に向かって、それほど重臣が必要ならば、前例もあることだから、重臣たる身分で枢密院議長の平沼騏一郎を出席させたらどうかと述べた。この問題はこれで決着がついた」[35]

軍務局長は大臣室から局長室に戻って、軍務課の課員たちに大臣から聞いたばかりの話を語ったのであろう。奇怪な話だと課員たちは思ったにちがいない。

二・二六で九死に一生を得たその二人、鈴木貫太郎と牧野伸顕はなにか共謀しているのであろうか。だが、前日の会議における首相の態度、発言を聞くかぎり、首相が牧野伯となにか画策しているとは思えない。

だれかがそんな陰謀があるとは露知らない鈴木首相をだましているのであろうか。

牧野伸顕といえば、すぐに頭に浮かぶのは女婿の吉田茂のことだ。吉田茂は近衛文麿の二月の上奏文の作成にかかわっただけでなく、かれは牧野伸顕と樺山愛輔の二人を動かし、木戸幸一を説得し、和平に導こうとして、この一月から工作してきたのだという。[36]

牧野伸顕に関する軍事資料部の調査書を持ってこさせた者がいたのであろう。

牧野の渋谷神山町の邸は五月二十三日の夜に焼かれた。牧野は無事だった。同じ神山町の焼け残った鍋島直高の家へ移っている。鍋島は牧野の長男である伸通の妻純子の実家だ。このことは前にも記した。

吉田を捕らえたあと、牧野になにか動きがあるのか。軍事資料部には、牧野の邸に出入りする人びとの記録がある。なにかをやろうとする動きはないようだ。牧野は使い走りから受けとった手紙一本で動くようなことはしない。

重臣たちが策略を弄しているのだろうか。納得できる説明はそれしかない。近衛文麿や岡田啓介が陰謀をめぐらしているのかもしれない。かれらが示しあわせ、統帥部に質問を浴びせ、国力が尽きてしまう九月、十月以降はどうするつもりか、ソ連が参戦したらどうするのか、いまや政治的結論をだすときではないのかと切りだすつもりなのかもしれない。

七人の重臣のなかから東条大将を外そうとしたのは、重臣たちの主張が割れ、仲間喧嘩になるのを恐れてのことではないか。だが、出席者を枢密院議長の平沼騏一郎ひとりにしてしまった。かれがなにか言うのだろうか。かれひとりになってしまったら、なにも言いださないのではないか。

軍務課員たちはこんな具合に話し合ったのであろう。

昨日の午後には臨時閣議が開かれた。このことも述べておかねばならない。

一昨日の戦争指導会議でひとまず採択され、今日の御前会議で本決まりとなる予定の基本大綱案が最初に読みあげられた。さざ波ひとつ立たなかった。椅子の肘掛けにもたれ、机に肘をついた、精気のない顔の閣員たちが押し黙っているなかで、東京を守り抜かねばならないと説く首相の声だけが高く響いた。

首相が退席したあと、衆議院と貴族院で九日におこなわれる予定の首相の施政方針演説の草稿が閣僚たちのあいだにまわされた。ひとりが指さし、おかしな話を入れたものだ、木に竹をついだようだと言い、隣に坐る閣僚の肘を突つき、とてもだめだ、かならず面倒が起きると言った。野党となった護国同志会の浜田尚友、小山亮といった小うるさい連中が黙っていないとつけ加えたのであろう。

総理はいったいなにを考えているのだろうかと隣に坐る人の耳にも入るように呟く者もいたのであろう。

その草稿に尋常ならざる箇所があることは、それを起草した内閣書記官長の迫水久常が先刻承知していた。かれは陸海軍の軍務局長に施政方針演説になにを入れるべきかを問い、首相にも尋ねた。問題の部分は、鈴木が原稿に入れてくれと口述した話だった。

「……私ハ、カツテ、大正七年練習艦隊司令官トシテ、米国西岸ニ航海イタシマシタトコロ、サンフランシスコニオケル歓迎会ノ席上、日米戦争観ニツキ一場ノ演説ヲイタシタコトガアリマス。ソノ要旨ハ、日本人ハ決シテ好戦国民ニアラズ、世界中デモットモ平和ヲ愛スル国民ナルコトヲ歴史ノ事実ヲアゲテ説明シ、日米戦争ノ理由ナキコト、モシ戦エバ必ズ終局ナキ長期戦ニ陥リ、マコトニ愚カナル結果ヲ招来スベキコトヲ説キ、太平洋ハ名ノ如ク平和ノ海ニシテ、日米交易ノタメニ天ノ与エタル恩恵ナリ、モシコレヲ軍隊輸送ノタメニ用ウルガ如キコトアラバ、必ズヤ両国トモ天罰ヲ受クベシト警告シタノデアリマス。シカルニソノ後二十余年ニシテ、米国ハコノ真意ヲ諒解セズ、不幸ニモ両国相戦ワザルヲ得ザルニイタリマシタコトハ、マコトニ遺憾トスルトコロデアリマス。……㊲」

閣僚たちいずれもが首を横にふった。国務省の下村宏と数人の閣僚が居残って、その草稿に手を入れることに決まった。

午後から降りはじめた雨は激しくなった。夕刻からは南風が吹きはじめ、「米」の字の形に和紙が貼ってある窓ガラスにしぶきをたて、白い斑点がひろがった。

家族を疎開させた閣僚たちは首相官邸小食堂の食事を楽しみにしている。官邸の夕食は一汁一菜だが、どうやら魚がある。今夜は新喜楽だ、瓢だ、山口にもまわらねばならないといった宴会や晩餐会のとめどもない夜の日課は、もはやだれもが無縁となっている。酌をする芸妓にちょっぴりふしだらな考えを起こしたりしたのも昔の話である。

夕食のテーブルに、鯨かイルカの切身がでることがある。ときに不快な匂いのするイルカは喜ばれないが、鯨は喜ばれる。いまや鯨はいちばんのご馳走だ。

帝国ホテルや新橋駅の東洋軒での昼の食事がでる集まりで、ナイフとフォークのあいだに運ばれて置かれた皿に載った黒い、薄い肉に目をこらし、これはなんの肉だろうと思っている人の耳に、鯨だよと小さな声が聞こえてくれば、人びとの口もとは自然とゆるむ。首相官邸でもそれは同じだ。

鯨は金華山沖や九州五島沖で獲れる。もちろんのこと、南氷洋へ出漁できるはずはない。日新丸船団が南極の海でドイツの補助巡洋艦と行きあい、鯨油を贈ったことは前に記した。[38] 昭和十六年二月のことだった。それが最後の南氷洋捕鯨だった。

七隻あった捕鯨母船は開戦前に軍に徴用され、石油の輸送に動員されたが、すべて沈められてしまった。九十隻を超す捕鯨船も、開戦前にすべて海軍に徴用されて駆潜艇となった。これまたあらかた沈められてしまった。

日本近海の鯨を獲ろうということになった。捕鯨船をつくらねばならない。石炭燃焼のレシプロ機関をとりつけた小さな木造船だ。政府も熱を入れ、捕鯨船の建造にわずかな資材をまわした。

昨年の捕獲頭数がピークだった。極洋捕鯨だけで、イワシ鯨、マッコウ鯨、合わせて二百三十頭を獲った。[39] だが、今年に入って、東支那海への出漁が危険になった。下関の基地から日本海を航行し、はるか大回りをして牡鹿半島に移ってきた捕鯨船は、例年になくシロナガスが回遊しているということで勢い込んだ。ところが、金華山沖で操業を開始したばかりの林兼の第五関丸が先月二十日に消息を絶った。[40]

首相官邸の夕食の魚は鯨かイルカと言ったが、いちばん多いのはスケソウダラか、ホッケだ。ときに煮つけでなく、フライのこともある。会議が遅くなれば、揚げ置きのフライのころもに白い蠟がふく。使っている油が椰子油だからであることは前に記した。

今夜はホッケの煮つけなのかもしれない。

スケソウダラはだれもが知っているが、ホッケという魚は、この一、二年、配給される魚の名前として覚えたばかりの閣僚がいる。だれかが、昔は囚人魚と呼ばれたのがこの魚ではないかと言えば、いや鰊の卵を食い荒すから嫌われるだけで、新鮮ならうまい魚だよ、刺し身でも汁の身にしてもおいしい、脂がのっていまごろがいちばんおいしいときだとべつの閣僚が言い、底引き網で大量に獲れる、鰊が獲れなくなったらホッケの時代になるのではないかなと語る。

そして、この閣僚はテーブルを囲むほかの閣僚を見まわし、ホッケの切り身の皿に箸をつけながら、このさきどうなるかわからないが、もし来年、再来年、北海道の鰊が不漁なら、沖縄百号とこの北海道のホッケが日本の救いの神になるかもしれないと言ったのかもしれない。沖縄百号は現在もっともひろく植えられているさつま芋の品種だ。

だれもがこうした話をつづけたくはないから、うなずいてみせるだけで、そう言えば、鰊はどうなのかともうひとりが問い、北海道で桜が咲く五月、そして六月までは春鰊の季節だろう、東京に入荷しているのだろうかとだれかが言ったのではないか。

住まいが焼け残ったひとりの閣員がつぎのように言ったかもしれない。うちの町内では先週あったよ。今年はじめてだそうだ。一人一尾の半分、うちは五人だから二尾半の配給だと言っていたよ。うん、尾っぽのほうを食べた。

鰊は兵営や工場向けだ。兵士たちの蛋白質の摂取は鰊に頼っている。あらかたは身欠き鰊だ。ホッケの話をした閣僚がこんな具合に語ったのではないか。

今年のソ連領での鮭鱒漁はほんとうに出漁できるのだろうかとべつの閣僚が疑問を語りながら、だれもが小骨に残った身を丹念につついた。

つましい食事が終わり、草稿修正の仕事がはじまった。総理のこの挿話はすべて削ってしまうわけにはいかないのかとだれかが口を切った。迫水久常が総理はぜひとも入れてくれと述べたのだといったやりとりがあって、閣僚のなかでは第一の文章家である下村宏が草稿に手を入れることになった。

下村は役人の出身から朝日新聞の幹部となり、下村海南の筆名で数多くの論文、随筆を書いてきた。たいそうな筆まめで、相手と別れないうちに礼状を書いてしまい、「君に渡しておこう」と言うのは珍しいことではなかった。

「モシコレヲ軍隊輸送ノタメニ用ウルガ如キコトアラバ」につづいて、「必ズヤ両国トモ天罰ヲ受クベシト警告シタ」との一節を、「天譴《てんけん》必ズヤ至ルベシ」と書きあらためた。(41)

激しい風雨のなかで、青白い光が部屋のなかを走り、つんざくような鋭い音がした。テーブルを囲んでいた人びとは顔を見合わせた。爆撃のはずはない。それでも雷だねと念を押す人がいたのであろう。

鈴木貫太郎が考えてきたこと

今日、六月八日の午前九時に再び戻る。鈴木貫太郎がいる首相執務室に書記官長の迫水久常が入ってくる。

迫水は首相に演説草稿の修正箇所を示す。「私はサンフランシスコでは、まさに原案の通りに演説したのだ」と鈴木は不満を洩らす。迫水は草稿を再び元へ戻すことにする。(42)

鈴木はなにを考えているのか。かれは首相就任以来、戦争の継続を再三にわたって確言してきた。それにもかかわらず、どうみても和平の呼びかけとしか思えない挿話を施政演説のなかに入れることに固執している。

牧野伸顕を御前会議に加えようとしたのも、だれでもない、かれ自身、かれひとりの考えなのである。かれは阿南、米内にそれを提示する以前、木戸に相談した。木戸は御前会議に出席する他のメンバーに意見を求めたらいかがと逃げた。

牧野を出席させて、なにを言わせようと鈴木は考えていたのか。

鈴木は牧野のなんらかの発言を期待していたわけではない。

牧野が御前会議にでて、戦争の終結が望ましいなどといきなり言いだすことなど絶対にありえない。牧野は慎重の上にも慎重だ。前にも述べたとおり、かれの支持者からも、牧野伯の「リザーブ癖」と言われ、逡巡しすぎて決断がつかないと批判されもした。四カ月前の二月十四日に天皇から意見を求められたときも、かれは戦争を継続すべきと説くにとどまった。

鈴木のねらいは、東条英機に代えて、牧野伸顕を御前会議に出席させることだけだ。

それで十分なのだとかれは考えた。昭和十年に内大臣を辞任してから十年近くになるとはいえ、いやそれだからこそ、きわめて明確な政略路線を代表するのが牧野伸顕の名前である。

鈴木が考えているのは、東条に代わる牧野の御前会議への出席と議会におけるかれの施政方針演説がかならずや米英両国の関係者の注意を惹くということだ。

鈴木がこのような方法を考えたのも、かれは自分が首相になったことが、敵国の日本専門家のあいだでどう受けとられたかを知っているからであろう。外相の東郷茂徳はそのような外交電報の写しを鈴木の手許に届けていたはずである。

数あるうちのひとつを挙げよう。四月十日に東京に到着したストックホルム駐在公使の岡本季正《すえまさ》の電報がある。

「四月六日ノ当地ノ新聞ハロンドンニオケル報道ヲ載セ、鈴木首相ノ経歴ニ鑑ミ、今次ノ政変ニヨリ、日本ノ政策ハ転換ヲ見ルベシ。日本ハドイツノヨウニ最後マデ抗戦セズ、和平ヲ求メル可能性アリ。一部ニハ、対日戦ガ予想以上ニ早ク終ルト見ル向キモアリ(43)」

鈴木はまた自分の信号が無駄にならずに相手に通じていることも知っている。四月十二日のルーズベルトの死に際して、「私ノ深甚ナル弔意ヲ米国民ニ表明スル次第デアル」とかれが述べたことは、アメリカの通信社が伝え、全米にセンセーションをおこしたとチューリッヒからの外交電報は告げてきていた。

外交電報といえば、これは昨年のことであり、鈴木が首相になる前のことだったが、ストックホルムかそれともリスボンからか、ジョゼフ・グルーの著書の概略が外務省に届いていたはずである。

グルーの著書とは、昨年五月にニューヨークの有名出版社から公刊された「テン・イヤーズ・イン・ジャパン」である。

国務省切っての蔣介石支持派、日本嫌いであり、それこそ十五年にわたって極東局を支配していたのがスタンレー・ホーンベックだった。そのホーンベックが更迭されて、グルーが国務省の極東問題局長に任命されたのが昨年の五月一日だった。かれはまた、極東に関する部局間地域委員会を主宰し、かつて東京の大使館でかれのもとでナンバーツウの地位にいた参事官、暁星学園から奈良の郡山中学で学んだことのある、日本語の達者なユージン・ドゥマンをはじめ、昭和七年から十年間にわたる東京時代の信頼する部下たちを自分のもとにすべて集めた。

それこそ、日本との戦いがはじまって、交換船に乗るまでの七カ月のあいだ、閉じ込められた赤坂の大使館内で、ルーズベルト・近衛会談を開催すべきであったと雄弁に説いた六十頁もの報告書をつくり、そのあいまにブリッジ、ポーカーをやり、小さなゴルフ・コースでゴルフを楽しんだ人びとだった

そこで、最初にリスボン駐在公使の森島守人《もりと》が、つづいては外務省の課長、局長から

宮廷の高官までが、週刊誌「タイム」に載った「東京のアメリカ大使館が国務省極東局を占領した」という記事に目を丸くしたはずであった。東京の大使館の一等書記官だったディックオーヴァから、商務官だったウィリアムズ、グルーの大使時代の個人秘書フィアリーまでが極東を統轄する部局間地域委員会に顔を揃えたのだ。

そしてグルーが駐日大使であったときの経験と考えを綴った「テン・イヤーズ・イン・ジャパン」を刊行したのがその同じ月の十五日であり、しかも手まわしのいいことに、その本についての多くの書評が同じときに新聞に一斉にでた。親重慶派のホーンベックがまだ極東局のボスでいたときから、すでに周到な準備が進んでいたことは歴然としていた。

こうしたことから、外務省の幹部や宮内大臣がなにごとであろうかとそのグルーの著書に異常な関心を持ったのは無理からぬ次第だった。

そして、その本のなかで、グルーが天皇は平和を好む性格の人だと強調し、グルーの信頼する日本の友人は牧野伸顕だと説いていることが、かれらの注目を集めたはずだった。たとえば、下村宏は放送協会の会長だった時期にそれを承知したのであろう。国務大臣となった下村は首相の鈴木と話し合ったとき、それを語ったのではないか。かれが鈴木首相宛ての遺書に、牧野伯をして宮中へ伺候《しこう》の道を開くことと記していたことは前に記した(44)。

下村からの話だけではなく、シベリア鉄道を経由して外交行嚢に入れて送られてきたグルーの著書そのものか、牧野伯を褒めている箇所の抜き書きを、鈴木貫太郎は読んでいたのかもしれない。

こうしたわけで、「飽クマデモ戦イ抜ク」ことを決める御前会議に、東条英機に代えて牧野伸顕を出席させれば、グルーは注目するにちがいないと鈴木は考えたのである。

ところで、べつの話になる。

鈴木は三方原《みかたがはら》の戦いの逸話が好きなことは前にも述べた。かれはこの話を何度か部下たちに語ってきた。かれの五人の秘書官、長男の一、西村直巳、鈴木武、松谷誠にもこの話を語った。かれらがこれを聞かされたのは一度だけではあるまい。

武田信玄は信濃、甲斐を支配していたが、駿河を占領し、新しい領国とした。徳川家康は三河が根拠地だが、遠江《とおとおみ》に進出した。信玄は上洛を目標としていた。遠江に侵入し、さらに三河を襲おうとした。邪魔になるのが、家康のいる遠江の浜松城である。

こうして三方原の戦いとなる。信玄とその三万の軍隊は、現在の長野と静岡の県境にある青崩峠《あおくずれ》を越えて遠江に入り、家康の部下が守る二俣城《ふたまた》を攻撃した。二俣城は天竜川沿いにあり、家康の居城のある浜松城の北二十キロのところにある。

信玄の軍隊は二俣城を落とし、浜松城の北に広がる三方原の台地に向かった。一万の家康の軍隊がこれを迎撃しようとした。戦いは三方原の北の端で起きた。午後四時のことだ。優勢な兵力の武田軍は徳川軍を取り囲み、攻めたてた。徳川軍は総崩れとなり、三千人の死者を残して敗退した。午後六時、家康はかろうじて浜松城の北の口から城内に逃げ込んだ。

ここで鈴木貫太郎が得意とする話になる。家康はこの北の口を守る鳥居元忠に、城門を閉じないで開けておけ、外から見えるように薪を焚かせよと命じた。

武田軍の先鋒隊が北の城門前まで来た。城門は開かれており、見えるのは赤々と映える篝火《かがりび》だ。躊躇して進まなかった。

鈴木貫太郎はつぎのように語った。

家康は城門を開け放し、来るなら来てみろと敵方に叫んだ。武田側はなにか策略があるなと思い、城攻めを断念、撤収した。

これが、いまから三百七十年前、元亀三年十二月二十二日の戦いである。

徳川の時代になって、「権現様一代の御難戦」と呼ばれたこの戦いについて、いくつもの著作が刊行された。歴史好きの鈴木はこれらの本を読んだのであろう。

ほんとうの話をすれば、家康の奇略が浜松城とかれを救ったのではない。武田信玄は、背後の敵、越後の領主、上杉謙信の動きを恐れ、時間のかかる城攻めを嫌ったからこそ、三方原に徳川軍を誘いだして叩いたのだし、浜松城をそのまま放置し、家康の本拠である三河を急襲しようと考えていたのである。

家康を救ったのは、信玄が翌年の四月に病死したことだった。

それはともかく、鈴木は家康と同じように、来るなら来てみろと叫ぶことが大事なのだと思っている。

だが、そのあとの鈴木の考えは家康とは関係ない。鈴木の考えはつぎのようなものであろう。どこまでも戦い抜くぞとの決意を示しながら、和平の用意があることをわずかに匂わせれば、敵側は荒っぽい無条件降伏の要求をとりさげるのではないか。敵はなんらかの譲歩をおこない、こちら側に戦いの継続を断念することができる条件を提示してくるのではないか。

鈴木貫太郎は自分の計画を外務大臣の東郷茂徳と協議したことはない。それどころか、入閣を求められた東郷が、今後の戦局の見通しを問うたのにたいして、「なお二、三年は続けることができるだろう」と鈴木は答えているのだ㊺。

また、鈴木は海軍大臣の米内光政に自分の考えを洩らしたことはなく、内閣書記官長の迫水久常や秘書官たちにも語ったことはない。

そこで、前にも触れたとおり、慶応生まれの首相は軍記ものの世界に閉じこもっていると批判する者もいる。かれらには鈴木の計画がわかっていない。

鈴木は注意深いジョゼフ・グルーがかならずや自分の言わんとするところを理解するだろうと思っている。

昨年十一月に病身のハルに代わって、エドワード・ステティニアスが国務長官の椅子を継ぎ、グルーは国務次官となり、つづいては国務長官代理となっている。

国務長官代理のグルーが大統領トルーマンに日本にたいする降伏方式の再検討を説くことになり、新しい声明の発表を求めることになるのではないかと鈴木は考えているのである。

じつをいえば、御前会議の開催はこれまでかならず発表されてきたわけではない。たとえば昨年八月十九日に開かれた御前会議は公表されなかった。御前会議で定められた「方針」は「国家機密」とされた。鈴木は今回の御前会議の開催を正式に発表し、出席者の氏名を明らかにし、東条英機が欠席し、代わりに牧野伸顕が出席していることを示した上で、本土防衛の戦いをおこなうと発表するつもりだった。そして衆議院と貴族院で全議員を前に自分の考えを述べようとすれば、どうしても臨時議会を召集しなければならない。二十年度の予算案、臨時軍事費予算案を通した第八十六通常国会は三月二十六日に終わっていた。小磯内閣のときだった。臨時議会を開き、戦争の継続と本土の死守を打ちだす。その施政方針演説のなかに和平の呼びかけを忍び込ませる。

こうしたわけであったから、鈴木は迫水久常に向かって、訂正された施政演説の草稿にたいする不満を語り、サンフランシスコで語ったとおりの文言に戻させた。だが、御前会議に開戦の責任者を欠席させ、「和平」がそのキーワードとなる重臣を出席させせようとするもうひとつの試みはつぶされてしまった。御前会議出席者の氏名と会議で決まる戦争継続の決意を新聞に載せ、海外向けに放送させるようにとかれは内閣秘書官長に命じる考えはもはやない。

午前十時五分から宮内省第二期庁舎で御前会議が開かれるとは、最初に述べた。御前会議は一昨日の会議の繰り返しであり、シナリオから外れるようなことが起きるはずがない。陸軍側が懸念していたのは、枢密院議長の平沼騏一郎がなにを言うかということだ。だが、これはかれらの思いすごしだ。平沼のほうには、なにもありはしない。今日あくまで戦争を完遂しなければならないときに、和平を唱えるがごときはもっとも戒めねばならぬと平沼は説く(46)。

梅津美治郎は今日も欠席している。大連からの帰途、かれは再び米子で足どめされている。天皇は会議のあいだ沈黙を守りつづける。会議は十二時前に終わる。

雨が降りだした。落ち着きのない天気だ。

内大臣は考える

午後二時少し前だ。雨はやんでいる。同じ六月八日である。

木戸幸一は御文庫で、天皇から午前中に開かれた二時間の会議の説明を受ける。

そのあとかれは家に戻る。かれの家が焼けてしまい、弟の和田小六の持ち家に移ったが、ここも焼けてしまい、小六の邸に同居している。このことは前に述べた。かれの母と長男孝澄《たかずみ》の嫁の舒子《のぶこ》と孫たちは山梨県の塩山にこの三月末に疎開したことも前に記した(47)。

かれは妻の鶴子と小六の妻の春子とともに駒込六丁目の染井《そめい》墓地へ向かう。この数カ月のあいだ、かれは足しげく染井へ通ってきた。染井には木戸家の広い墓所があり、父孝正と昨年十一月に他界した次女の笑子、夭折した三男孝信の墓がある。

三月七日にかれが墓詣りに行ったときには、墓地入口の道路に爆弾の大穴があいていて、車を降りて歩かねばならなかった。茶屋の山田も半分ほど壊れていた。茶屋の庭には爆弾の大きな穴があいていた。三月二十一日にも、かれは染井へ行った。五月八日に行ったときには、山田屋も管理事務所も焼けてしまっていた。山田屋の主人夫婦が死んだと聞かされて、かれは驚いた。かれの赤坂新坂町の家が焼かれたのと同じ四月十三日夜の空襲で焼死したのだった。

今日、木戸夫妻が再び墓参に出向くのは、五月二十五日の空襲で墓所に被害があったのではないかと心配しているからだ。車の座席に沈み込んだ木戸は、赤っぽい灰におおわれた焼け跡に目をやりながら、じっと考え込んでいる。型どおりの御前会議の結論ははじめからわかっていたことだ。

かれが思い浮かべるのは、昨日、目を通した「国力ノ現状」だ。お上の指摘もあったとおり、すさまじい内容である。すべての経済活動が絶望的な状況であることを知らないわけではなかったが、このようにまとめて書かれているのを読めば、その衝撃はまたちがった。

鋼鉄船の新造は「本年中期以降ハ全然期待シ得ザル状況」と述べている。中枢工業地帯の工場は石炭供給の杜絶《とぜつ》によって、本年中期以降は「相当部分運転休止トナルノ算大」としている。また本年中期以降は、「軽金属及ビ人造石油ノ生産ハ因《もと》ヨリ　火薬爆薬等確保ニモ困難ヲ生ズル」と予想している。

「貯油ノ払底ト増産計画ノ進行遅延ニ伴イ　航空燃料等ノ逼迫ハ中期以降戦争遂行ニ重大ナル影響ヲ及ボス情勢」にある。「航空機ヲ中心トスル近代兵器ノ生産ハ、空襲ノ激化ニ因ル交通及ビ生産破壊、並ビニ前記原材料等ノ逼迫ノタメ、在来方式ニヨル量産遂行ハ遠カラズ至難トナルベシ」と予測している。

どれひとつをとっても鳥肌がたつ思いである。さらにつけ加えて、国民は飢餓に直面するだろうと告げている。「食糧ノ逼迫ハ漸次深刻ヲ加エ、本端境期ハ開戦以来最大ノ危機」になろうというのである。

診断はあくまで診断であり、治療法ではない。だが、どのような治療法があるというのだろう。呼吸器が悪ければ、腎臓も悪い。消化器の具合もよくなければ、心血管系もだめだ。そして肝臓の機能も低下している。もはや、どうにもならない。こうしたことが参謀総長、陸軍大臣、参謀次長、陸軍次官、第一部、軍務局の局部長たちにわからないはずがない。

いまや、いかなる戦争努力も、堤防からあふれでて、まっすぐ落ちてくる水の壁に素手で立ち向かうのと同じだ。

ところで、木戸はまたべつの重大な情報が頭から離れない。六月三日と四日の両日にわたって、元首相の広田弘毅がソ連大使と会談したというのだ。かれがその情報を内相の安倍源基から告げられたのは、昨日、六月七日のことか、それとも一昨日の六月六日のことであったにちがいない。

五十一歳になる安倍源基は木戸を頂点とする長州系グループの一員である。かれは内務省では一貫して警察畑を歩いてきた。昭和七年に新設された特高警察の初代の部長になった。警保局長時代から治安情報を木戸に伝えてきた。この四月六日、鈴木貫太郎に向かって安倍を内相に推したのは木戸である。

安倍は箱根会談の情報を警保局長の水池亮から知らされた。水池がそれを探りだしたのは造作もないことであった。広田弘毅が強羅の星一の別荘に到着した五月三十一日、外務省箱根事務所長の亀山一二は小田原警察署長と憲兵分隊長につぎのように告げ、了解を求めたのである。

広田元首相が強羅で静養するが、強羅ホテルと隣り合わせだから、あるいは昵懇《じっこん》な間柄のソ連大使と挨拶するぐらいのことがあるかもしれないが、そっとしておいてもらいたい。

安倍は外相の東郷に広田・マリク会談のことを尋ねた。ほんの瀬踏みだという返事に、ソ連を仲介しての和平工作には反対だと安倍は東郷に向かって言ったのだった。(48)

木戸は安倍からの通報によって、広田がソ連大使と一度ならず、二日つづけて会ったと聞き、これはおかしいぞと思うのと同時に、それが五月十一日、十二日、十四日の構成員会議とつながりがあるのだと気づいたはずである。

その三日間の会議の内容について、かれはなにも知らない素振りをしてきた。首相はその会議の内容を天皇に上奏せず、かれにも語らなかったからだ。

いったい鈴木総理はなにを考えているのだろう。

だが、かれは秘書官長の松平康昌から、その会議で合意できたこと、できなかったことを聞いていたのではないか。松平康昌はそれを高木惣吉から聞いていたのであろう。構成員会議でなにが論議され、どのようなやりとりがあったのか、木戸はだいたいのところを理解していたのである。

そこで広田がマリクと交渉をはじめたことを知って、木戸は振り返ってみたのであろう。前に何回も記したことだが、繰り返そう。

昨年からの、こちらの計画、予見、思惑はすべてはずれた。昨年の七月には、ソ連に特使を派遣し、中立条約の継続、独ソ和平の斡旋、そしてソ連との戦いを回避するための交渉をしようと考えた。さらにソ連が「一般和平ヲ斡旋シ実現スル場合(49)」とつけ加え、戦争の終結をソ連に頼るつもりであることも明らかにした。すべてがうまくいきそうな気になり、だれもがマリアナ諸島の失陥と連合艦隊の壊滅が引き起こすであろうそのあとの恐ろしい事態をいっとき忘れることになった。

ところが、九月にソ連側が特使の受け入れを拒否してきて、すべての夢は消えた。あらためてソ連にさぐりを入れることになったのは、今年の二月になってからだった。ヤルタ会談が二月十一日に終わった四日あとのこと、ハルピン総領事の宮川船夫が東京へ来て、ソ連大使のマリクに向かい、スターリンが和平の調停者としてすべての国に戦争の停止を要請したらどうであろうかとほのめかした。

重光は首相の小磯にはなにも言わなかったが、木戸にたいしては翌二月十六日にこのことを語ったはずである。

宮川船夫の提言にたいして、モスクワからはなんの反応もなかった。重光は重ねて打診したが、モスクワからはなにも言ってこなかった。

木戸をはじめ、だれもが気にしていたのは、日ソ中立条約を延長するか廃棄するかを予告する期限が四月二十五日だということだった。二月二十六日に、東条英機は天皇に向かって、その最終期限とサンフランシスコで連合国の全体会議の開幕日が重なることは偶然の一致ではないと述べた。ソ連と米英との対立がいよいよはっきりするのではないかと、東条は期待したのだった。

四月五日、陸軍大臣を辞任することになった杉山は、日ソ中立条約の最終期限とドイツの敗北が重なるのではないかとの懸念を木戸に語り、ソ連は日本に和平を呼びかけるのではないか、ソ連単独でやるか、米英との共同声明になるかだと語り、あらかじめ準備が必要だと言った。

木戸から重光、杉山、東条、だれをもびっくりさせたのは、ソ連が日本となんの交渉をすることもなく、そのそぶりすら見せず、唐突に日ソ中立条約の不延長を通告してきたことだった。東京の外務省にその電報が到着したのは、小磯内閣瓦解のすぐあと、四月六日の午前中だった。

予測はすべてはずれ、期待は幻想に終わった。そして四日前に広田がマリクに会った。だが、日ソ関係の改善を求めるなど、いまとなっては遅すぎると木戸は考える。

染井墓地に向かう車のなかで木戸は思いをめぐらす。いずれにせよ、外相東郷は構成員会議の開催を首相と陸海軍首脳に申し入れ、戦争終結の問題をとりあげざるをえなくなるのではないか。面倒なのは、今日の午前中の御前会議で戦争継続をはっきり決めてしまったことだ。陸相はその決定を楯にとることになるかもしれない。首相はどういう態度をとるのだろうか。御前会議に出席することなく、米子にとどまっている参謀総長は、いったいなにを考えているのだろうか。木戸は考えつづけるのであろう。

もちろん、木戸の胸中にはべつのもっと大きな気がかりと怒りがある。この一週間、ずっとかれの胸のなかにある重い異物があり、なにを考えていても、かならずこれにぶつかり、そのたびにかれは顔をしかめるはずだ。かれを解任しようとした例の陰謀である。

六月二日、かれはその陰謀があるのを知るのと同時につぶしてしまった。その陰謀が再燃しそうだと木戸が知ったのは、一昨日か一昨々日《さきおととい》のことであろう。木戸を内大臣にとどめておくべきではない、お上は再考なさるべきだといった声が大宮様からでているとかれは聞き知ったのではないか。

言うまでもなく、大宮様とは貞明《ていめい》皇太后のことだ。皇太后は明治十七年六月二十五日の生まれだ。六十歳になる。五月二十五日の夜に赤坂の大宮御所が焼かれてしまったことは、前に述べた。庭園内の茶畑のなかにある防空室を住まいにし、畳敷きの寝台が持ち込まれている。

皇太后は男勝りの性格で、女丈夫、ときに烈女と呼ばれもし(50)、筋道が立っていないと思えば、黙っていなかったし、気に入らないことがあれば、すぐ口にした。昭和のはじめのことになるが、「どういう御用でお召しか、政治上の問題なら、お伺いできない」

と宮廷に関係の深い高官に釘をさされ、皇太后は歯嚙みをする思いをしたことが何度かあった。

じつは大正の末期から、皇太后と宮廷高官とのあいだで、そうしたいざこざがつづいていた。元老の西園寺公望《きんもち》ははっきり口にすることはなかったが、大正天皇は病身であったし、摂政となった現天皇が若年であったことから、皇后、そして皇太后となる女性が、政治に口出しするようになって、隣国の西太后のように「垂簾《すいれん》」政治をおこなうようになることを強く警戒したのである[51]。

こうしたわけで、皇太后の謁見の間が権力の中心のひとつになったことは一度もなかった。だが、戦局が悪化しはじめて、皇太后が語った言葉は宮廷内にさざ波を起こすようになった。皇太后が、老人と婦女子だけが残ってこの日本はどうなるのかと宮廷高官に不安を打ち明け、戦争をやめる方法はないものかと漏らすようになったからである。

今年一月の末、宮廷内に緊迫した空気が張りつめた。前に述べたことだが[52]、皇太后は天皇からの使いに向かって、いつまで戦争をつづけるつもりか、この戦争をやめるわけにはいかないのかとあらためて問い、お上は牧野伯爵、近衛公爵の考えを尋ねてみられてはどうかと意見を述べたのである。

つづく二月に、天皇が重臣ひとりひとりを招き、かれらの意見を聞くことになった根本的な理由はじつはここにあった。そのあと木戸は皇太后に向かって、牧野伯は陛下に

「なにをおいても戦況の有利なる展開が最先決」と申し上げ、近衛公は陸軍現首脳陣の更迭が必要だと申し上げたのだと語って、戦いをいますぐ終結させることはできないと言上したのである。(53)

天皇と皇太后の溝はひろがり、修復できないまま、両者の関係はこじれてしまっている。(54) そして皇太后は木戸がこの戦いを終わらせるためになにもしないことにいらだちを抱きつづけている。

こうして、木戸は自分が皇太后の不興を買っていることを承知していたから、自分の政敵が皇太后を利用するのではないかとずっと気にしてきた。この三月末には、自分を逐おうとして、吉田茂が牧野伸顕伯を引き入れ、大宮様を動かそうとしているのではないかと猜疑心を燃やしたこともある。また、皇太后が米内光政を信頼されていることも、(55)木戸にとっては気になることのはずであった。

そこへ木戸を辞めさせようとする事件がほんとうに起きた。

皇太后はこのことを聞き知った。皇太后にしてみれば、宮内大臣の更迭に内大臣がからむ出来事であれば、宮中の問題であり、詳しい説明を聞く権利はあるし、お上に自分の意見を言って当然と思った。

そして、皇太后は六月三日に木戸が語ったところの宮内大臣交代の説明に納得できなかった。どうして木戸は辞めなかったのだ、お上になんと申し上げたのだ、侍従長に尋ねてきてほしいと皇太后太夫に命じることになったのであろう。

木戸は一昨日に皇太后太夫の広幡忠隆を訪ね、昨日、六月七日には、侍従長の藤田尚徳に会った。天皇が言われたこと、天皇に申し上げた内容、それに同意された天皇の言葉を木戸が皇太后太夫、侍従長に語ったであろうことは間違いない。

陰謀の残り火は踏み消した。だが、かれの胸中にある大きな鉛の玉はなくならない。ところで、木戸は天皇にどのような説明をして、内大臣の椅子にとどまることになったのか。

かれは天皇につぎのように言上したのであろう。

「内大臣に石渡荘太郎元蔵相を持ってくれれば、だれもが石渡氏と親しい米内海軍大臣と松平前宮内大臣の差し出口だと思うにちがいありません。かれらの策謀だと臆測することになります。当然なことながら、陸軍は海軍の陰謀だときめつけることになりましょう。

陸軍はこの半年にわたって陸海軍の統合に全力を注いでまいりました。ところが、米内大将は、この三月はじめ、そして同じ月の下旬にお上に向かって、絶対反対と奉答いたしましたように、(56) 陸軍の度重なる要請をまったく受けつけようとしませんでした。フィリピンにいる山下奉文《ともゆき》大将が、せめて航空兵力の統合運営だけでもできるようにしてくれと参謀次長だった秦彦三郎中将に訴え、『お上をわずらわしても実現を切望する』

と頼んだこと[57]、あるいは硫黄島の栗林忠道中将がわざわざ蓮沼侍従武官長に陸海軍の統合を訴えてきたことにもみられるように[58]、陸軍側はこの問題の解決に陛下のご聖断を期待してまいりました。

そこで、陸軍はお上が海軍の肩を持ち、陸海軍の統合に消極的だと不満を抱いておりましょう。こんなときに石渡を内大臣に据えれば、陸軍は宮廷が海軍とさらにしっかりと手を握ったとみて、いかなるねらいなのかと宮廷に疑心を抱き、海軍に敵意を燃やすことになりましょう。

いまや戦いの大部分を陸軍に依存せざるをえなくなっているときだけに、陸軍と無用の摩擦を引き起こせば、時局の収拾はいっそう難しくなりましょう。石渡荘太郎は内大臣ではなく、宮内大臣に任命なされるのが適切と考える次第でございます」

かれが日記に記した「諸般の事情より推して其の不可なる所以[59]」とは、このような内容だったにちがいない。

木戸はこのような弁明を、皇太后太夫の広幡忠隆に語ったのだし、侍従長の藤田尚徳にも喋ったはずである。

木戸のこのような説明に天皇は賛意を示したのだし、皇太后太夫と侍従長もうなずいたのであろう。

だが、木戸は皇太后の肝心な問いには答えていなかったのである。広幡、藤田から説明を求められることはなかったものの、かれらの問いも木戸の耳にはっきりと聞こえていたはずである。松平前宮内大臣はお前を内大臣の座から逐おうとしたが、その理由はわかっているのかという問いである。

だれもが誤解をしているのだ、内大臣はなんの権力も持ってはいないのだと木戸がいつもどおりの弁解をしようとすれば、(60)またべつの声が聞こえてくるはずである。お前は総理大臣がどれだけの権力を持っていると思うのかという問いである。

総理大臣の力が大きくないことは、だれもが百も承知の事実だ。総理大臣が統帥部を指揮できないといった不満や批判は実際には二次的な問題である。最大の問題は首相が陸軍大臣を含めて閣僚たちを指揮する法的権能を持っていないことだ。たしかに首相は閣内の意見を一致せしむるように努力する職責を持っている。ところで、憲法は各国務大臣がそれぞれに天皇を補弼《ほひつ》するものと決めている。総理大臣と各大臣のあいだはまったく平等である。そこで閣議の決定は多数決ではなく、全員一致制となっている。

ひとりの主要閣僚が首相と反対の意見を持ち、首相がかれをして自分の見解に従わせることができなければ、首相はその閣僚に辞任を求めるしかない。だが、その閣僚が辞めないと頑張れば、内閣の分裂となり、総理は閣内統一の職責を果たせないことから、総理の辞表提出、内閣の退陣とならざるをえない。あらかたの内閣はこのようにして倒れてきた。小磯内閣、東条内閣、第三次近衛内閣、その前の米内内閣、さらにそれ以前の阿部内閣、いずれもが閣内不統一で瓦解したのだった。

内大臣はどうか。表向きかれはなんの力も持っていない。だが、内大臣は、かれが首相の態度決定を支持し、首相の側に立つのであれば、ある閣僚が首相に反対し、倒閣するぞと脅して自分の主張を押し通そうとするのにたいし、倒閣をするつもりならやってみるがいい、首相を再任し、お前を叩きだしてやる、お前を再起不能にしてやるぞと存分に睨みをきかせることができるのである。

木戸はある閣僚の側について内閣を倒すことをやってきたのだし、首相の側についてある閣僚を追いだすこともやってきたのである。

内閣が重大な問題にぶつかり、首相と閣僚とのあいだで意見が割れて対立が起きたとき、内大臣の態度決定が大きな作用を果たしてきたのだ。

そこで、かれがおこなったもっとも重大な態度決定は、前にも述べたことだが(61)、昭和十六年十月十六日、首相の近衛が陸相の東条と中国撤兵の問題で真っ向から対立し、にっちもさっちもいかず、ついに閣内不統一を理由に総辞職しようとしたとき、かれが近衛の側につこうとしなかったことだ。東条の主張の側についた。翌十七日、宮中に召された東条は、後継内閣の首班に指名されるようだという情報をすでに耳にしていたのだが、なおも半信半疑で、撤兵しないという陸軍の強硬な姿勢を天皇から叱責されるのではないかと苦慮しながら、天皇の前にでたのである(62)。

木戸は自分がやったことを忘れてはいないはずだ。かれの耳にはつぎのような声が聞こえてくるにちがいない。お前は測りしれない大きな過ちを犯した。相手国の力を正しく認識することなしに、どのような結末をもたらすかを真剣に考えようとせず、日本をこの戦争に追い込んだ責任がお前にある。

この戦いがどのような戦いになるか、どれだけの若い生命を犠牲にするかをまったく考えようとしなかった。日本の都市という都市が焼かれることになると考えなかった。

なぜお前はアメリカと戦ってはならないと説かなかったのか、臥薪嘗胆策を国策とすべく努力しなかったのか、近衛の側に立ち、支那から撤兵しなければならないと天皇に申し上げなかったのかと問う声である。

そして、木戸が考えるのは現在のことになり、かれの脳裏にはっきり浮かぶのは、米内光政の顔となるはずだ。いまとなれば、すべてのことが木戸にはわかる。松平恒雄が辞任したのは、宮殿焼失の責任のためなんかではなく、私を逐おうとしてのことであったのと同様、現在、米内光政が辞任すると言いだしているのも、けっしてかれと陸軍との対立が理由ではなく、内大臣の椅子を石渡荘太郎に譲ろうとしなかった私の決定に反対の意思を表明しての無言の抗議なのだ。

松平恒雄の辞任につづいて、米内光政が実際に辞表をだしたら、お上はどう考えられるか。米内贔屓の大宮様はなんと言われるか。

木戸幸一「戦局ノ収拾ニ邁進スルノ外ナシ」と書く

車中の木戸は唇を噛みしめ、目をつぶったのであろう。頭のなかを万華鏡のように記憶がめぐる。二年前の八月、九月、不眠に悩まされ、「アンナ・カレーニナ」「戦争と平和」を読んだ毎夜のこと、完成した隣家への地下トンネルを手さぐりで逃げる夢が脈絡なく浮かび、「戦争と平和」も「ジャン・クリストフ」も焼けてしまったのだと思い、焼け跡に残った地下トンネルの入口の無残な情景を思い浮かべることになったのかもしれない。

そしてかれは、焼け野原にただひとつ残る道路を歩いている人びとがかれの車に向ける視線が気がかりだったにちがいない。黒塗りの車に乗っているのが宮廷最高位の内大臣だと知ったら、かれらはどう思うことだろう。

かれの胸中に浮かんだのは、「国力ノ現状」の最初の一節、国民は「局面ノ転回ヲ冀求スルノ気分アリ」なのかもしれない。染井墓地に車は着いた。

墓地のなかも、いまは周りの町と変わりがない。焼かれ、荒れはて、人影がない。二葉亭四迷の墓を探す文学部の学生がいるはずもなく、高村光雲の墓に詣る縁者もいない。地面のそこここに突っ立った不発の焼夷弾筒と靴を汚すぬかるみをよけて歩く。黒焦げの木々のあいだの墓石は、油脂を浴び、火がかかり、死者たちの名は黒く汚れ、なにが落ちてきたのか、背丈の倍もある碑石が真っ二つに割れている。その向こうの艶やかなグレイの小松石の墓石は、訪れる人が数年前からいないのであろう、生い茂る雑草に埋まってしまっている。

木戸は染井墓地から宮内省第二期庁舎の自分の執務室に戻り、机に向かい考える。頭に浮かぶのはただひとつ、三番町の官邸が焼ける前日、外相の重光と話し合って決めた方法である。

重光葵こそ木戸の心強いパートナーであることは前に述べたし、二人の約束も前に記したが、もう一度述べよう。

宮中のことは私が責任を負い、対外、政府のほうは重光葵が責任を負う。時機を選び、お上が内閣にたいして和平仲介をソ連に頼んだらどうかと「大命」をくだす(63)。だが、首相の椅子から引きずり降ろした小磯に仕返しをされ、重光は鈴木内閣の外相にとどまることができなかった。これも前に語ったことだ。

木戸は思いだす。重光の後任の東郷にたいしては、ドイツが降伏した五月七日、ソ連に和平仲介を働きかけると説く東郷の言葉にうなずき、必要な場合はお上からお言葉をいただくことにすると私が言った。

重光は私との仲を十二分に利用しようと考えていた。だが、東郷と私の関係は、重光とのあいだのように親密ではないから、しっかりとした連携プレーができない。東郷が単独でやった試みがうまくいかず、米内光政は自身ではなにもやろうとせず、自分がなにもしないことを棚上げして、私の責任を問おうとする。

木戸はこんな具合に考えるのであろう。怒りをふりはらって書きはじめる。

まず、沖縄の戦いが近く不幸な結果に終わるだろうと書く。「国力ノ現状」の結論から見るに、「本年下半期以後ニ於テハ戦争遂力ノ力ヲ事実上殆ンド喪失スルト思ワシム」と書き、敵が「全国ノ都市ト言ワズ村落ニ至ル迄、虱潰シニ焼払ウコトハ些《さ》シタル難事ニアラズ、又左迄ノ時ヲ要セザルベシ」と書く。

つづいてかれは、「左ノ方針ニヨリ戦局ノ収拾ニ邁進スルノ外ナシト信ズ」と書いた。なにをしなければならないかについてのだいたいの考えは、かれの胸中にすでにまとまっている。

「一　天皇陛下ノ御親書ヲ奉ジテ仲介国ト交渉ス。

相手国タル米英ト直接交渉ヲ開始シ得レバ之モ一策ナランモ、交渉上ノユトリヲ取ルタメニ、寧ロ今日中立関係ニアルソ連ヲシテ仲介ノ労ヲトラシムルヲ妥当トスベキカ」

さらにかれは講和条件について簡単に触れる。「名誉アル講和（最低限タルコトハ不《やむ》得止《をえざる》ベシ）」と書き、占領地からの自主的な撤兵と軍備の縮小を挙げる。[64]

甘すぎないか。斡旋に立つソ連はアメリカにこのような虫のいい条件を押しつけてくれるのだろうか。そもそもスターリンは日本のために仲介の労をとってくれるのだろうか。そんなことをいま考えてみてもしようがない。そして「名誉アル講和」としなければならない。

二時間ほどかかった。試案の全文は四百字詰め原稿用紙にして四枚ほどになった。午後五時すぎだ。夕刻までにこれを書き終えてしまいたかった理由がある。

午後六時に御文庫で松平前宮内大臣の慰労の陪食がある。石渡新大臣、そしてかれも陪席しなければならない。戦争終結のための計画をつくりあげたからには、なんら臆することなくかれらと顔を合わせることができる。かれはこんな具合に考えるのであろう。

暮れかかって、天気は崩れ、またも雨が降りだす。はるか遠くから高射砲の射撃音に似た雷鳴が聞こえてくる。

（第9巻、了）

引用出典及び註

(1) 特に重要と思われるものについてのみ出典を明記した。

(2) 引用中の旧仮名は新仮名に改めた。また読みやすさを考慮し、表記を改めたり、言葉を補ったりした場合がある。

(3) 「木戸幸一日記」「天羽英二日記」等、文中にて出典がわかるものは、特に出典を明記しなかった場合がある。

(4) 同一資料が二度以上出てくる場合は、発行所及び発行年度は初出時に記載するにとどめた。

第26章 「国力ノ現状」 アルミの生産は、航空機はどれだけ

(1) 根津知好・編「石炭国家統制史」日本経済研究所　昭和三三年　三六八頁

(2) 成田潔英「王子製紙社史　第四巻」王子製紙社史編纂所　昭和三四年　二四五頁

(3) 「同盟通信　海外経済」昭和二〇年五月一九日付　八五三頁

(4) 「浦賀ドック」浦賀船渠株式会社　昭和三二年　三五二―三五三頁

(5) 坂本幸四郎「青函連絡船」朝日イブニングニュース社　昭和五八年　七一頁

(6) 菅原富子〈学校工場〉「聞き書き　昭和のやまがた50年」東北出版企画　昭和五一年　一一八頁

(7) 東京瓦斯株式会社資料室「東京瓦斯人の記録」東京瓦斯株式会社　昭和四七年　四五頁

(8) 「東京瓦斯九十年史」東京瓦斯株式会社　昭和五一年　二二五頁

(9) 「日本国有鉄道百年史　第八巻」日本国有鉄道　昭和四八年　一〇頁

(10)「昭和二十年　第2巻」二二五―二二七頁
(11)「東京瓦斯九十年史」二三〇頁
(12)奥野高〈軍需省軍需監理官の仕事〉「滄暝　海軍経理学校補修学生第十期」文集刊行委員会　昭和五八年　一〇二六―一〇二七頁
(13)下村海南「終戦記」鎌倉文庫　昭和二三年　四七頁
(14)本文で、松平恒雄は木戸幸一に向かって、辞任すると言い、後任に石渡荘太郎を推薦すると語ったと述べた。

だが、木戸幸一の昭和二十年五月三十一日付の日記には、松平宮内大臣が来室して、辞意を表明したと記されているだけで、二人のあいだで話し合ったと思える後任はだれをといった協議の記述が欠けている。

そのあと、木戸は宮内次官、侍従長と語るのだが、これまた後任人事については日記になにも書かれていない。

石渡荘太郎の名前は六月二日の日記に突然現れ、米内海軍大臣に向かって、後任には「石渡荘太郎君を擬したしと話したるに、全幅の賛成を得」(「木戸幸一日記　下巻」東京大学出版会　昭和四一年　一二〇六頁) と記されている。

松平が木戸に自分の後任にはだれがいいと語ることなく、辞意だけを表明したというのは、ありえなかったことのように私には思える。

石渡の起用を望んだのが木戸自身だというのは、これまたありえなかったことと私は推量する。

さらに天皇が松平の助言を受けることなく、石渡を内大臣にして、木戸を宮内大臣に転じさせようと意図したのだと考えるのは、これまたあまりに不自然にすぎると私は考える。

五月三十一日に松平は木戸に向かって、後任に石渡を推薦したのだと私は考え、つぎに辞任を天皇に言上したとき、木戸を宮内大臣に転じさせ、石渡を内大臣に取り立てたらいかがと奏上したのだと私は理解している。

まだ納得できない人のために、この巻の八十三頁で述べたことをここで語る。

六月三日、木戸が石渡を訪ね、宮内大臣になってくれ、お上の思し召しだと語ったのにたいし、思し召しとは君だけが知ることだと石渡は冷やかに答えている。

これはのちに石渡が友人にわずかに洩らした木戸との一問一答である。

六月二日、木戸が自己の発意で石渡を後継宮相にと考え、米内の「全幅の賛成を得」たのであれば、米内はただちに石渡にこれを告げたはずであり、翌日の木戸と石渡の会話がこのようなとげとげしいものになるはずはなかったと私は思っている。

(15)「昭和二十年　第4巻」一五七―一六四頁

(16)「木戸幸一日記　下巻」一二〇五頁

(17)ジョン・コルヴィル　都築忠七ほか訳「ダウニング街日記　下　首相チャーチルのかたわらで」平凡社　平成三年　五五―五六頁

(18)上村伸一「破滅への道　私の昭和史」鹿島研究所出版会　昭和四一年　一一二頁

(19)脇村義太郎「二十一世紀を望んで　続回想九十年」岩波書店　平成五年　七―一四頁

(20)防衛庁防衛研修所戦史室「戦史叢書　大本営陸軍部大東亜戦争開戦経緯(5)」朝雲新聞社　昭和四九年　二一二頁

(21)ロジャー・A・フリーマン　大出健訳「第二次世界大戦空戦録(6)万能戦闘機P-51ムスタング」講談社　昭和五三年　二四八頁

(22)「戦史叢書　大本営海軍部・連合艦隊(6)」昭和四六年　一二八頁

(23)「日本製鐵株式会社史」日本製鐵株式会社　昭和三四年　三九四頁
(24)「創造と挑戦　広畑製鐵所50年史　総合史」新日本製鐵株式会社広畑製鐵所　平成二年　一七頁
(25)「海南島石碌鐵山開発誌」海南島石碌鐵山開発誌刊行会　昭和四九年　一九八―二〇六頁
(26)「室蘭製鐵所五十年史」富士製鐵株式会社室蘭製鐵所　昭和三三年　二〇四頁
(27)「戦史叢書　陸軍軍需動員⑵実施編」昭和四五年　七七七頁
(28)「八幡製鐵所八十年史　部門史　上巻」新日本製鐵株式会社八幡製鐵所　昭和五五年　八二頁
(29)「広畑製鐵所三十年史」新日本製鐵株式会社広畑製鐵所　昭和四五年　六三頁
(30)「室蘭製鐵所五十年史」三七〇―三七一頁
(31)「八幡製鐵所八十年史　部門史　上巻」二六一頁
(32)飯島正「戦中映画史　私記」エムジー出版　昭和五九年　二四〇頁　二九八頁
(33)静岡歴史地理教育研究会編「富士川の変貌と住民」大明堂　昭和五一年　三八頁
(34)「昭和二十年　第7巻」二七四頁
(35)「住友化学工業株式会社史」住友化学工業株式会社　昭和五六年　一一三頁
(36)「社史四十年　東洋曹達」東洋曹達株式会社　昭和五三年　五一頁
(37)「戦史叢書　陸軍軍需動員⑵実施編」七五〇頁
(38)「創業１００年史」古河鉱業株式会社　昭和五一年　四九四頁
(39)「住友化学工業株式会社史」一三一頁
(40)「昭和電工五十年史」昭和電工株式会社　昭和五二年　一一五頁
(41)「日本軽金属二十年史」日本軽金属株式会社　昭和三四年　一〇〇頁
(42)「創業１００年史」古河鉱業株式会社　四九五頁

(43)「日本軽金属二十年史」一〇一頁
(44)「滄溟　海軍経理学校補修学生第十期」文集刊行委員会　昭和五八年　一〇一〇—一〇一七頁
(45)グループ38「アルミニウム精錬史の断片」カルロス出版　平成七年　二七九頁
(46)「創業100年史」古河鉱業株式会社　四九四頁
(47)松根油で飛行機が飛んだかどうかは、「昭和二十年　第6巻」三五九—三六五頁を見よ。
(48)「柳田国男選集8　炭焼日記」修道社　昭和四七年　二四〇頁
(49)燃料懇話会・編「日本海軍燃料史　下」原書房　昭和四七年　一〇六一頁
(50)全国樺太連盟「樺太終戦史」樺太終戦史刊行会　昭和四八年　一六一頁
(51)木戸幸一「木戸幸一日記　下巻」一二〇六頁
　木戸幸一氏が天皇にどのように言上したかは、本巻四三六—四三七頁を見よ。
(52)「石渡荘太郎」石渡荘太郎伝記編纂会　昭和二九年　四四〇頁
(53)大木操「大木日記——終戦時の帝国議会」朝日新聞社　昭和四四年　三二〇頁
(54)「日本航空史」日本航空協会　昭和五〇年　九二〇頁
(55)参謀本部所蔵「敗戦の記録」原書房　昭和四二年　二七一頁
(56)「昭和二十年　第4巻」一二三頁
(57)「昭和二十年　第2巻」一一一頁
(58)「戦史叢書　大本営陸軍部(2)——昭和二十年一月まで」昭和五〇年　四六四頁
(59)堀康夫〈四月七日二製の被害〉「往事茫茫　三菱重工名古屋五十年の懐古　第三巻」菱光会
　昭和四六年　四九六頁
(60)「昭和二十年　第6巻」四一頁
(61)チェスター・マーシャル　高木晃治訳「B29日本爆撃三〇回の実録」ネコ・パブリッシング

平成一三年　二四四頁
(62) 深尾淳二〈落日の死闘〉「往事茫茫　三菱重工名古屋五十年の懐古　第三巻」二頁
「昭和二十年　第4巻」三九五頁
(63) 藤元章雄〈思い出つきぬ戦前戦後の十三年〉「往事茫茫　三菱重工名古屋五十年の懐古　第一巻」四八〇―四八一頁
「米軍資料　日本空襲の全容　マリアナ基地B29部隊」（小林仁示訳　東方出版　平成七年　五八頁）によれば、静岡発動機製作所に与えた損害は「全屋根面積の86％に達した」と述べている。

なお同じ箇所で、武蔵製作所に与えた「全損害」は「全屋根面積の62・6パーセントである」と言っている。
(64) 「大空襲　郷土燃ゆ　静岡県戦災の記録」静岡新聞社　昭和五〇年　一三一頁
(65) 「米軍資料　日本空襲の全容　マリアナ基地B29部隊」二八頁
(66) 「大和町史」大和町教育委員会　昭和三八年　五〇一頁
(67) 秋富公正〈十一期、十一空廠、十一倶楽部〉「士交会の仲間たち」士交会の本刊行委員会（海軍主計科短現十一期）平成一年　二一九六頁
(68) 沢和哉「日本の鉄道100年の話」築地書館　昭和四七年　三三九頁
(69) 「昭和二十年　第2巻」一七三頁
(70) 総理府統計局「昭和十九年人口調査　集計結果摘要」日本統計協会　昭和五二年　三七六頁
「昭和二十年　第2巻」一三三頁
(71) 近藤武一〈筆の散歩〉「往事茫茫　三菱重工名古屋五十年の懐古　第一巻」二六一頁
(72) 〈米陸軍航空軍史〉「横浜の空襲と戦災4―外国資料編」横浜市　昭和五二年　五九頁
三菱重工名古屋の回想録、「往事茫茫」の第一巻　第二巻　第三巻を読み、名発が四月七日

に壊滅し、疎開工場における操業がごくごく一部にとどまっていたことを知れば、アメリカ空軍戦史研究部のこの調査数字が正しいのだとだれもが思うと私は考える。

マリアナ基地のB29部隊は、武蔵爆撃の作戦名を「エンキンドル（燃え立たせる）」とつけ、大幸爆撃を「エラディケイト（根こそぎにする）」と名づけたのだが、それぞれ七回の爆撃が終わって、作戦は終了したのである。

ところが現在、目にすることのできる多くの資料は、三菱の発動機の生産数を、四月は十五基、五月はゼロとしていない。

だれもが手にするのは、軍需省航空兵器総局の資料をもとにしたという米国戦略爆撃調査団の「太平洋戦争報告書」のいくつかの翻訳であろう。みすず書房発刊の「現代史資料39　太平洋戦争5」（昭和五〇年）の二九一頁の統計表はそのひとつである。

そのなかに航空機の生産数、発動機の生産数がある。

三菱の発動機生産数を、

三月　五一七　四月　三四〇
五月　二二七　六月　三四四
七月　三三五　八月　二四一

としている。

これらの数字は正しくあるまい。

四月七日の大幸と四月十二日の静岡の爆撃があって、なお四月に三百四十基を生産し、六月には、三百四十四基をつくったというのは、事実からはるかに遠いように思える。いったい、七月の三百三十五基はどこでつくったというのであろう。

（73）〈米陸軍航空軍史〉「横浜の空襲と戦災4―外国資料編」六〇頁

これも、航空兵器総局の資料が出所だとする「現代史資料39　太平洋戦争5」の中島の発動機生産数はつぎのとおりである。

十月	一五七〇	十一月	一三三九
十二月	七一六	一月	四三八
二月	六二六	三月	五一七
四月	三四〇	五月	二二七
六月	三四四	七月	三三五
八月	二四一		

一月、二月、三月の生産数が正しいかどうかはわからないが、四月から八月までの数字は正しいものではあるまい。

残念ながら、三菱重工名古屋の回想録、「往事茫茫」に類似する、中島の関係者がまとめた回想録はない。昭和六十年に刊行された「中島飛行機エンジン史」（中川良一、水谷総太郎　酣燈社　昭和六〇年）は、中島の関係者による数少ない回想録である。

そのなかの一〇九頁に、「20年4月7日および12日の爆撃により武蔵の組み立て機能が一時停止したので、逆に大宮、浜松へ武蔵より部品を供給するようになった」という記述があり、同頁の表には、「武蔵・浅川」の「20年8月中生産数」だけがある。「61」とある。

中島の武蔵製作所の所長であり、昭和二十年四月一日からは、名称を変えた第一軍需工廠第十一製造廠の廠長だった佐久間一郎氏の伝記、「佐久間一郎伝」（加藤勇　佐久間一郎伝刊行会　昭和五二年）は、佐久間氏から多くの話を聞いてつくられたものだ。

この本のなかで、浅川の疎開工場の発動機の製作は「わずか一〇台にすぎなかった」（一七八頁）と述べているのは、佐久間氏から聞いた数字であろうか。なお、この期間の武蔵製作所の生産台数については、この本は触れていない。
(74) 黒住武、菱刈隆永〈みちのくへの工場疎開〉東大十八史会・編「学徒出陣の記録」中央公論社　昭和四三年　一八九頁
(75) 「戦史叢書　陸軍航空兵器の開発・生産・補給」昭和五〇年　五〇一頁
(76) 「大本営陸軍部戦争指導班　機密戦争日誌　下」防衛研究所図書館蔵　錦正社　平成一〇年　七一四頁
　念のためにつけ加えれば、戦争指導班の日誌は八百十四機としているが、八百十三機が軍需省航空兵器総局の発表した数字である。

　もうひとつつけ加えれば、中央公論社の昭和四十六年十一月号の「歴史と人物」に載っている「大本営機密戦争日誌」の昭和二十年五月六日の項では、このくだりが削られている。昭和五十四年に芙蓉書房から刊行された種村佐孝著「大本営機密日誌」にも、この箇所はない。

　種村佐孝氏はのちになって、これが首なし飛行機を加えたでたらめな数字だということを知って、削ったのであろう。
(77) 宇垣纏「戦藻録」原書房　昭和四三年　五〇四頁
(78) 航空機の生産機数にはいくつもの数え方がある。
　計画機数や受注機数を生産機数と間違えることがある。そして、航空機会社の納入機数があるし、納入のあと、航空廠が全装備をおこなったあとの完備航空機数がある。

　これら多くの資料は昭和二十年八月に焼却された。

　現在、活字となっている生産機数のひとつは、アメリカ合衆国戦略爆撃調査団「日本戦争経済の崩壊」(日本評論社　昭和二五年)の三〇四頁の「月別航空機生産〔全機種〕」である。この資料出所は軍需省航空兵器総局だとクレジットがある。

「現代史資料39　太平洋戦争5」二八六頁の「製造業者別の毎月の機体生産」も同じ出所だ。

この「月別航空機生産」の数字を昭和十九年一月から掲げよう。

昭和19年	1月	2122
	2月	2199
	3月	2435
	4月	2473
	5月	2318
	6月	2541
	7月	2473
	8月	2346
	9月	2572
	10月	2371
	11月	2230
	12月	2110
昭和20年	1月	1836
	2月	1391
	3月	1713
	4月	1567
	5月	1592
	6月	1340
	7月	1131

8月　496

これが現在まで多くの人たちが引用してきた生産数である。

昭和五十年に日本航空協会から刊行された「日本航空史　昭和前期編」の生産数〔九二〇頁〕は、この表を利用しているし、昭和三十二年に刊行された「日本興業銀行五〇年史」に掲載されている「航空機及び航空発動機生産状況」〔五六二頁〕も、同じこの資料を利用している。

じつは本文八六―八七頁において、軍需省航空兵器総局の長官が示したということにした昭和十九年八月から昭和二十年五月までの生産数も、これを引用した。

念のために言えば、この統計では、昭和二十年一月から八月までの生産機数は総計一万一千六十六機となる。会社別の集計であれ、機種別の集計であれ、一万一千六十六機となるのは、すべてこの同じ資料によるものなのである。

ところで、本文で語ったとおり、これらの数字は、少なくとも昭和二十年四月からは、すべてつくりものである。

戦後、米国戦略爆撃調査団の調査員たちは、三菱、中島の関係者になんの「尋問」もしなかったのであろうか。のちに刊行された「米軍陸軍航空軍史」は、武蔵製作所、名古屋発動機製作所の四月以降の生産がゼロに等しいと述べているのだが、戦略爆撃調査団の調査員はこうしたことを聞きだすことができなかったようだ。

そこで、航空兵器総局のこの統計数字を信じた人のなかには、この統計のなかから、戦闘機の生産数をとりあげ、つぎのような奇怪な話をすることにもなる。〔「現代史資料39　太平洋戦争5」二五〇頁〕

「一九四五年四月の戦闘機の実際の生産が一二五六機であったのに対して、米陸軍情報部はこれを一二二八機と見積もった。翌五月の実際の生産一二三〇機に対して一三九四機……と推定した。

戦闘機の見積もりは、米陸軍情報部の見積もりのなかで最も実際に近かった」

(79) アドルフ・ガーランド「栄光のドイツ空軍　始まりと終り」フジ出版社　昭和四七年　一八七頁
(80)「社史」日本楽器製造株式会社　昭和五二年　七四頁
(81) 佐貫亦男〈太平洋戦争の空中戦から何を学ぶか〉「別冊週刊読売」昭和五〇年一二月　六二頁
(82) 佐貫亦男〈地獄から来た蚊〉「航空情報93」酣橙社　九二頁
(83) 佐貫亦男〈スターリングラードの木の救世主〉「航空情報」号数失念
(84) カーユス・ベッカー　松谷健二訳「攻撃高度4000ドイツ空軍戦闘記録」フジ出版社　昭和四九年　三九三頁
(85)「王子製紙社史　第四巻」一四七頁
(86) 田中和夫「木製戦闘機キ106」江別市　平成四年　六三頁
(87)「日清製粉株式会社七十年史」日清製粉株式会社　昭和四五年　六二〇―六二一頁
(88)「日本の合板工業」日本林業経済新聞社　昭和三八年　四九頁
(89) 俵元昭「芝家具の百年史」東京都芝家具商工業協同組合　昭和四一年　二七四頁
(90)「府中市史　中巻」東京都府中市　昭和四九年　七三九―七四〇頁
(91)「昭和飛行機四十年史」昭和飛行機株式会社　昭和五二年　四八頁
(92)「昭和飛行機四十年史」八〇頁
(93)「昭和飛行機四十年史」五五頁
(94) 疋田徹郎〈航空機の木製化開始と昭和十八年前後のことども〉「往事茫茫　三菱重工名古屋五十年の懐古　第三巻」七八―七九頁

(95) 碇義朗「戦闘機　疾風」白金書房　昭和五一年　一二五九頁
(96)「三菱製紙六十年史」三菱製紙株式会社　昭和四五年　四九八―四九九頁
(97) 青木春男〈私と立川飛行場〉「立川基地」立川市　昭和四七年　一〇四頁
(98)「合板七十五年史」日本合板工業組合連合会　昭和五八年　一五七頁
(99)「三菱化成社史」三菱化成株式会社　昭和五六年　九三頁
(100)「戦史叢書　陸軍航空兵器の開発・生産・補給」五二〇頁
(101) 東大十八史会・編「学徒出陣の記録」吉川弘文館　平成一年　一九〇頁
(102)「昭和飛行機四十年史」七四頁
(103) 造船会・編「造船官の記録」今日の話題社　平成三年　四二三―四二四頁
(104)「戦史叢書　海軍航空隊概史」昭和五一年　四三六頁
(105)「昭和二十年　第7巻」七七頁
(106) 北条秀司〈演劇太平記〉「東京新聞」平成一年一一月一二日
(107) 総理府統計局「昭和十九年人口調査　集計結果摘要」四〇頁
(108)「箱根温泉史　七湯から十九湯へ」箱根温泉旅館協同組合　昭和六一年　二二五頁
(109)「富士屋ホテル八十年史」山口堅吉　昭和三三年　二六四―二六五頁
(110)「あずま70年のあゆみ」横浜市立東小学校　昭和五七年　一二三頁
(111) 外務省外交史料館所蔵、件名失念。
(112)「明治屋百年史」株式会社明治屋　昭和六二年　一八五頁
(113) 新井恵美子「箱根山のドイツ兵」近代文藝社　平成七年　六八頁
(114)「獅子文六全集　別巻」（朝日新聞社　昭和四五年）に「箱根と西洋人」という小文が載っている。獅子氏は戦後十数年、夏は松坂屋に逗留したのだという。そして、「ドイツの特務艦が座礁か何かで、大破してしまい、艦長以下乗組員の全部数十名が、帝国海軍を通じて、箱根の山へ送られ」、これらドイツ軍人の宿舎が松坂屋だったのだと教えられた。「私は、毎夏、芦ノ湯へ行って、細大洩らさず、ドイツ軍人滞在中の話を聞き、ずいぶん興を催した」と述べている。

　このように書いているところをみれば、松坂屋の人びとも、四年間、自分のところにいたドイツの軍人たちが横浜港で爆破した仮装巡洋艦の乗組員であることを知らなかったのであろう。

(115) 通商破壊艦ミヒエルが米潜水艦に雷撃されたことは前に述べた。父島沖からゴムボートで漂流していた七人の乗組員は、昭和十八年十月二十四日に八丈島の島民に救われた。衰弱の激しい軍医は死んだが、六人は横浜に送られた。(「ドイツ軍艦爆発事故」「朝日新聞」平成七年六月八日付) かれらは箱根に収容されたのではないか。
(116) 「昭和二十年　第6巻」一八六頁
(117) エルヴィン・ヴィッケルト　佐藤真知子訳「戦時下のドイツ大使館」中央公論社　平成一〇年　一八八頁
(118) 山本健次郎〈横浜市学童集団疎開資料（その十七）〉「郷土よこはま」七五号　昭和五一年三月号　四三頁
(119) 「昭和二十年　第7巻」一九―二〇頁
(120) 「同盟通信　海外経済」昭和二〇年五月一六日付　八一六頁
(121) 「昭和二十年　第7巻」一五八頁
(122) Keegan, John *The Second World War*: Hutchinson, 1989, pp. 215-216.
(123) 外務省外交史料館所蔵、件名失念。
(124) 外務省外交史料館所蔵、件名失念。
(125) 深井英五「枢密院重要議事覚書」岩波書店　昭和二八年　九一―九二頁

じつは石井菊次郎氏の著作は「外交余録」と「外交回想断片」のほかにもう一冊ある。昭和四十二年に鹿島研究所出版会から刊行された「石井菊次郎遺稿　外交随想」である。

青葉町の石井邸は全焼して、日記とメモワールはすべて失われた。ところが、軽井沢の別荘に備忘録、回想録が残っているのが発見された。女婿の久保田貫一郎氏がこれを整理し、出版した。

このなかに、昭和十年十一月十四日手記とある「日独同盟？」と昭和十四年二月二十八日の書き入れがある「日独伊三国同盟論側面観」の論考がある。双方ともドイツとの同盟に強い警戒を述べたものである。
(126) 大橋忠一「太平洋戦争由来記」要書房　昭和二七年　六四頁
(127) ボリス・スラヴィンスキー　加藤幸広訳「日ソ戦争への道　ノモンハンから千島占領まで」共同通信社　平成一一年　三九七頁

第27章「国力ノ現状」毎日なにを食べているのか。大豆が頼りなのだが

(1) 寺島珠雄編「時代の底から——岡本潤戦中戦後日記」風媒社　昭和五八年　一四九頁
(2) 〈平林彊日記〉「川崎空襲・戦災の記録　資料編」川崎市　昭和五二年　七五〇頁
(3) 有田八郎「人の目の塵を見る」講談社昭和二三年　二三七頁
(4) 志賀直哉〈鈴木さん〉「展望」昭和二一年三月号
(5)「朝日新聞」昭和一九年一一月二五日
(6)「守山義雄文集」守山義雄文集刊行会　昭和四〇年　四八〇頁
「昭和二十年　第6巻」八〇頁

(7)「昭和二十年　第7巻」二八五頁
(8)「天羽英二日記・資料集第4巻」天羽英二日記・資料刊行会　昭和五七年　一一一八頁
(9)「南弘先生――人と業績」南弘先生顕彰会　昭和五四年　一七二頁
喫は「内悲也」、心のなかで悲しむということ。
(10)島木健作「扇谷日記」文化評論社　昭和二二年　百六十頁
(11)添田知道「添田唖蟬坊・知道著作集3　空襲下日記」刀水書房　昭和五九年　一五二頁
(12)「添田唖蟬坊・知道著作集3　空襲下日記」一五二頁
(13)武井武雄「戦中気侭画帳」筑摩書房　昭和四八年　一五五頁
(14)矢吹勇雄「思いのまま　揚箸でつまみあげた五十年」日経事業出版社　昭和五七年　八五頁
(15)山本知〈腹減らし〝量大様〟〉「麻炎人　われら学徒動員世代」茨城県麻生中学校昭和十七年入学生記念誌編集委員会　平成七年　一八四頁
(16)福原麟太郎「かの年月」吾妻書房　昭和四五年　一〇五頁
(17)「時代の底から――岡本潤戦中戦後日記」一八一頁
(18)一色次郎「日本空襲記」文和書房　昭和四七年　二五一頁
(19)「天羽英二日記・資料集第4巻」一〇九八頁
(20)芦田均「芦田均日記　第一巻」岩波書店　昭和六一年　三〇頁
(21)「時代の底から――岡本潤戦中戦後日記」一四九頁
(22)志賀直哉「志賀直哉全集　第十七巻」岩波書店　昭和三一年　二二五頁
(23)大佛次郎「大佛次郎　敗戦日記」草思社　平成七年　二二〇頁
(24)「この遠き道　杉田小学校百年の歩み」昭和四八年　二〇八頁
(25)「江名漁業史」江名町漁業協同組合　昭和三七年　八一頁

(26)「東京魚商業協同組合のあゆみ」昭和五五年　二六二頁
(27)「神奈川県北部畑作地帯における養豚部落実態報告」農林省農林経済局統計調査部　昭和三〇年　三〇頁
(28)「鶴岡市史　中巻」鶴岡市役所　昭和五〇年　七二四頁
(29)「岩槻市史　近・現代史料編Ⅱ新聞史料」岩槻市　昭和五六年　三六六頁
(30)江波戸昭「田園調布の戦時回覧板」田園調布会　昭和五三年　一三―一五頁
(31)「中野区史　昭和資料編二」東京都中野区　昭和四七年　三〇七頁
(32)「麺業史」組合創立五十年誌編纂委員会　昭和三四年　三三二頁
(33)清沢洌「暗黒日記　昭和17年12月9日―昭和20年5月5日」評論社　昭和五四年　三六七頁
(34)大佛次郎「大佛次郎　敗戦日記」二六頁
(35)内田百閒氏の昭和二十年八月七日の日記に、食用油を一升二百三十円で買ったと記しているのは珍しい記録である。
(36)村上兵衛「桜と剣　わが三代のグルメット」光人社　昭和六二年　三一一―三一六頁
(37)島木健作「扇谷日記」一三二頁
(38)中勘助「中勘助全集　第九巻」角川書店　昭和三九年　二五頁
(39)小絲源太郎「風神雷神」読売新聞社　昭和二九年　五七頁
(40)「桐生市史　中巻」桐生市　二〇三頁
(41)田中仁吾〈百姓日記〉「戦争中の暮らしの記録」暮しの手帖社　昭和四八年　二三八頁
(42)高橋章〈『生』か『死』か〉「麻炎人　われら学徒動員世代」一四三―一四四頁
(43)「東京急行電鉄50年史」東京急行鉄道株式会社　昭和四八年　三一五頁
(44)「清水市史」清水市　昭和三六年　四七〇頁

(45)「植草甚一日記　植草甚一スクラップ・ブック39」晶文社　昭和五五年　二五頁
(46)「昭和二十年　第3巻」一〇五頁
(47)「昭和産業史（2）」東洋経済新報社　昭和三一年　三九六頁
(48)志村勇作「日本の砂糖の歩み」糖業調査新報社　昭和四九年　三八頁
(49)〈昭和二十年　鈴木ひろ子日記〉「学童集団疎開日記」「練馬教育史　第1巻」練馬教育委員会
昭和五〇年　二四七頁
(50)「滄溟　海軍経理学校補修学生第十期」一五四二頁
(51)「東京の電話」電気通信協会　昭和三三年　五〇七頁
(52)川端康成「川端康成全集　補巻二」新潮社　昭和五九年　六二七頁
(53)大佛次郎「大佛次郎　敗戦日記」一二九頁
(54)一色次郎「日本空襲記」二五一頁
(55)「昭和二十年　第5巻」五二頁
(56)「古川ロッパ昭和日記　戦中篇」晶文社　昭和六二年　八〇二頁
(57)「昭和二十年　第4巻」二七頁
(58)中島達郎〈高雄の六燃と寺田のこと〉「士交会の仲間たち」二三九頁
(59)「横浜市会史　第五巻」横浜市会事務局　昭和六〇年　六五一頁
(60)港北ニュータウン歴史民俗調査団「港北ニュータウン地域内歴史民俗調査報告」昭和五五年
三五頁
(61)嘉藤長二郎編集者代表「不忘山」昭和五三年　二四〇―二四一頁
(62)「板橋区教育百年の歩み」板橋区教育委員会　昭和四九年　六〇六頁
(63)〈昭和二十年　鈴木ひろ子日記〉「練馬教育史　第1巻」二四九頁

(64)〈昭和二十年　鈴木ひろ子日記〉二五四―二五五頁
(65)細井和喜茂「女工哀史」岩波文庫　昭和五四年　二〇四頁
(66)清水勝嘉解説「十五年戦争極秘資料集　第21集　戦時下国民栄養の現況調査報告書」不二出版　昭和六五年　一三頁
(67)香川綾氏が指導する女子栄養学園は、昭和二十年四月に群馬県勢多郡大胡《おおご》町に疎開した。この学園が発行する「栄養と料理」昭和二十一年一・二月合併号に「疎開学寮栄養報告」を載せている。
　いつおこなわれた調査かわからないながら、昼食と夕食に小松菜がでてくるところから判断して、昭和二十年の十二月に調べたものと思える。半年の差はあるが、同じ群馬県勢多郡に疎開していた大泉第二国民学校の給食状況と変わりない。というよりは、あらかたの集団疎開の学寮の献立と同じである。
　つぎに掲げる。
「朝　ご飯（米一一〇グラム）　みそ汁（みそ三〇グラム　わかめ三グラム）
昼　ご飯（米一一〇グラム）　小松菜みそ煮（小松菜二〇〇グラム　みそ一三グラム）　たくあん一五グラム
夕　ご飯（一一〇グラム）　小松菜三〇〇グラム　身欠きニシン煮つけ（身欠きニシン一五グラム　しょうゆ二二グラム）
栄養価　タンパク質四三グラム　熱量一三三六キロカロリー
　このほかに、学生の家庭からの仕送りや農家からの買い出しによって一五〇キロカロリーくらいの間食が加わるくらいで、こうりゃんのご飯に切り干しのみそ汁とか、ふかし芋に牛乳一本というようなこともたびたびありました。

牛乳は石井牧場の好意で、草刈りをして、飼料運びをするかわりに、一人一日一八〇c.c.ほど分けてもらったものです。これがほとんど唯一の動物性タンパク質であり脂肪源でした。

このように極度に悪い栄養状態では、しだいに農作業も草刈りも耐えられないようになっていました」(香川綾「栄養学と私の半生記」女子栄養大学出版部　昭和六〇年　一七七―一七八頁)

私ごとになると断りを言わねばならないが、私は平成十年五月下旬から六月末まで横浜市栄区にある横浜栄共済病院に入院した。

病気見舞い以外に病院に足を踏み入れたのは数十年ぶり、そんなことは珍しくないと言われるかもしれない。だが、それは珍しいと言われることがある。外で食事をしたことが、じつに何十年ぶりだった。入院して、やむなく病院の食事をとった。

栄共済病院栄養課課長の藤井信也氏に美味しいとお礼を言い、常食の献立表を頂いた。ことさら珍しい献立であるはずはなく、贅沢なメニューであるはずもないが、つぎに、五月下旬の三日分を掲げる。昭和二十年五月の集団疎開地における国民学校の献立表を思いだし、前頁に掲げた群馬県勢多郡大胡町に疎開した女子栄養学園の献立と見比べていただきたい。

五月二十五日
朝食　米飯　トリのミートボール　チリソース煮　盛り合わせサラダ　みそ汁　和風ドレッシング　香の物
昼食　米飯　ピーマン肉詰め　ボイルキャベツ　粉吹芋　吉野煮　ジョア　香の物　ソース
夕食　米飯　唐揚魚　なめこおろし　錦卵の酢醤油和え　みそ汁　香の物　醤油
エネルギー　二一一五キロカロリー
蛋白　八二・六グラム

脂肪　五六・一グラム
糖質　三〇四・九グラム
五月二十六日
朝食　米飯　鶏肉ときのこの炒め　茄子ナムル　みそ汁　香の物　牛乳
昼食　米飯　エビフライ　ボイルキャベツ　レモン　五目煮豆　華風スープ　香の物　ソース
夕食　米飯　鉄板焼和風だれ　オクラ納豆　果物　香の物
エネルギー　二〇四〇キロカロリー
蛋白　八二・六グラム
脂肪　五一・九グラム
糖質　二九七・七グラム
五月二十七日
朝食　米飯　華風炒め　酢の物　みそ汁　香の物　牛乳
昼食　米飯　うまき卵　おろし胡瓜カクテキ　茄子鉄火煮　果物　香の物　醤油
夕食　米飯　焼ギョウザ　ボイル野菜　パセリ　くず煮　清し汁　醤油　香の物
エネルギー　二二一三キロカロリー
蛋白　七六・四グラム
脂肪　五八・五グラム
糖質　三三〇・六グラム
(68) 山本健次郎〈横浜市学童集団疎開資料（その十三）〉「郷土よこはま」六四号　昭和四七年　二四頁
(69) 総務庁統計局「日本長期統計総覧　第五巻」日本統計協会　昭和六三年　一二六頁

(70) じつは本文に掲載した体重は昭和二十年七月、八月、九月の分であるが、六月の数字とした。ご了承願う。
(71) 「板橋区教育百年のあゆみ」昭和四九年　六一〇頁
(72) 実松譲「海軍大学教育戦略・戦術道場の功罪」光人社　昭和五〇年　六六頁
(73) 箱根宏〈餓鬼道に堕ちた日の傷痕〉勝関会（短現主計科十二期）手記編集委員会「激動の青春・学窓から短剣へ」勝関会手記刊行会　昭和五七年　一五七頁
(74) 渡辺康〈京城の戦車特攻隊の二等兵〉「激動の青春・学窓から短剣へ」七七頁
(75) 阿部正和〈私の中の海軍〉「水交」昭和六〇年四月号　一四頁
(76) 清水正〈甲板士官見習の記〉「激動の青春・学窓から短剣へ」一一三頁
(77) 高木和男「食と栄養学の社会史2」科学資料研究センター　昭和四七年刊の五三九頁に、陸軍兵器行政本部の昭和二〇年七月一六日付けの通達の写真が掲載されている。これを引用した。
　じつは写真に載る六月分は「六月下旬」との説明がある。六月四日に、六月下旬の主食、魚、熱量の数字を掲げるのはおかしいが、了承していただきたい。
(78) 農林省統計情報部「水産業累年統計3都道府県別統計」農林省統計研究会　昭和五三年　一〇頁
(79) 「水産業累年統計3都道府県別統計」一二三頁
(80) 村上兵衛「桜と剣　わが三代のグルメット」三〇六—三〇七頁
(81) 松田平吉〈終戦頃のアンパン〉「近衛歩兵第一聯隊歴史」全国近歩一会　昭和六一年　六〇九頁
(82) 七分づき米百グラムのエネルギー量は三百五十四キロカロリーである。一日分四百二十グラムとして千四百八十七キロカロリーとなる。

(83)　川島四郎「実兵50人を以てする軍用糧食の栄養・人体実験の研究」東明社　昭和五五年　三四頁
(84)　成城大学民俗学研究所編「日本の食文化　昭和初期・全国食事習俗の記録」岩崎美術社　昭和六五年
(85)　井野碩〈太平洋戦争秘録〉「水産振興」第四一号　四四頁
(86)　三岡健次郎「船舶太平洋戦争」原書房　昭和四八年　二三九頁
(87)　東畑精一「米」中央公論社　昭和一五年　一五―一七頁
(88)「農林省累年統計表　明治1年―昭和28年」農林省統計調査部　一四七頁
(89)「戦史叢書　大本営海軍部・連合艦隊(6)」一三四頁
(90)　大来佐武郎「私の履歴書」日本経済新聞　昭和五一年八月三日
(91)「東京都食糧営団史」食糧配給公団東京支局内営団史刊行会　昭和二五年　七八六頁
(92)　西浦進「昭和戦争史の証言」原書房　昭和五五年　一六〇頁
(93)「朝日新聞」昭和二〇年五月二一日
(94)「朝鮮交通回顧録　工作・電気編」鮮交会　昭和四六年　一〇二頁
(95)「関釜連絡船史」日本国有鉄道広島鉄道管理局　昭和五四年　一〇五頁
(96)「関釜連絡船史」一〇六頁
(97)「播磨造船所五〇年史」株式会社播磨造船所　昭和三五年　一六九頁
(98)「播磨造船所五〇年史」一六八頁
(99)「日本郵船戦時船史　下巻」日本郵船株式会社　昭和四六年　三七〇頁
(100)「昭和二十年　第6巻」三五五頁
(101)「東京都食糧営団史」七八七頁

(102)「食糧麻袋株式会社社史」輸入食糧麻袋協議会編　昭和三一年　一九頁

(103) 日清製粉企画調査室　岡根谷氏からのご教示。

(104) 真藤恒「造船生産技術の発展と私」海事プレス社　昭和五五年　二一―二二頁

(105) 杉浦真弓〈東京造船所の思い出〉掛樋松治郎編著「東京造船部隊の回顧」昭和四〇年　一九三―二一五頁

(106) 杉浦真弓〈東京造船所の思い出〉二一三頁

(107)「中野区史　昭和編二」東京都中野区　昭和四六年　三〇二頁

(108)「朝日新聞」昭和二〇年三月一九日

(109)「本間雅晴備忘録」掲載誌失念　二七一頁

(110) マルケについては、「昭和二十年　第5巻」一七一―一七二頁を参照されたい。

(111) 大佛次郎「大佛次郎　敗戦日記」一八一頁

(112)「昭和二十年　第8巻」三九四―三九五頁

(113) 野口富士男「海軍日記〔最下級兵の記録〕」現代社　昭和三三年　一七頁

(114) 村山正三〈新兵記〉「あの頃の思い出　郵船社員の戦時回想」日本郵船株式会社総務部　昭和四〇年　二二七―二二八頁

(115)「戦史叢書　本土決戦準備(2)」昭和四七年　二一一頁

(116) チェスター・マーシャル　高木晃治訳「B29　日本爆撃三〇回の実録」二七四頁

(117)「昭和二十年　第3巻」一九二頁

(118) 丸山眞男「丸山眞男戦中備忘録」日本図書センター　平成九年　一四〇頁

(119)「戦史叢書　大本営陸軍部(10)」昭和五〇年　三三一頁

(120) 大蔵公望「大蔵公望日記　第四巻　昭和十七年―二十年」内政史研究会　昭和五〇年　二九三

頁
(121)「戦史叢書　大本営海軍部・連合艦隊(6)」六五三頁
(122)「昭和二十年　第3巻」二五三頁
(123)「昭和二十年　第3巻」三八二頁
(124)青木槐三「嵐の中の鉄路」交通協力会　昭和三〇年　三〇五頁
(125)「昭和二十年　第7巻」三五八―三六〇頁
(126)「木戸幸一日記　下巻」一一九九頁に、この集まりの記述がある。校訂者は宇佐美の下に括弧を加えて、興屋と書き添えているが、この宇佐美は元武官長の宇佐美興屋ではなく、山下太郎と阿南惟幾の友人の宇佐美寛爾であろう。
ついでに言えば、この巻の人名索引の山下太郎は、山下亀三郎の長男である山下汽船社長の太郎と、木戸が宇佐美邸で会った太郎とが、ごっちゃになっている。
(127)「大佛次郎　敗戦日記」一〇八頁
(128)「大佛次郎　敗戦日記」一〇九頁
(129)総理府統計局「昭和十九年人口調査　集計結果摘要」一一一―一二六頁
(130)Alexander, Joseph H. *Storm Landings: Epic Amphibious Battles in the Central Pacific.* Annapolis: Naval Institute Press, 1997, p. 101.
(131)のちに瀬島龍三氏はつぎのように語っている。
「個人的にはその頃、ソ連の参戦必至という判断をしていました。……冬に入ったら北満では戦争できないから九月までには参戦してくる――その前に終戦にもっていくべきだと、こう思っていました。……

迫水さんは巻脚絆に国民服を着ていて、二人だけで三時間ほど話しました。私が終戦という

ことを口にしたのはこの時だけです」（瀬島龍三「大本営の二〇〇〇日」「文藝春秋」昭和四五年一二月号　二四一頁）

それから四半世紀あと、瀬島氏はつぎのように述べている。

「沖縄作戦も、昭和二十年五月末には終末に入り、あの戦艦大和も沈み、僕は、連絡のため東京に戻ってきた。

すると、鈴木貫太郎内閣の迫水久常内閣書記官長に呼ばれた。……

『龍三さん、軍は本土決戦を盛んに主張しているが、勝てるのか』

……………

『本土決戦で勝てる見込みはないし、一般市民を巻き込んだ悲惨なことになる。クーリエで行って分かったのだが、ソ連の大兵力が極東に向けられている。ソ連の対日参戦は時間の問題、と判断している。一日も早く終戦にする努力を政府はすべきである』

迫水さんは、

『貴重な意見、参考になった。首相にも申し上げて、命を賭けて、最善の努力をする』

と、はっきり言った」（「朝日新聞ウイークリー　アエラ」平成六年八月一五日―八月二二日　二〇頁）

平成七年に刊行した「瀬島龍三回想録　幾山河」は、内容は前に掲げた「アエラ」と同じだが、二人が会ったのは四月半ばとなっている。

昭和五十一年の迫水氏の講演が、この会合を「四月中ごろ」としているからであろう。瀬島氏の「回想録」にそれが再録されているから、つぎに引用する。

「私は、内閣書記官長官舎に私服の瀬島さんの訪問を受けました。

……話は当然、戦局の推移の問題になり、私が鈴木貫太郎総理の真意は、できるだけ早く戦争を終結に導くことにある旨を打ち明けたと思います。これに対し、瀬島さんは『私が参謀本部において、いろいろ計算しても今後戦局を好転せしめ得る見込みは残念ながらありません。内閣の方針は極めて妥当であると思います』という、まことに率直な話であったのであります。……私はこの要旨を鈴木首相に伝えました。私としては陸軍の建前と本音を知ったような気がしました。この私の報告で鈴木首相の終戦の決意を一層固くするのに大きな効果があったことはいうまでもないと思います。私は瀬島龍三さんも終戦について大きな役割を果たした人だと思います」（瀬島龍三「瀬島龍三回想録　幾山河」産経新聞ニュースサービス　平成七年一六九頁）

つけ加えるなら、いちばん最初の回想録、昭和三十九年に公刊された迫水氏の「機関銃下の首相官邸―2・26事件から終戦まで」（恒文社　昭和三九年）には、この挿話は載っていない。

(132) 迫水久正氏からコピーを頂く。
(133) アマルティヤ・セン　黒崎卓ほか訳「貧困と飢饉」岩波書店　平成一二年　八六頁
(134) 参謀本部所蔵「敗戦の記録」二六八頁
(135) 広田弘毅伝記刊行会編刊「広田弘毅」昭和四一年　三五九頁
(136)「同盟通信　海外経済」昭和二〇年五月一五日号　八〇六頁
(137) 松谷誠「大東亜戦争収拾の真相」芙蓉書房　昭和五五年　二八五頁
(138) 参謀本部所蔵「敗戦の記録」二六八頁
(139) 毛里英於菟氏は昭和二十二年に他界し、美濃部洋次氏は昭和二十八年に没し、この二人は回想録を残さなかった。迫水久常氏は昭和五十二年まで生きた。かれだけが多くの思い出、回想記を残している。だが、残念なことに、美濃部氏、毛里氏とともに、昭和十六年、十七年、十八年にやったことを記していないし、昭和二十年四月から八月までの内閣書記官長時代に、これまた、美濃部氏、毛里氏とともにやったことも、書き残していない。迫水氏は五月に瀬島龍三氏と話し合ったことを言い忘れていないが、そんなことよりも、はるかに大事なことであったはずの六月に「国力ノ現状」をつくったことについては、なにも触れていない。氏の著作「機関銃下の首相官邸」には「国力ノ現状」の全文を掲げているにとどまる。

迫水氏は、昭和四十四年と四十七年の二回にわたって、国会図書館で内閣書記官長のときの思い出を語り、テープに収めているが、そのときにも、迫水氏は美濃部氏、毛里氏とともにやったことを語っていないのではないかと思う。

(140)「飯塚浩二著作集　満蒙紀行」平凡社　昭和五一年　三二八頁

(141)昭和二十年に東京帝大工学部の教授だった富岡清氏は六月十一日付の日記につぎのように記している。

「同盟通信に行き、板垣氏に会う。先月二五日から今までの分、一まとめにして貰う。第三郵便が利かなくて、送れなかったのだという。

憲兵隊からここに注意書きがきていた。こないだの守山氏あたりのベルリン通信のようなものはいけないというのである。注意事項

一、物量に屈したというのは不可。ドイツ人の戦意喪失によって負けた、とせよ。

二、ソ連のことをたたえてはいけない。しかしソ連の感情をわるくするようなことはいうな。

三、敗戦の様相をあまりはっきりとは書くな。

今後もし、守山、中山のようなのがよいと思って、図にのって書いたら、引っくくるぞ、と、おどしをいっている。情報局の方では、この守山氏あたりの記事は、いいと是認したのだという。双方でくいちがっているのである」(「ある科学者の戦中日記」中公新書　昭和五一年　一

二二頁）
　なお、文中の中山は、読売新聞のドイツ特派員だった中山千郷氏のことだ。六月九日付の読売新聞にかれの敗戦ドイツについての文章が載った。
（142）石橋湛山「石橋湛山全集　第十五巻」東洋経済新報社　昭和四七年　三九〇頁
（143）石橋湛山〈敗戦直後――一年有余〉「経済評論」昭和三九年　一一一頁
（144）中山伊知郎〈達見〉「石橋湛山全集　月報14」昭和四七年　一頁
　山際正道氏は「財界回想録　下巻」（日本工業倶楽部　昭和四二年）のなかで、「……だから、朝鮮が残れば食糧の自給自足は可能だと考えたわけだ。その後、石橋さんは東洋経済でそれを回顧して『委員達はノンキに朝鮮が残されると考えていた』と述べて軽く揶揄しておられるが、あの時分私の知る限り、石橋さんご自身の口からもその案はおかしいということは伺わなかったように思う」と述べた。

　工藤昭四郎氏は「昭和大蔵省外史　中巻」（昭和大蔵省外史刊行会　昭和四四年　五四四頁）のなかで、「このとき石橋は早くもこの戦争の敗北を予想し、台湾はおろか朝鮮もわが領有でなくなると断言した。当時この会議に列席した中村建城は、この石橋の達見、けい眼に敬服したといっている」と記している。
（145）John Stuart Mill, *Principles of Political Economy*. London: Longmans Green and Co, 1923, pp. 74-75.
（146）中山伊知郎〈経済学〉「わが道1」朝日新聞社　昭和四四年　四三頁
（147）石橋湛山「湛山日記」石橋湛山記念財団　昭和四九年　二九頁
（148）〈ベルリン最後の光景　奇蹟は遂に現れず〉「石橋湛山全集　第十二巻」一八五―一八七頁
（149）ジョナサン・ハスラム　岩本洋光訳〈ソ連の対日外交と参戦〉「太平洋戦争の終結―アジア・

(150) 太平洋の戦後形勢――」柏書房　平成九年　九二頁
(151) 「大木日記――終戦時の帝国議会」三二七頁
(152) 内閣法制局百年史編集委員会「内閣法制局百年史」内閣法制局　昭和六〇年　五五四頁
松本幸輝久「近代政治の彗星Ⅱ」三信図書　昭和五七年　三五頁。なお、この本のなかでは、語ったのが村瀬直養であったことは述べていない。村瀬氏であることは松本氏から直接教えられた。

第28章　梅津、米内、鈴木、木戸はなにを考えるのか

(1) 「植草甚一日記」晶文社　昭和五五年　六九頁
(2) 徳永直「太陽のない町・妻よねむれ」筑摩書房　昭和二七年　一五五頁
(3) 「昭和二十年　第3巻」三一頁
(4) 徳永直〈敗戦前〉「人間」一巻六号　三八頁
(5) 「太陽のない町・妻よねむれ」一五七頁
(6) 「戦史叢書　大本営陸軍部(10)」二七四頁
(7) 「昭和二十年　第8巻」三一二―三一三頁
(8) 「戦史叢書　大本営陸軍部(7)」昭和四八年　一八六頁
(9) 「戦史叢書　大本営陸軍部(9)」昭和五〇年　九一頁
(10) 「戦史叢書　大本営陸軍部(10)」一三一頁
(11) 「戦史叢書　大本営陸軍部(10)」一三〇頁
(12) 「戦史叢書　昭和二十年の支那派遣軍(2)終戦まで」昭和四八年　七頁

(13)「昭和二十年　第7巻」八五頁
(14)「戦史叢書　大本営陸軍部⑽」二二四頁
(15)「戦史叢書　大本営陸軍部⑽」二三〇頁
(16)「戦史叢書　大本営陸軍部⑽」二二五頁
(17)「戦史叢書　大本営陸軍部⑽」二二六頁
(18)上法快男編「最後の参謀総長　梅津美治郎」芙蓉書房　昭和五一年　八二頁
(19)「大本営陸軍部戦争指導班　機密戦争日誌　下」七二三頁
(20)「昭和二十年　第2巻」三五六頁
(21)「昭和二十年　第1巻」九二―九三頁
(22)のちに河辺虎四郎氏は、梅津氏が最高戦争指導会議に欠席したのは、「故意に出席を回避した」のではなかったかという主張に反論している。私の推論にかかわりがあるので、つぎに掲げる。
「この会議にちなんで私はいまひとついいたいことがある。

それは、この重大な二つの会議に、梅津参謀総長が欠席したことについて、これも終戦後において、梅津氏はあの際故意に出席を回避したのではないか、との疑いのもとに私にただした人があった――この質問者の底意には、梅津氏は早期和平を望んでいたのだとの証拠をつかもうとする気持ちがあったようである。

これも私にとってははなはだ不愉快な質問で、梅津大将はこの重要会議のあることを承知していたから、大連行きをどうしようかと私も相談を受けたが、大陸の作戦指導についての、重要な画期的の命令であり、総長自ら二人の総軍司令官に直接詳細に、その意図を明示してもらわなければならぬと思ったし、一日に出発したらいくら遅くとも五日には帰られると思ったから行ってもらったのであった。

もちろん、私は、梅津大将がガムシャラに『職業戦争』を欲するような人ではなく、大局を洞察する聡明を充分に備えた人であったことを知っているが、この会議の列席を避けて、責任を軽くするために、道草をくっていたのだろうなどとの推察は、同大将およびこれに随行した作戦課長天野正一少将を誣《し》うるのははなはだしいものとさえ私はいいたい。いわんやこれに列席しなかったからとて、自分の代理に次長を出している以上、総長の責任が減るなどとは考え得られぬ」（河辺虎四郎「市ヶ谷台から市ヶ谷台へ」時事通信社　昭和三七年　一四五頁）

念のためにつけ加えるなら、私は梅津美治郎が「責任を軽くするために、道草をくっていた」と論じているのではない。

河辺虎四郎氏だけでなく、参謀本部の河辺氏の部下たちも参謀総長の大連出張についてはなんの疑問も抱かなかったか、あるいは胸中にある疑問をしっかりとおおい隠していたようであった。ところで、種村佐孝氏は六月八日の日誌にまことに呑気な感想を記している。

「河辺参謀次長参謀総長代理トシテ晴レノ御前会議ニ出席ス。得意思ウベシ」

なお、昭和十三年一月十六日、「国民政府ヲ対手トセズ」の政府声明をだしたとき、河辺氏は参謀本部の第二課長だった。いわゆる戦争指導課長であり、国防についての総合情勢判断が担当だった。河辺氏は自叙伝のなかで、陸軍次官だったときの梅津氏の華北出張についてはなにも触れていない。

(23) この点については本文四三五頁以下であらためて記した。

(24) 「米軍資料　日本空襲の全容　マリアナ基地B29部隊」一三七頁

(25) 昭和二十年六月八日の風はつぎのようであった。

八日、最大風速は午前十時に吹いた西風である。毎秒六メートルだった。瞬間最大風速は午前一時の同八・三メートルだった。雨は降ったが、十七・八ミリだった。飛行機の離陸に支障があったのであろうか。

大阪管区気象台米子測候所の竹下英夫氏に教えて頂いた。

米子測候所

昭和二十年六月上旬の風

日	最大風速		起時	瞬間最大風速		起時
1	5・8	北東	16：55	7・6	北東	17：00
2	9・3	西	16：00	11・7	西	15：04
3	9・3	西	15：20	13・7	西	11：02
4	7・0	西南西	11：10	9・7	西北西	15：27
5	7・0	北東	13：10	9・2	北東	17：06
6	8・0	北東	14：40	10・8	北東	15：02
7	7・7	北東	00：50	8・1	北東	00：35
8	6・0	西	10：00	8・3	西	01：00
9	4・7	北北東	16：30	6・1	北北東	16：21
10	7・5	西	14：40	8・9	西北西	13：51

つぎに降雨量（単位㎜）は、

1	0・0
2	7・0
3	0・0
4	0・0
5	0・0

(26) 6・8・9〔19時以降〕

(27) 7・8・7

(28) 8・17・8

(29) 9・0・8

(30) 「戦史叢書　大本営陸軍部⑽」三三〇頁

(31) 「戦史叢書　昭和二十年の支那派遣軍⑵」二二二頁

(32) 「戦史叢書　昭和二十年の支那派遣軍⑵」一八〇頁

(33) 「戦史叢書　昭和二十年の支那派遣軍⑵」二三二頁

(34) 「戦史叢書　昭和二十年の支那派遣軍⑵」二八九頁

吉橋戒三「岡部直三郎大将」「統帥の実際⑵」原書房　昭和四九年　二一九頁

伊藤昇「昭和の戦乱に終始した一将校の老廃までの歩み」昭和五四年　六六頁

「戦史叢書　昭和二十年の支那派遣軍⑵」一四七頁

帰京しての六月九日の梅津美治郎氏の上奏については、関係者のつぎのような記述がある。

高木惣吉氏は内大臣秘書官長の松平康昌氏から聞いた話を日記に書きとめた。

「土曜日（九日？）梅津総長が大連における打合せより帰り、上奏せるとき、従来になき内容を申し上げた。

即ち在満支兵力は皆合わせても米の八個師団分位の戦力しか有せず、しかも弾薬保有量は、近代式大会戦をやれば一回分よりないということを上奏したので、御上は、それでは内地の部隊は在満支部隊より遥かに装備が劣るから、戦にはならぬではないかとの御考えを抱かれた様子である。

また先だって、総長、関東防備の実状はどうかとの御下問があったに拘らず、未だにそのことに関する奏上が済んで居ないこともご軫念《しんねん》のようである。
御前会議の国力判断も、あれでは戦は出来ぬではないかと思召のようである。
梅津は従来と変ったことを奏上して、御上に助け船を出して戴きたい考えかもしれぬ。
尤も上奏の書きものには右のことはなく、全く書きものに出さず部下に知らさず申上げたようである」

（高木惣吉「高木海軍少将覚え書」毎日新聞社　昭和五四年　二八八頁）

高木惣吉氏が手記するまでに、梅津美治郎―天皇―木戸幸一―松平康昌を経由している。木戸幸一氏の五年のちの回想はつぎのとおりである。

「それは私が天皇からその当時直接お聞きしたもので松平君にも之を伝えた。併し師団数のことなど全然出なかった。又在満兵力のことなどは話に出ず、唯在支日本軍が米軍の上陸に対し一会戦をすら充分に戦うことも難しいと云うことであった。それは弾薬が乏しいからと云う意味であった。

在満軍はそれ迄に太平洋や比島方面に精鋭を引きぬかれて了って、これは問題にならぬ迄に弱くなって居ると云うことを知って居たから在満兵力など問題にする筈はない。併し在支派遣軍は相当立派な装備を持って居ると聞いて居たので、この軍にして弾薬がそんなに乏しいならば、急に膨張させた内地の軍隊などは思いやられると云うのが当時の話の要点であった」

（江藤淳監修　栗原健　波多野澄雄編「終戦工作の記録　下」講談社　昭和六一年　一二七頁）

(35)「大本営陸軍部戦争指導班　機密戦争日誌　下」七二七頁

(36)「阿南惟幾陸軍大臣日記」（昭和二〇年四月〜八月）四月一七日付の記述

(37)迫水久常「機関銃下の首相官邸」一九一―一九二頁

(38)「昭和二十年　第6巻」一八七頁
(39)「極洋捕鯨三〇年史」極洋捕鯨　昭和四三年　一四七頁
(40)板橋守邦「北の捕鯨記」北海道新聞社　平成一年　一七〇頁
(41)下村海南「終戦記」五六頁
(42)迫水久常「機関銃下の首相官邸」一九七頁
(43)外務省外交史料館所蔵、件名失念。
(44)「昭和二十年　第8巻」二九—三〇頁
(45)東郷茂徳「東郷茂徳外交手記　時代の一面」原書房　昭和四二年　三三二頁
(46)「大本営陸軍部戦争指導班　機密戦争日誌　下」七二八頁
(47)「昭和二十年　第3巻」一四六—一五三頁
(48)安倍源基ほか〈座談会・終戦のころを語る〉「水池亮氏のおもかげ」水池亮氏追悼録刊行会　昭和五二年　三一七頁
(49)外務省編「終戦史録」新聞月鑑社　昭和二七年　一六四頁
(50)大宮御所の女官だった小森美千代氏は「宮廷秘歌—ある女官の記」（有恒社　昭和二五年）のなかでつぎのように述べている。
「皇太后さま（本年六十七歳）は女丈夫とか烈婦とか云われた方だけに」（一五頁）
(51)「西園寺公と政局　第五巻」（岩波書店　昭和二六年）昭和十一年七月一日の項に西園寺公望氏の言葉をつぎのように伝えている。「皇太后様を非常に偉い方のように思って、あんまり信じすぎて……というか、賢い方と思い過ぎておるというか、賢い方だろうが、とにかくやはり婦人のことであるから、余程その点は考えて接しないと、陛下との間で或いは憂慮することが起こりはせんか。自分は心配している」

(52)「昭和二十年　第8巻」二五八頁

(53)本文で記したとおり、昭和二十年一月末、皇太后が天皇に戦いを終わりにできないのかと問い、天皇は皇太后の提言に従い、翌二月、この「きわめて重大な時局」にどう対応したらよいかの意見を重臣に求めた。皇太后と関係者はそのあとも沈黙を守り、木戸幸一日記は用心深く曖昧に記すだけだ。だが、その記述には省略のないことから、起きたことをひとつひとつつなげることができ、全体の輪郭ははっきり浮かび上がる。木戸幸一氏は昭和二十年一月二十九日につぎのように日記に記している。

「午前十時四十分より十一時二十五分迄、御文庫にて拝謁。保科女官長の御使として大宮御所に参向したることに関聯し、戦争に関する大宮様の御心境等につき種々御話あり。右は極めて機微なる問題故、宮相とも相談し篤と考慮すべき旨奉答す。十一時半、宮相を其室に訪い、右の件につき相談す。結局、戦争につき綜合的の御話を内大臣より申上るを可とすべしとの結論に達す」(「木戸幸一日記　下巻」一一六九頁)

二月一日、木戸氏は日記につぎのように記した。

「一時三十五分より二時十分迄、御文庫にて拝謁、重臣天機奉伺の件、大宮御所に伺候の件等を言上す」

そして二月十四日に近衛文麿氏、二月十九日に牧野伸顕氏の上奏がおこなわれた。そして、その翌日、二月二十日の木戸氏の日記はつぎのとおりである。

「三時、大宮御所に伺候、皇太后陛下に拝謁、三時より四時三十五分迄、戦局の推移、見透、世相等につき委曲奏上す」(一一七二頁)

(54)戦争末期の天皇と皇太后とのあいだの不和については、関係者のだれもが承知していたが、触れようとしなかったし、のちになっても、だれもなにも語っていない。

高松宮がわずかに日記につぎのように記している。

「大宮様ト御所トノ御仲ヨクスル絶好ノ機会ナレバオ上カラ御見舞イニ行ラッシャルナリ赤坂離宮ニオ住ミニナル様御ススメナリ遊バシタラヨイトノ事カラ、マタ私手紙カイテソノ事申シ上グ」

昭和二十年五月二十八日の日記である。

(55) 阿川弘之「米内光政」新潮文庫　昭和五七年　一二九頁
(56) 「戦史叢書　大本営陸軍部⑽」七五―七六頁
(57) 「戦史叢書　大本営陸軍部⑼」五〇三頁
(58) 野村実「天皇・伏見宮と日本海軍」文藝春秋　昭和六三年　二八八頁
(59) 「木戸幸一日記　下巻」一二〇六頁
(60) 念のためにいえば、木戸幸一氏は戦後もまたつぎのように語っている。
「仕事――つまり時局収拾試案、ソ連を仲介にする和平の案を書いたのだ。

まあルールからいえば、これは内大臣のする仕事じゃあない。内大臣がその職務に忠実であれば、極論すれば日本が負けたって仕様がない。それはわたしがくちばしを入れる筋合いではないのだから。――しかし、日々、陛下のお苦しみやお悩みに接しているわたしとしては、仮に権限があろうと無かろうと、黙っているわけにはゆかないという気持ちだった」

読売新聞社編「昭和史の天皇　2」読売新聞社　昭和四二年　一三五頁
(61) 「昭和二十年　第8巻」三二五―三二六頁
(62) 「戦史叢書　大本営陸軍部⑸」一六四頁
(63) 重光葵「重光葵手記」中央公論社　昭和六一年　四四三頁
(64) 「木戸幸一日記　下巻」一二〇八―一二〇九頁

*本書は、二〇〇一年に当社より刊行した著作を文庫化したものです。

草思社文庫

昭和二十年
第9巻　国力の現状と民心の動向

2016年2月8日　第1刷発行

著　　者　鳥居　民
発 行 者　藤田　博
発 行 所　株式会社 草思社
〒160-0022　東京都新宿区新宿 5-3-15
電話　03(4580)7680(編集)
　　　03(4580)7676(営業)
　　　http://www.soshisha.com/
印 刷 所　株式会社 三陽社
付物印刷　日経印刷 株式会社
製 本 所　大口製本印刷 株式会社
装 幀 者　間村俊一（本体表紙）

2016©Fuyumiko Ikeda

ISBN978-4-7942-2184-1　Printed in Japan

鳥居民著　昭和二十年　シリーズ13巻

第1巻　重臣たちの動き

☆　1月1日〜2月10日
米軍は比島を進撃、本土は空襲にさらされ、日本は風前の灯に。近衛、東条、木戸は正月をどう迎え、戦況をどう考えたか。

第2巻　崩壊の兆し

☆　2月13日〜3月19日
三菱の航空機工場への空襲と工場疎開、降雪に苦しむ東北の石炭輸送、本土決戦への陸軍の会議、忍び寄る崩壊の兆しを描く。

第3巻　小磯内閣の倒壊

☆　3月20日〜4月4日
内閣は繆斌工作をめぐり対立、倒閣へと向かう。マルクス主義者の動向、硫黄島の戦い、岸信介の暗躍等、転機の3月を描く。

第4巻　鈴木内閣の成立

☆　4月5日〜4月7日
誰もが徳川の滅亡と慶喜の運命を今の日本と重ね合わせる。開戦時の海軍の弱腰はなぜか。組閣人事で奔走する要人たちの4月を描く。

第5巻　女学生の勤労動員と学童疎開

☆　4月15日
戦争末期の高女生・国民学校生の工場や疎開地での日常を描く。風船爆弾、熱線追尾爆弾など特殊兵器の開発にも触れる。

第6巻　首都防空戦と新兵器の開発

☆　4月19日〜5月1日
厚木航空隊の若き飛行機乗りの奮戦。電波兵器、ロケット兵器、人造石油、松根油等の技術開発の状況も描く。

第7巻　東京の焼尽

☆　5月10日〜5月25日
対ソ工作をめぐり最高戦争指導会議で激論が交わされるなか帝都は無差別爆撃で焼き尽くされる。市民の恐怖の一夜を描く。

第8巻　横浜の壊滅

☆　5月26日〜5月30日
帝都に続き横浜も灰燼に帰す。木戸を内大臣の座から逐おうとするなど、戦争終結を見据えた政府・軍首脳の動きを描く。

第9巻　国力の現状と民心の動向

☆　5月31日〜6月8日
資源の危機的状況を明らかにした「国力の現状」の作成過程を詳細にたどる。木戸幸一は初めて終戦計画をつくる。

第10巻　天皇は決意する

6月9日
天皇をめぐる問題に悩む要人たち。その天皇の日常と言動を通して、さらに態度決定の仕組みから、戦争終結への経緯の核心に迫る。

第11巻　本土決戦への特攻戦備

6月9日〜6月13日
本土決戦に向けた特攻戦備の実情を明らかにする。グルーによる和平の動きに内閣、宮廷は応えることができるのか。

第12巻　木戸幸一の選択

6月14日
ハワイ攻撃9日前、山本五十六と高松宮はアメリカとの戦いを避けようとした。隠されていた真実とこれまでの木戸の妨害を描く。

第13巻　さつま芋の恩恵

7月1日〜7月2日
高松宮邸で、南太平洋の島々で、飢えをしのぐためのさつま芋の栽培が行われている。対ソ交渉は遅々として進まない。

☆は既刊。以降、各偶数月に1巻ずつ刊行予定。

草思社文庫既刊

鳥居 民

日米開戦の謎

昭和十六年の日米開戦の決断はどのように下されたのか。避けなければならなかった戦いに、なぜ突き進んでいったのか。当時の政治機構や組織上の対立から、語られることのなかった日本の失敗の真因に迫る。

鳥居 民

原爆を投下するまで日本を降伏させるな

なぜ、トルーマン大統領は無警告の原爆投下を命じたのか。なぜ、あの日でなければならなかったのか。大統領と国務長官のひそかな計画の核心に大胆な推論を加え、真相に迫った話題の書。

鳥居 民

近衛文麿「黙」して死す

昭和二十年十二月、元首相・近衛文麿は巣鴨への出頭を前にして自決した。近衛に戦争責任を負わせることで一体何が隠蔽されたのか。文献渉猟と独自の歴史考察から、あの戦争の闇に光を当てる。

草思社文庫既刊

鳥居 民
「反日」で生きのびる中国

中国各地で渦巻く反日運動――その源流は95年以降の江沢民の愛国主義教育に遡る。中国の若者に刷り込まれた日本人への増悪と、日本政府やメディアの無作為。日本人が知らない戦慄の真実が明かされる。

中村雪子
麻山事件
満洲の野に婦女子四百余名自決す

昭和二十年八月、満洲の麻山で、ソ連軍機械化部隊の包囲攻撃を受けた哈達河開拓団の四百余名の婦女子が、男子団員の介錯により集団自決した。満蒙開拓団最大の悲劇の全貌を明らかにした慟哭の書。

菅原 出
アメリカはなぜヒトラーを必要としたのか

1920年以降、アメリカは「独裁者を援助し、育てる」外交戦略をとってきた。ナチスから麻薬王、イスラム過激派に至るまで、アメリカと独裁者たちを結ぶ黒い人脈に迫る真実の米外交裏面史。

草思社文庫既刊

兵頭二十八
北京が太平洋の覇権を握れない理由

太平洋をめぐる米国と中国の角逐が鮮明化しつつある。中国共産党が仕掛ける〝間接侵略〟の脅威とは？　米中開戦を想定し、日本はじめ周辺諸国がこうむるであろう影響を、軍事評論家がリアルにシミュレート。

兵頭二十八
「日本国憲法」廃棄論

マッカーサー占領軍が日本に強制した「日本国憲法」。自衛権すら奪う法案を日本が丸呑みせざるを得なくなった経緯を詳述。近代精神あふれる「五箇条の御誓文」の理念に則った新しい憲法の必要性を説く。

兵頭二十八
日本人が知らない軍事学の常識

戦後日本は軍事の視点を欠いてきた。軍事学の常識から尖閣、北方領土、原発、TPPと日本が直面する危機の本質をとらえる。極東パワー・バランスの実状を把握し、国際情勢をリアルに読み解く。